JN098365

y-knot

心理学
スタディメイト

「心」との新しい出会いのために

廣中直行 著

Tsumugu

有斐閣

デザイン　高野美緒子

まえがき

　人間の心にはさまざまな不思議があります。

　たとえばロボット。このごろお客さんの相手をしてくれるロボットや，道案内をしてくれるロボットを見かけることがあります。ああいうのは「かわいい」と思うものですが，人間にはあまり似ていませんね。もっと似せて，それこそ「鉄腕アトム」みたいにすると，もっとかわいいのではないでしょうか？

　実はそうではないのです。ロボットがだんだん人間に似てくると，まずは親しみを強く感じるようになるのですが，ある「似せ方」のところで突然「気持ち悪い」「おそろしい」という印象が起こります。これを「不気味の谷」と呼んでいます。その谷を越えてもっと似てきてはじめて，今度は「自分と同類」という感じ方が現れるようになるのです。

　「不気味の谷」はロボットの研究から明らかになった現象ですが，私たちには「自分にある程度似ているが，ある程度は似ていない」対象を不気味と感じる心の性質が，ロボットがこの世に現れる前から，それこそずっと昔からあったはずです。相手がもし人間だったら，その性質は差別や偏見につながることはないのでしょうか？すべての人が仲良く暮らすことが理想であるのに，そうはなっていないこの世界，私たちがまだ気づいていない「心の不思議」を調べて考える仕事には大きな意味があるはずです。それが心理学の仕事です。

　心理学にはさまざまな研究の世界があり，赤ちゃんのことからお

i

年寄りのことまで，神経細胞から昨夜の夢の語りまで，恋人との喧嘩や仲直りのことから世界平和のことまで，心理学者と呼ばれる人々は，気の遠くなるような仕事を日々続けています。

　そんな仕事を何のためにやっているのでしょうか？

　それはもちろん，私たちが住んでいるこの世界の，今から少しだけ先の未来の姿を，今よりも少しだけ住みやすく，良い姿に変えるためです。

　心理学というと，世界を変えるよりも「あなた自身が変わる」ことを目指すような印象をもたれるかも知れません。しかし，たとえ首尾よくあなたが変わったところで，世の中が変わらなければ，あなた以外の誰かが感じる生きづらさはそのままです。あなただけ救われたら，他の人はどうなっても良いわけではないでしょう。他の誰かが感じる生きづらさは，めぐりめぐってあなた自身に降りかかってくるのですから。なぜなら世界の人々はつながっていて，あなたの心のなかにも「世界のミニチュア」みたいなものが存在しているからです。

　本書は，そういう心理学の世界に皆さんをお誘いするために書きました。

　日本には「公認心理師」という資格制度が創設され，「心理学を学んだ人は，このぐらいの学識を備えていなければならない」という到達目標が示されました。ここに向かって大学のカリキュラムが整備されています。本書でもそのカリキュラムのことは少し意識しました。本書の各章は，日本心理学会から公開された「公認心理師大学カリキュラム　標準シラバス」(2018年版) の「基礎心理学」カテゴリーを参考に作ってあります。ただし，それぞれの章ではこの「シラバス」という設計図を離れて，私自身が心理学のいろいろな論題について何を感じ，何を考えているかを書きました。

　その意図は2つあります。第一に，本書はこれから心理学を学

ぶ学生さんたちだけでなく，過去にひと通り勉強したが忘れたとか，少し興味はあるが自分の人生には関係ないと思っている方々にも手に取っていただきたいと思っています。第二に，心理学のいろいろな知識を断片的にアタマのなかに詰め込むだけではなく，それをあなた自身にとって意味のある体系にまとめあげてほしいと思っています。ですから本書は「学ぶもの」というよりも，「ここはおかしい」「自分はそうは思わない」という疑いのようなものを皆さんの心のなかに掘り起こし，皆さんが自由に考えて，ご自分なりの「心についての知の組み替え」を試みていただくための「誘い水」です。

そういうわけで，本書にはいろいろ「仕掛け」を作りました。

それぞれの章の冒頭には「クイズ」があります。ここではあえて「正解」があるものを選び，本文を読んでいただくと，その答えがどこかに見えるようにしました。これとは別に，私からの問いかけとして「正解のない問題」を随所に置き，皆さんが私との対話を楽しみながら独自の考えを育てていけるように工夫しました。

本書は「y-knot」といって，有斐閣が「当事者として社会とつながり，他者と対話するための新しい教科書」として企画したシリーズの1冊です。本書は標準的な教科書を意図したものではなく，それを補佐したりツッコミを入れたり，従来の教科書をレポーターとすると，それに対するコメンテーターのような立ち位置かも知れませんが，シリーズに加えていただいたことをたいへん光栄に思います。

ウェブサポートページ

　本書での学習をサポートする資料をオンラインで提供していきます。ぜひご利用ください。

https://www.yuhikaku.co.jp/yuhikaku_pr/y-knot/list/20002p/

著 者 紹 介

廣 中 直 行 (ひろなか・なおゆき)

1956 年山口県生まれ。東京大学文学部心理学科卒業。博士（医学）。実験動物中
央研究所，理化学研究所を経て，専修大学，帝京大学，立正大学，東京大学な
どで心理学を教える。科学技術振興機構，NTT コミュニケーション科学基礎
研究所，三菱化学メディエンスなどに勤務したのち，現職。
現在：LSIM 安全科学研究所テクニカルアドバイザー，マーケティング共創協会
研究主幹，東京都医学総合研究所客員研究員

主 な 著 作

『「ヤミツキ」の力』(共著，光文社，2011 年)／『依存学ことはじめ──はまる人
生，はまりすぎない人生，人生の楽しみ方』(分担執筆，晃洋書房，2011 年)／
『心理学研究法 3　学習・動機・情動』(編著，誠信書房，2011 年)／『依存症のす
べて──「やめられない気持ち」はどこから来る？』(講談社，2013 年)／『心に
効く薬の正体』(ベストセラーズ，2013 年)／「妖しい薬になぜ惹かれるか？」(分
担執筆，『サイエンスカフェにようこそ！4──科学と社会が出会う場所』冨山
房インターナショナル，2013 年)／「あふれる『依存症』──依存と嗜癖はどう
違うのか？」(分担執筆，『依存と嗜癖──どう理解し，どう対処するか』医学書
院，2013 年)／「快楽と恐怖の起源」(分担執筆，『情動の進化──動物から人間
へ』朝倉書店，2015 年)／『医療スタッフのための心の生物学入門』(協同医書出
版社，2016 年)／『アップルのリンゴはなぜかじりかけなのか？──心をつかむ
ニューロマーケティング』(光文社，2018 年)／『アディクションサイエンス──
依存・嗜癖の科学』(共編著，朝倉書店，2019 年)／Behavioral pharmacology
of ketamine: An overview of preclinical studies.(分担執筆，*Ketamine: From
abused drug to rapid-acting antidepressant*, Springer, 2020 年)

目　次

イラスト作図：
嶋田典彦 (PAPER) ……… 図 3-1，　図 5-3，　図 5-4，　図 6-2，　図 6-7，　図 7-2，
　　　　　　　　　　　　図 7-4，　図 9-3，　図 12-11，　図 13-3，　図 14-6，　図 14-7，
　　　　　　　　　　　　図 14-8
山口みつ子 ……………… 図 6-4，　図 12-8，　図 14-3

心理学へのいざない

Quiz クイズ

Q 心理学を本格的に研究し始める前, ヴントは何を研究していただ
ろうか?
a. 子どもの言葉の遅れの原因
b. 炎症を起こした神経
c. 馬の効率的な調教法
d. 「頭の良さ」の比較方法

Chapter structure 本章の構成

- ヴントは「心理学はあらゆる精神科学の基礎である」といった。その意味はどういうことだったか？
- 「科学の知と臨床の知」を対比させる考えがある。それぞれの特徴は何だろうか？　これらは対立する立場なのだろうか？
- 心理学とキャリアを考える。「学んだことを実地に役立てる」ことは重要だが、狭すぎる意味に捉えられていないだろうか？
- 心理学がカバーする領域はあまりにも幅広い。どういう勉強をしたらよいだろうか？

1 本書の特徴

▷ 「心理学」を考え直してみる

　私は、非常勤講師の職歴も含めると、31 年にわたってあちこちの大学や短大などで心理学を教えてきました。その経験からいうと、何が一番難しいといって、「心理学概論」の最初の時間です。

　学生さんたちは「心理学ってどんなもんだろう？」と思いながら教室にやってきます。昔の私がそうだったように、世の中にはなんでつきあいにくい人がいるのだろう、自分はなんで小さなことにクヨクヨするんだろう、人の心の動きがわかるようになったら、生きるのが少しはラクに、賢くなるんじゃないかな、という漠然とした期待を抱えています。

　それに対して私は「これからお話しする心理学はそんなものではありません」というお話から始めないといけない。心理学は「何でないか」という話を延々と続けて最初の時間は終わる。そうすると

たいてい，心理学科に進路を決めた人は当初の期待へのストレートな答えを見つけるのをあきらめるようですが，そうでない人は興味を失ってしまいます。

これではいかんと思い，自分なりに心理学を考え直してみました。その工夫を本書に入れたつもりです。

▷ 心理学の目で人生を眺めてみよう

まず，私は本書を手に取られた皆さんには心理学を幅の広い視点から捉えていただきたいと思っています。心理学はこれからも変わっていくでしょうから，現在の心理学の姿が完成形なのではありません。私はその世界に皆さんを強引に誘い，これからもずっとその世界にいてほしいとは思いません。たとえ良い教科書を読んでも，試験対策ならばいざ知らず，「私の疑問に答えてない！」と思われることがたくさんあるはずです。その不満というか違和感を大事に持ち続けてください。なぜならば，その気持ちは心理学だけでなく社会学や哲学や生理学など，いろいろな分野に目を広げて，いざなにか人生の問題にぶち当たろうというときに，ご自分の知的な「引き出し」を豊かにすることになるからです。

そういうわけで，本書ではところどころに➡からはじまる「オープン・クエスチョン」，すなわち答えのない質問を混ぜてあります。

▷ 心理学の生きた知を

また，今の心理学がなぜこういう姿になったかを知っていただく

図 1-1 一見無意味な図形 ─────────────

図 1-2　視覚的補完

ために，わりと昔の話が入れてあります。研究の世界では直近の知見に何を加えるかが大事ですから昔の話には価値がありません。しかし，心理学者が取り組んできた問題はもともと哲学や生理学にルーツをもつ古いものです。それが心理学の世界でどんなふうに展開されてきたかを知ると，断片的な知識を詰め込んだだけではみえてこなかった流れや枠組み（前ページの図 1-1）が，こんなふうに（図 1-2）まとまりをもってみえてくるのではないかと思います。

　私が敬愛する哲学者のミシェル・フーコーは「知の考古学」といわれる膨大な知識の集成に挑みましたが，記録を示す「アーカイブ」を複数形にしませんでした。複数形の「アーカイブス」は図書館に死蔵された知識。これからの知識は死蔵品の陳列ではいけない，組み替え，膨らませ，命を吹き込んで個人のなかで 1 つにならなければいけない，そういう思いからです。私もそれを目指すことにします。

2　あらゆる精神科学の基礎

▷　**ヴントからすべては始まった**

　近代の心理学が生まれたのは 19 世紀後半のドイツで，ウィルヘルム・ヴント（1832〜1920）がその立役者といわれています。ヴントは生理学を学び，炎症によって変性を起こした神経を研究していましたが，臨床助手として働いているときに，皮膚や筋肉の麻痺を

病んでいる患者さんのなかに感覚の局所的な問題を起こしている人がいることに気づいて，感覚を心理学的に研究する必要があると考えたそうです。

　ヴントの考えたのはこんなことです。普通の科学，すなわち自然科学というものは，観測機器を通じて目や耳に入ってきた情報に基づいて（図1-3矢印A），その情報をたとえば「左方に36°，上方に64°」などと読み取ることから始まる（図1-3矢印B）。だが，目や耳に情報（心理学的にいえば「刺激」と呼ぶべきでしょう）が入ってから印象が生じるまでの過程を研究しなくてよいものだろうか，と。

　ヴントはこの発想をあらゆる精神活動に応用しようとしました。ヴントによれば，心理学はあらゆる精神科学の基礎です。なぜなら自然科学もこのように私たちの感覚情報を土台に組み立てられるものだし，ここからは私の考えですが，たとえば歴史学というのも史料を読み取ることから始まります。哲学も先達の思想を読んで学ぶことから始まります。ですから「論理学を取り扱うにあたっても，それを経験的現実の彼岸にある，先天的な学問だなどとは考えずして，一段高次な経験の科学と見，他の科学と同じように，文化にしたがって，経験の具象的性質にしばられているもの」（川合，1953）と考えたのです。この「文化にしたがって」というところが，ヴントが究極的に目指した「民族心理学」につながります。

図1-3　間接経験と直接経験

▷ 現代心理学の源流

　ヴントと並んで，というか，ある意味ではヴントよりも大きな影響を今日の心理学に与えたのは，アメリカの哲学者，心理学者，ウィリアム・ジェームズ（1842～1910）でした。彼の『心理学』（ジェームズ，1992）は，若干の増補をたとえば「学習」などについて加えると，今日でも心理学概論の教科書として立派に通用します。

　ジェームズは，この本の序論でこのように書いています。

　　心の状態についての完全な真理は，認識論と合理的心理学とがその語るべきことを語り尽くすまではわからない。それまでは心の状態についての多数の暫定的真理を収集することはできる。適当な時が来れば，それがさらに大きな真理に織り込まれ，これによって解釈されるであろう。心の状態，およびそれが経験する認識に関する暫定的知識体系こそが，私が一自然科学としての心理学と称するものである。

　さてその時は来たのか，まだなのか……。たとえ時が来たとしても，暫定的な真理を求める営みは続くでしょう。

　さて，このように19世紀の終わりに心理学が誕生したときには，「この学問は『いずれは』人間の精神活動すべてを解き明かす新しい学問になる」という希望というか野心がありました。

　「そんなことができるわけない」と簡単に片づけないで，この精神は受け継ぎたいものだと思っています。

3 科学の知と臨床の知

▷ 心を科学するとはどういうことか

　ヴントにせよジェームズにせよ，目指したのは「心の科学」でした。

　さてそこで「科学とはどんなものか？」が問題になります。

自分のことを思い返すと，なにしろ私はバリバリの「文系」でしたから，科学といわれてもピンときません。科学的な思考法も身についていません。仕方がないから科学哲学の本を読んで，何がどうなれば科学なのかを考えようとしたものです。

　科学的な知というものは，たとえば万有引力の法則なんかがそうであるように，いつでもどこでも成り立ちます。日本は例外ということはありません。

　なぜそうなのかというと，ものごとには原因があって結果がある，その堅い糸を見つけるからです。この考えは，ちょうど心理学が生まれた頃にフランスの大生理学者クロード・ベルナール（1813〜1878）が書いた『実験医学序説』（ベルナール，1970）に書かれています。

　ベルナールがこの本で述べていることには，医学研究の倫理という点では今日からみると配慮の足らないところがあります。しかし，医学は単なる経験的な治療技術の積み重ねではいけない，「この治療法はなぜ効くのか」という問いに確固たる基盤を与えなくてはいけない，それは実験的な生理学だ，という主張には力があります。

　生理学は，たとえばある薬剤で筋肉が麻痺した場合，それはなぜかといったことの原因を見つけます。ベルナールはこれを「決定要因」（デテルミニスム）と呼びました。だからベルナールは統計を認めません。酸素と水素が化合すると水になることは，10回実験して8回成功したからまあよかろうというものではないというのです。

　決定要因を見つけるからこそ，科学の知は普遍的でありうるのです。

　そうすると疑問は，はたして心理学でそれが可能か，ということです。人間の心は変幻自在で，とてもそんな決定要因が見つかりそうには思えません。

それならばせめて、「私がこの結果を得るときには、こうやって調べた」という方法をしっかり記録して発表しようということになります。これで「反証可能性」が担保されます。つまり「あなたは間違っている」と主張する権利が誰にでもあって、どこが間違っていたかを明示できる、というわけです。いちおう私たち心理学者は今でもこのことを気にして研究発表をします。

「臨床の知」という考え方

ところが、20世紀も終わる頃になると、この「科学の知」は行き詰まったという認識を多くの人がもつようになりました。たとえば地球環境の問題とか生命倫理の問題とかは、科学の知の力が及ばないどころか、科学に基づく技術の進歩で良い方向にもっていくことさえおぼつかない、と思われるようになったのです。

ここで出てきたのが「臨床の知」という考えです。日本では哲学者の中村雄二郎がマニフェストしたと思います（中村, 1992）。

「臨床の知」のポイントは以下の3つです（ただし、多少私の考えがつけくわえてあります）。

- コスモロジー——科学は普遍性を重視する。アメリカで見つかった原理は日本でも成り立つ。抽象的にいえば「無限の宇宙」「絶対的な空間」を足場にする。しかし、アメリカは日本ではない。「生命体が個体的、集合的にそのなかに生きるさまざまな固有の場所」としての「コスモス」がある。そのコスモスすなわち固有の場所において「いま、ここで」起こることを大切にしなければいけない。

- シンボリズム——科学は一義的な論理性を重視する。すなわち、1つの原因があるから1つの結果が起こる。しかし、気象予測のような自然現象を考えても、こんな単純なことはありえない。ましてや生命体や人間的な事象になると、単線的な因果関係が想定

できる出来事のほうが少ない。論理的記号（∈とか∧とか）には1つの意味しかないが，そうではなく，多義的な意味をもつ「シンボル」を活かすことを考えるべきだ。

• パフォーマンス――科学は観察する者（私）と観察される対象（あなた）を分ける。あなたの行動を観察している私にとって，あなたの行動は動画みたいなものであり，その画面のなかからあなたが私になにか働きかけてくるということはないし，動画のなかのあなたに私が語りかけることもない，それが前提だった。しかし，実際には私とあなたは動的にやりとりしている。私はあなたに働きかけ，あなたは私に働きかける，すなわち私のパフォーマンスがあってこそ，あなたからの「働きかけ」を受け止めることができる。その相互作用を無視してはいけない。

これらはきわめて重要な考えだと思います。さてそこで……

⟳ 科学の知と臨床の知は対立するのでしょうか？　どちらが優れているといえるのでしょうか？　どちらにもそれなりに大事なところがあるのでしょうか？

　私が思うに，科学の知のなかにも臨床の成分があります。たとえば私は長らくネズミ（ラット）の実験をやってきましたが，私がネズミを抱くからうまくいく実験があります。ほかの人ではこうはいかない。実はそういうことはけっこう多いのです。

　また，臨床の知だけで話が完結するとは思いません。というのも，臨床の知を実践した報告は面白いが，なんだか長いルポルタージュのような気がします。そこで「Aさん」について述べられたことを「Bさん」に当てはめようとしたときに困るのです。

　せっかく「すべての精神科学の基礎」なのだから，両方の良いところを取りたいと思うのですが，皆さんはどう思われますか？

4 心理学とキャリア

▷ **現実問題としての心理学**

　心理学は，その歴史の始まりの頃から，実社会と密接な関係をもってきました。

　その代表の 1 人に，フランスのアルフレッド・ビネー（1857~1911）を挙げることができるでしょう。フランスでは第三共和政下の 1881 年に公教育が無償化されました。その流れを受けて，学齢に達した子どものなかに特別なケアをしたほうがよい人がどのくらいいるのかを詳しく知る必要が出てきました。そのため，精神医学や生理心理学に造詣が深く，ソルボンヌ大学の教授を務めていたビネーに「知能の測定」というミッションが与えられたのでした。

　また，アメリカのライトナー・ウィトマー（1867~1956）も重要です。ウィトマーはヴントのもとで学び，帰国してから個人差の研究に焦点を移しました。ウィトマーは 1896 年，ペンシルベニア大学に「心理クリニック」を開きます。この「クリニック」も主なミッションは子どもの養育支援でした。さすがにヴントの弟子らしく，まずは子どもの感覚機能をしっかり調べることから支援を始めたそうです。

　日本でも児童心理学や教育心理学には早くからいわゆる臨床問題への関心があり，精神医学との近接領域には異常心理学（昔の呼び方は変態心理学）という分野もありました。それが社会的にも大きな関心を集めるようになったのは，第二次世界大戦後です。このときに教育制度が大きく改革されました。その後十数年たって高度経済成長が始まり，家族のあり方も大きく変わりました。こうして1964 年に日本臨床心理学会が誕生しました。

ところがその後，大学を中心に主に精神医学の世界から，改革の嵐が吹き荒れます。そこで問われたのは「専門家とはいったい何なのか？」という問題でした。誰かが私の心理検査をします，誰かが私にカウンセリングをします，どういう権能があって「やってもいい」ということになるのでしょうか？

　この問いは深いものでしたが，簡単には結論が出ません。けれども，一定水準以上の教育訓練を受けて，一定水準以上の能力があると認められた人にはなんらかの資格を与えないと，議論ばかりで現実が進みません。

▷　日本の心理学資格

　そういうわけで，1988 年にようやく「臨床心理士」という資格ができました。ところがこれは民間の資格だったので，とくに医療機関で仕事をする人たちに立場を与えることができません。それで2015 年に国家資格として「公認心理師」が誕生しました。

　臨床心理士と公認心理師は似たことをやっているようにみえるかも知れませんが，中身はかなり違います。その違いは，とくに私のように医学・医療との隣接領域で仕事をしてきた人間にとっては，はっきりみえます。

　まず，臨床心理士は文部科学省の所轄で，公認心理師は厚生労働省です。あくまで外からみたときの印象ですが，臨床心理士の活躍の場は主に学校で，公認心理師は医療機関や保健所，福祉施設などの公的機関かと思います。臨床心理士は学校で働いていても教職員ではなく，独立した立場で心理臨床活動をします。公認心理師は医師，看護師，精神保健福祉士といったさまざまな専門職の人々と連携して集団の一員として働きます。進路を考えるときにはそれぞれの特色をよく見極める必要があるでしょう。

　臨床心理士にはそれなりのよさがあります。臨床心理士は大学院

で養成するものだったので，学部の4年間は何を勉強してもよく，年齢制限もありません。だから，私が心理学の教員だったころには法律に詳しい人とかマスコミの職場で働いていた人とか，ユニークな人材が集まりました。また，学力よりも人物重視といったところがあり，先生方がしっかり人柄をみていました。私の親しかった先生は，臨床心理士を目指す院生たちに「これからの2年間で自分が心理臨床に向いているかどうかを見極めなさい」「向いてないと思ったら違う道に進むように」と諭していました。

公認心理師には心理学の基礎的な素養が必要になったので，教えるほうは大変です。1年生からみっちり，息もつけないほどの科目が並んでいます。今の私ならカリキュラムを見ただけでへなへなと崩れてしまうでしょう。実はこの本を書いた動機の1つは，こんな大変な勉強の合間に「息抜き」のように読んでいただいて，詰め込んだ知識を自分のなかに取り込む手助けができる読み物があったらいいな，と思ったことでした。国家試験には面接がありませんから，人間の力を鍛え上げていくのは現場の活動を通してです。これもまた途方もないことではあります。

▷ 心理学の無限の可能性

資格はないよりもあったほうがよいです。私も「実験動物技術者」の資格を取っておけばよかったな，と思うときがあります。

けれども，資格はなくてもよいです。

私が心理学を教えていた学生さんで，ネイルアーティストになった人がいました。卒業後すぐに会ったときには「心理学とは全然関係のない仕事についちゃった」と笑っていたのですが，数年後，別の（もと）学生さんの結婚式で会ったときには，「センセ，ネイルアーティストって，カウンセラーだった」とびっくりしたように話しました。

というのは，仕事のときには爪のお手入れをしに来たお客さんと話をするわけですが，そのお客さんの多くは淑女の方々で，その話というのはお嫁さんについてのことやら，近所づきあいのことやら，旦那さんのことやらお子さんのことやら，まあいろいろなお悩みなのです。それを共感的に傾聴する，ときにはアドバイスもする，そうでないとネイルアーティストは務まりません。

　「学生のときにもっとカウンセリングを勉強しとくんだった」としみじみ語ってくれたのを覚えています。

　どんな仕事に心理学の素養を生かすかは，資格や職種によって決まるものではありません。しかも臨床の素養ばかりが役に立つわけでもありません。データ処理，知覚，記憶，学習，情動……自分の40年の職業生活を振り返っても，いろいろな場面でこれらの知識や考え方が役立ってきました。

> 夢のある話を考えましょう。あなたが宇宙飛行士になって6カ月間，国籍や性別の異なる6人の乗組員と一緒に生活をし，仕事をするとします。さて，このミッションに心理学がどんなふうに生かせるでしょうか？

5　勉強のカンどころ

▷　文献は小説とは違う

　心理学の文献を読んで，どんなことが書いてあるのかをアタマに入れるのはわりと簡単です。

　調査とか実験とか心理検査とかカウンセリングとか，なにかいうためには必ずその材料が書いてあって，どうやって調べたのかが書いてあります。それを「調べられる側」になったつもりで読めばよ

いのです。動物実験でもそうです。ネズミの身になって読んでください。「俺はそれまで昼寝をしていた。それなのに突然カゴに入れられて運動場のようなところに連れてこられた。うろうろしているうちに右の隅っこになんだか明かりがついた……」こんな具合です。

　そうすると、わりと細かい内容までアタマに入ります。また、「調べられる側」の気持ちがわかりますから、「何のためにこんなことをしたのだろうか？」がみえるようになります。

　文献はアタマから順序正しく読む必要はありません。後のほうを読んで初めて最初に何が書いてあったかがわかることもあります。

　聖書だってそうでしょう。「アブラハムの子であるダビデの子」から始まる長々しい名前の羅列になんの意味があるのか。それは後まで読んだらようやくわかります。

　1回読んだだけでOKということはありません。何度も行ったり来たりして同じところを読み返します。そうすると切れ切れにわかったことがだんだん糸になり、布になり、衣服になってきます。

　文献は、1つのテーマについて1点読んだらよいということはありません。どんな良書でもそうです。だいいち、良書とわかるためには他と比べなければいけないでしょう。

　しかも、そのときは自分にとって切実な問題でなかったことが、後から、それこそ何年も経ってから大事になることがありますから、文献はできるだけ長く座右に置いてください。

▭▷　「副専攻」のススメ

　これから大学で本格的に心理学を勉強してみようと思う方々には、心理学以外の「副専攻」をもつことをお勧めします。

　違った角度から心理学に照明を当てて、「このことは精神分析的にいえばこうだ」「学習理論から考えればこうだ」と思う機会を作るのはそれだけでも楽しいし、心理学の知識に立体的な深みをもた

表 1-1　ウェイクフォレスト大の心理学副専攻カリキュラム ──────────

Introductory Psychology（心理学入門）
　　もしくは Research Methods Ⅰ（研究法Ⅰ）

以下から 2 科目以上選択すること
　　Developmental Psychology（発達心理学）
　　Biopsychology（生物心理学）
　　Survey of Abnormal Behavior（異常行動概論）
　　Cognitive Psychology（認知心理学）
　　Personality（パーソナリティ心理学）
　　Social Psychology（社会心理学）
　　Industrial/Organization Psychology（産業・組織心理学）
　　Physiological Psychology（生理心理学）
　　Animal Behavior（動物行動学）
　　Learning Theory and Research（学習心理学）
　　Perception（知覚心理学）
　　Research in Cognitive Psychology（認知心理学研究法）
　　Motivation of Behavior（動機づけ）
　　Emotion（感情）
　　Psychological Testing（心理検査）
　　Research in Judgment and Decision Making（判断・意思決定研究）

このほかにもう 1 科目心理学コースから選択すること。

（出所）ウェイクフォレスト大学サイト（https://bulletin.wfu.edu/courses-instruction
　　　/psychology/minor-psychology/）より作成。

せる役にも立ちます。逆に，「この人たちに心理学的な説明をする
にはどうしたらよいだろうか？」を考える手がかりにもなります。

　アメリカの大学では「副専攻」はごく当たり前のようです。主専
攻を「メジャー」，副専攻を「マイナー」といいます。私の知り合
いのテリー・ブリュメンサール教授のいるウェイクフォレスト大学
では，心理学を副専攻にする学生のために表 1-1 のようなカリキ
ュラムを用意しています。こんなにあって，しかも心理学科の学生
のためではないのです。

　私自身は，副専攻というようなものはもちませんでしたが，今よ

りもゆるい時代だったので，いろいろな先生の授業を聴きました。

　延広真治先生の江戸時代の戯作文学のゼミなどは面白かったです。あるとき先生はいろいろな浮世絵を並べて見せてくれました。「この時代から青い色が鮮やかに変わるでしょう。この頃西洋からアニリンが輸入されたのです。それまでは藍を使っていたのです」というお話を聴いたときには，化学と芸術が結びつくんだ，と意外に感じたものです。小泉文夫先生のアジア音楽の授業では，インドの「ターラ」という時間の数え方が西洋とはまったく違って，単位時間を分割するという考えがないことに驚いたものです。

　「それが何の役に立ったのか？」といわれたらわかりませんが，別系統の知識がくっつくこと，世界にはいくつもの文化があって，私たちの常識は狭いことを知った，というのが「役に立つ」うちに入るでしょうか。

　ともかく面白かったことは確かです。そうしてまた，学問はまず面白いものでなければいけないとも思うようになりました。

第 **2** 章

測定・統計

心のゆらぎを数値化する

Quiz クイズ

Q エビングハウスは誰を使って記憶の実験を行っただろうか?
- **a.** 自分の子ども
- **b.** 自分の親
- **c.** 学校の生徒たち
- **d.** 自分自身

Chapter structure 本章の構成

- 科学としての心理学は心を数字で表そうとする。そもそも不可能なことではないだろうか？　先人はどういう工夫をしただろうか？
- 心理測定や心理統計の分野にはたくさんの数式が出てくる。勉強につまずくことも多い。しかし，無味乾燥な勉強ではない。測定や統計は人間の行為である。そこには心のはたらきがある。それを知れば勉強も楽しくなるだろう。
- 「4種類の尺度」（名義尺度，序数尺度，間隔尺度，比例尺度）を使い分ける必要がある。その背景を知れば適切な使い分けができるようになる。
- 近代の統計学は「偶然」の概念に支えられている。私たちには「偶然」を受け入れがたい心のはたらきがあるようだ。そのことに気づくのが統計の勉強の第一歩ではなかろうか。
- 日常生活ではいろいろな数字を比べる場面が多い。だが，そもそも比べることに意味のある数字なのだろうか？　少し立ち止まって考えてみよう。

1　心を数字で表す

　心理学の勉強を始めた学生さんがほぼ最初に習うのが「測定と統計」というものです。まるで数学の教科書のように数式が並んだ説明。これでメゲて「もうダメだ」と思う人も多いです。実は私もそうでした。今でも苦手なので困ったときは専門家に教えてもらいます。

　詩人の佐藤春夫は「こころはいとし，すべもなし，手にはとられず目には見られず」と歌いました（「こころ通はざる日に」；島田，

1951)。測定や統計以前に，人の心を数字で表すことは無理ではないでしょうか？

　本当は無理かも知れません。私はそう思います。けれどもここで「他人に対する説得力」ということを考えます。誰かに向かって「あなたは立派な人ですねえ」と言ったとします。「なぜ？」と相手は聞き返すでしょう。私はそれに答えなければいけません。

　「本当は数字ではいえないことを数字で表す」ことは日常生活にはよくあります。たとえば裁判の判決です。「懲役 10 カ月，執行猶予 3 年」，こんな話をよく聞きます。これは「罪の重さ」を数値化しているのですね。なぜそうするかというと，原告，被告双方を納得させなければいけないからです。

　学問では「自分と考えの違う人を納得させる」ことが必要です。そのための 1 つの方法が数値化なのです。まず，「数値化する」先人の努力をみてみましょう。

▷　ビネーにとっての知能

　前章で述べたアルフレッド・ビネーの仕事がその 1 つです。ビネーは「このお子さんには特別なケアが必要だ」ということを政府にもご家族にも納得してもらう必要がありました。そのために，手には取られず目には見えない「知能」を数値化する必要がありました。

　彼のすぐれたところは，ここから「知能とは何だろう？」という長い考察に入らなかったことです。「学齢前後のお子さんの知能は年齢が上がるにつれて向上する」という仮定を置きました。この仮定の当否は当然問題になります。しかしそれはひとまずおいて，知能に関係のありそうな問題を，それこそ国語やら算数やら道徳やら，手当たり次第に集めました。そうしていろいろな年齢の子どもが「この問題を解けるか？」を調べました。

図 2-1 シグモイド曲線

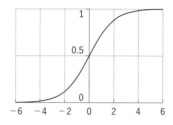

そこからが面白いです。ビネーは，ある年齢の子どもの半数が解ける問題を，その年齢の「標準問題」にしました。50％というところがいいですね。全員が解ける問題は易しすぎるでしょう。全員が解けない問題は難しすぎるでしょう。「半数を境目にする」という考えは，私がのちに薬理学の現場に身を置いてからもよく聞きました（図 2-1）。

記憶を数値に落とし込む

もう 1 つ，ヘルマン・エビングハウス（1850〜1909）の記憶の研究をみます。彼が研究したのは「丸暗記」の記憶で，そこには限界も問題もありました。それもまたひとまずおいて，エビングハウスが最初に取り組んだのは「何を覚えてもらうか？」です。人にはよく知っていることとあまり知らないことがありますから，こういう知識のでこぼこは「丸暗記」の研究の邪魔になります。そこで彼が発明したのが，言葉のようにみえて言葉ではない「無意味つづり」というものでした。次に「記憶」をどうやって調べるかを考えました。しかも数値でそれを表す工夫です。そこでエビングハウスはいくつかの無意味つづりを「リスト」にして，アタマからそれを読んで，何回繰り返して読んだら全部覚えられるかを調べました。同じことを時間をおいてもう 1 回やります。前回の記憶が残っている

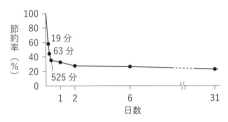

図 2-2　忘却曲線

節約率（％）

19分
63分
525分

日数

1　2　　　　6　　　　　31

（出所）　今田ほか，2003 より作成。

とすると，今回は全部覚えるために読む繰り返しの回数が減るはず
です。最初に覚えるために必要だった回数と，2 回目に覚えるため
に必要だった回数の差を計算して，その値を最初の回数で割り算し
ます。エビングハウスはこの値を「節約率」と名づけ，「どのぐら
い覚えているか」を示す数値だと考えました。こうして，自分自身
で実験し時間を横軸に取り，回数を縦軸に取ったグラフを描きまし
た（図 2-2）。

心を特定の側面から捉える

　ビネーとエビングハウスには共通点がありました。それは，どち
らもヴントの実験心理学から影響を受けたものの，ヴントの調べて
いる「心」はあまりに要素的で，人間の高度な精神活動からはかけ
離れていると考えたことでした。ヴントに続く人々は心の具体的な
側面を 1 つ取り上げて，心のはたらきを数値化しようとしました。
こういう先人の努力がいまの心理学を支えています。もちろん，そ
の試みがどれくらい当を得ているかは別の問題です。「こんな限界
がある」と思うと，そこからまた新たな展開が生まれます。

　➡ 「これは絶対に数値では表せない」と思う「心のあり方」にはどん

なものがありますか？　その「あり方」を誰かにわかってもらいたいときに，あなたはどうしますか？

2 尺度の話
測るという行為

▶ 数えること：名義尺度

　測定といい，統計といっても，しょせんは人間の行為です。行為であるからには背景には心があります。だから心理学の対象です。一見数学のようなことを学ぶときにも，その数値や数式の背後にある「人の心」を考えましょう。

　さて，数値で表すことの第一歩は数を数えることです。1つ，2つ，3つ，4つ……。この行為は簡単なようにみえますが，実は簡単ではありません。

　「りんごがいくつありますか？」と問われたときに正しく「りんご」を数えないといけません。みかんを数えてはいけないし，梨を数えてもいけない。また，「サンふじ大王」みたいな巨大なりんごも姫りんごも「シナノゴールド」みたいな黄色いりんごも「りんご」です。数を数えながら，私たちは「これはりんごか，そうでないか」という判断，すなわち分類をしています。この「分類」という行為はとても奥が深く，「りんごの本質は何か？」という問題にも関わりますし，「りんごなのかそうでないのか，すぐにはわからない」ものに遭遇したときにどうするかという問題にもつながります。

　「分類」は面白い行為で，「分ける」と「まとめる」という真逆のことを同時にやるのです。そのやり方には，たとえば「系統」を考える方法があります。生物の分類は「界，門，綱，目，科，属，

種」と枝分かれしていますが，カール・リンネ（1707〜1778）がどうしてこれを思いついたかは，それぞれのラテン語が何だったかを見るとわかります。界は王国（regnum），門は種族（phylim），綱は階級（classis），目は部族（ordo），科は家族（familia）なのです。属（genus）は種族，由来などを表しますが，「生まれる」という意味もあります。種（species）は「見ること」という意味で，これだけはプラトンやアリストテレスから借りてきました。そのほか「似たもので分ける」「ネットワークで表す」など，さまざまな方法があり，その心理を考えるととても面白いです（吉田，1993）。

分類を考えること自体が心理学の仕事にもなります。たとえば「性格」を表す用語はどのように分類されるのでしょうか。これは大事な研究です（青木，1971）。

分類の基準は社会的な背景によっても変わります。以前は性別というと男性か女性かに決めたものですが，このごろはそうではありません。多様性を尊重することは分類基準を変えることでもあります。

分類するときに，たとえばりんごは1番，みかんは2番，というような番号を与えたとすると，この番号のことを「名義尺度」といいます。

比べること：序数尺度

東北農政局の2020年の統計によると，りんごの収穫量が全国一多いのは青森県，次いで長野県，それから岩手県，山形県，秋田県，福島県と続きます（東北農政局，2021）。私たちはこういう「ランキング」が好きですね。

ランキングをするのは「比べる」ためです。

「比べる」心理には有名な，こういう話があります（図2-3）。

「どちらが多い？」──「実は同じ」。けれども小さな子は「右」

図 2-3　保存の概念

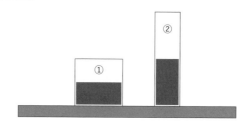

と答える。だから小さな子どもには「保存の概念」ができていない
よね，というピアジェの話です。

　ところがこれ，「背が高い」ことを「多い」と表現してよいのだ
ったら，「右が多い」という答えは間違いではないのではありませ
んか？　この話は「多い」という言葉の定義の問題なのではないで
しょうか。つまりここでの「保存の概念」の前提には，「量の多さ」
というものは，背の高さではないなにかである，という「決めつ
け」があるわけです。

　さてそこで，対象が心理現象だったらどうでしょう？

　「うつ状態というものは，食欲減退ではないなにかである」とい
うような「決めつけ」は可能なのでしょうか？

　心理現象は多義的で多様なのだから，「決めつけ」は無理である，
と思われるのも当然です。しかし，「比べる」ためには現象の多義
性をあえて切り捨てて，何と何を比べているのか，その比較にどん
な意味があるのかを考えなければなりません。

　実は日常生活では「比べても意味のないもの」を比べていること
が多いものです。何かを比べるときには，条件を揃えなければ「比
べた」ことにはなりません。背比べをするときに片方が踏み台の上
に立っていたら意味がないでしょう。私たちはニュースなどでたく
さんの統計表やグラフを見ます。「前の週の同じ曜日に比べて」と

かいう言葉も聞きました。しかし，そもそも同じ条件で測定していたのでしょうか？

「どのくらい大きいか」は問題にせず，大小関係を比べることのできる数値を「序数尺度」（または順序尺度）といいます。

▷ 測ること：間隔尺度

りんごの収穫量のことをもう少し考えます。全国ランク第 1 位は青森県でしたが，りんごの農地（果樹園）が広かったら当たり前です。そこで「10 アールあたりの収穫量」をみてみます。2017 年の政府統計をみてみると，ここで 1 位に来たのは福島県でした。それから群馬，山形県，青森県，岐阜県，長野県と続きます。

このとき収穫量は「キログラム」で表されています。こうすると「東北地方の平均を中国地方の平均と比べよう」ということに意味があります。なぜなら「1 キログラム」という単位が共通だからです。

「単位面積あたり」ということは，収穫量を各都道府県の果樹園の面積で割り算したということです。この「割り算」こそ私たちが普通に「測定」と呼んでいる行為です。私の身長が 165 センチということは，私を 1 センチの目盛りで切り刻んだら 165 片の輪切りになる，ということです。

「割り算」を数式のカタチにすると分数になります。「3/5」とは，なにかの目盛りで測ったら 3 つ分の量があったものを均等に 5 つに割る，あるいは，均等に 5 つに割ったものを 3 つ寄せ集めた，という行為を表現しています。分数は「数」というよりも「行為の表現」なのです。

さてそこで，統計の教科書には，分数のカタチをした公式がたくさんあります。平均値，標準偏差，相関係数，検定に使う F だの t だの……。このとき「分子」は大きさを測りたいもののざっくりと

したその大きさで、「分母」がその大きさを測るための単位です。こう考えると公式の意味がみえます。こういうふうに考えずに公式を丸暗記しても面白くないものです。ましてなにも考えずに「統計ソフト」にお任せするのは、自分をどこに連れて行くのかわからない乗り物に自分の運命を委ねたようなものです。

「単位を決める」行為も奥が深いです。それは政治権力による統治と関係があります。東洋では国内的に度量衡を統一した最初の人は秦の始皇帝だったそうです。日本では伝統的に尺貫法が使われていたのですが、明治時代になると「国際的な規準に合わせよう」ということでメートル法が採用されました。しかし、伝統はなかなか変わりません。「計量法」で公的に尺貫法が禁止されたのはなんと1951年（昭和26年）です。たしかに、私が子どもの頃、家には「寸と尺」の目盛りが刻まれた竹の物差しがありました。

単位があるもの、すなわち値の間隔が等間隔であることが担保されている数値を「間隔尺度」といいます。

単位が定まっていないものは足し算ができません。「1＋1」の片方の「1」がとても大きく、もう片方がとても小さかったら「足して2になる」とはいえないはずです。足し算できないから平均値を求めることもできません。

ところが実社会に目を向けてみると、この原理を押し通すことができない場合も多いのです。

たとえば学校のテスト。英語でリスニング、読解、文法、作文、とあったとして、それぞれの能力を測る単位はあるのかないのかわからず、仮にあったとしても共通の単位ではないでしょう。だから「総合（足し算）して80点」ということには、本来は意味がないはずです。「読解はよくできたのにリスニングがダメだったなあ」というような経験をした人は多いでしょう。そういう人は「読解の配点がもっと多かったらよかったのに」と思うのではありませんか？

これはまさに，本来は足し算してはいけないものを足し算してしまったことへの恨みなのです。ただし，本来は序数尺度でも，ある条件が満たされていれば「等間隔とみなしてよい」場合もあります（井上，2015）。

　人間の心に単位を持ち込むのは無理な話なので，心理学の研究者はそれをなんとか「長さ」「重さ」，（光や音の）「強さ」といった物理量に落とし込もうとします。これは強引といえばいえる。そこで私たちは「本当に測りたいものを測っているのか？」という疑問と常に向き合っていることになります。

ゼロという数：比例尺度

　西洋音楽の発想は面白くて，音程に「ゼロ」という観念がないのです。

　基準になる音の高さを定めて，その音と同じ高さの音が作る音程は，基準と隔たりがないのだから当然ゼロだと思うのですが，それを「1 度」というのです。だから 1 オクターブが「8 度」になるのです。原点であるべき出発点がいつも「1」です。

　ゼロという原点が決まっている 2 つの単位は，掛け算か割り算イッパツで互いに変換できます。たとえば，青森県の 10 アールあたりのりんご収穫量は約 2000 キログラムでしたが，これは昔風にいうとおよそ 533 貫です。

　一方，原点がなにかの都合で任意に決まっている単位，たとえば温度の場合は掛け算か割り算に加えてゼロ点調節のための足し算か引き算が必要です。アメリカで夏に気温が 90 度とか聞きますが，この華氏の値を変換するにはまず 32 を引いて 5/9 を掛けますので，日本でいうと，およそ 32 度です。

　原点すなわちゼロという「数」の概念はなかなか難しく，少なくとも 2 つの意味があります。

1つは正の数と負の数の境目です。ピアジェがいうように、抽象的な数の概念が具体的な事物への操作という概念から発達してくるとすると、負の数には「借金」というような具体例がありますね。儲けと損の自然な境目として「ゼロ」も想定しやすそうにみえますが、けれどもそれはどんなカタチで存在していますか？　存在していないです。「境目」は量をもちません。だから「数を対象のなかに求めていた限り、数の連鎖は1から始まる」のです（ピアジェ、1984）。

ゼロの由来はもう1つ考えられます。それは「位取り」です。「十八」と「百八」の違いを、違う字を使わずに表そうとすると、どうしても「18」と「108」というふうに書かざるをえません。この記数法はインドで始まったようです。そのルーツはそろばんのような道具であるかも知れず、インド独特の数の呼び方、すなわち「ひと桁あがるごとにあらたな数名詞を用いる」数え方にあったかも知れないようです（吉田、1979）。

ゼロが決まっているということは、比率に意味があります。それで比例尺度といいます。たとえば、間隔尺度の場合、40度のお湯は20度の水の2倍の熱さだとはいえません。なぜなら0度は水が凍るときの温度で、温度が「ない」状態ではないからです。しかし、戦艦大和（長さ263メートル）はノアの方舟（長さ300キュビト、約134メートル）のほぼ2倍の長さ、というのはOKです。

3　統計という心

私に統計学を最初に教えてくれたのは林周二先生といって、経済統計の先生でした。たまたま教室が空いていたので履修登録しただけですが、これは幸運だったと思います。というのも、統計学を実

験や調査のデータを整理する「技術」としてではなく，考え方だということをみっちり教わることができたからです。最初の授業で林先生は「西洋の文明のなかで『偶然』という考えが出てきたのはたいへん新しいのです」とおっしゃいました。

　それはそうだな，と思いました。何事も神様が決めた定めだと思っていたら「偶然」という冒瀆的な考えは出てきません。それ以来，「偶然はいつごろ，どうやって発明されたのだろう？」とずっと考えてきました。その答えはまだわからないのですが，統計学も人間の精神の産物だということはわかります。

▷ ゆらぎを捉えるツールとしての統計

　統計学は，前の章でクロード・ベルナールが認めていなかった，という話をしましたが，そもそも「法則が見つかっていない」ときに力を発揮するものです。誤差のない（あるいは無視できるぐらい小さい）物理現象だったら，統計による推定はほぼ法則といってよく，たとえば「次に日本で皆既日食が見られるのは 2030 年 6 月 1 日，ただし北海道」という正確な予測ができます。

　しかし心理学はそうではないのです。生物なので常に誤差はつきものですし，どんなに精密な測定を心がけても，必ず「ゆらぎ」があります。たとえば虹を見たときに，そのなかには青色がありますが，どこからどこまでが青色なのか？　このとき私たちの判断は「このあたりが最も青っぽい」というところを中心に，こんなふうにゆらぐはずです（図 2-4）。

　統計はなにもたくさんの人のデータをまとめるときに使うものではありません。私たちの心のなかに存在する「ゆらぎ」を「分布」という目で捉えて，分布の形を考え，その分布のなかで特定の出来事がどのくらい「当たり前なのか」「珍しいのか」を判断すること，これが統計の仕事です。

図 2-4 弁別判断の模式図

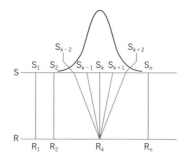

（出所） 田中，1961 より作成。

　この「判断」について，統計学としては推論ができればよいのか，「決定」まで踏み込むべきなのかという論争がありました。これは「フィッシャー対ネイマン論争」といって，統計学的にはなかなか深い問題です（佐伯・松原，2000）。

　▶私たちはなぜ「偶然」を嫌うのでしょう？
　「おめでとう。仕事の成功の秘訣は？」
　「偶然です」
　「おめでとう。すばらしいフィアンセを見つけましたね。どうやって？」
　「偶然です」
　実に誠意のない答えのように思うのではありませんか。「偶然」という概念が生まれるためには何が必要だったのでしょう？　今でも偶然を認めたくない心理があるのはどうしてなのでしょうか？

4　実践のなかで

▷　「良い比較」には公平の心

　心理学の授業では統計を実験や調査のデータを整理して，なにかの結論を導くための道具として教えているようですが，これは実はよくないのです。設計のへたくそな実験や調査から「出てしまった」データを統計で「お化粧」することはできません。

　私の考えでは，まず実験や調査の設計について教えるべきなのです。「実験計画法」というような科目がそれにあたります。

　設計について学ぶと「公平」のセンスを身につけることができます。

　たとえば，私がなにか新しい心理セラピーを思いついたとして，これが従来のものより良いかどうかを知りたいとします。「試しに知り合いにやってみたら良かったよ」これでは他人を納得させることはできません。

　納得してもらうためには，たとえば何人かの人を2つのグループに分けて，一方には私の考えた新しいことをやってもらい，他方には従来のことをやってもらいます。「他方」の方々を「コントロール群」などといいますね。実はこの「コントロール」という言葉，心理学では「統制」というのですが，私の知る限り，この言葉を使うのは心理学だけです。ほかの分野では「対照」と呼びます（「たいしょう」で変換すると同じ読み方の漢字がいくつも出てくるから間違えないようにしましょう）。どちらが良いのかはわかりません。

　言葉の問題はさておいて，「良い設計」は「良い比較」ができるかどうかにかかっています。その基本精神が「公平」なのです。

　たとえば，両方のグループのなにかの心理レベルが施行前にはほ

ぼ同じでなければならないでしょう。また，従来のものといっても
それはなんでもよいわけではありません。新しいものにできるだけ
似たものがよいでしょう。もちろん，施行期間やカウンセリングの
セッション数も揃えます。効果を判定する尺度も揃えます。良い
「対照」はカラオケの要領で作ります。すなわち，すべて本物そっ
くりだが，歌だけがありません。

　心理学や教育学，医学，薬学などでは「対照」に倫理的な配慮も
必要です。新しい方法のほうが優れていたとすると，「対照」に割
り当てられた方々はどうなるのでしょう？　実際，私の知り合いの
英語の先生が新しい教授法を試そうとして中学校に協力を求めたこ
とがありましたが，「対照」に割り当てられた生徒たちは不公平で
はないか，という問題にひっかかって協力を断られたことがあった
そうです。

　➡ どうすれば「対照」に割り当てられたほうの不公平を解決できるで
しょうか？

　この問いには，正解かどうかわかりませんが，「クロスオーバー
デザイン」という1つの解決法があります。これでよいのかどう
か，調べてみてください。

▷ 統計の範疇を見極める

　良い設計の実験や調査が組めたとして，最後にはフィッシャー対
ネイマン論争に出てきた「判断」の問題に突き当たります。すなわ
ち新しい教授法やセラピーが良かったかどうか，「反対派」の人々
も説得できるように意見をいわないといけません。

　心理学の世界では，その説得のための要求がだんだん厳しくなっ
てきました。これまでは，「統計的に意味のある差」すなわち「有

意差」があったら「良い」とされてきたのですが，有意差にこだわりすぎて間違った判断をしていたのではないか，という疑問が出てきたのです。

　このような動向をそもそもなぜ統計を使うのかという当初の疑問に戻して考えると，「法則を見つけるのがムリだから統計を使う」という考え方をどこまで押し通してよいのか，という疑問があります。そろそろ統計に頼るのはやめて，「これは確たる証拠」「これは間違えようのない法則」というものだけを使って心理学を組み立て直してもよいのではないでしょうか。

⟶ 偏差値は学力の指標といってよいでしょうか？　がんばったら試験の素点を上げることはできるかも知れませんが，それで「偏差値が上がる」とは限らないのではありませんか？

　この問いにも正解はないのですが，1ついえることは，あなたの学力がアップしても，他の人の学力もアップしたら偏差値は上がりません。偏差値を人為的に上げるのは無理ではないかなあ？

感覚と知覚

知っているはずの世界の知らない側面

Quiz クイズ

Q 温度で味の感じ方は変わる。温めたときに最も強く温度を感じる
ようになるのはどの味だろうか?
a. 甘味
b. 苦味
c. 塩味
d. 辛味

Chapter structure 本章の構成

- 感覚と知覚は心の素材といわれる。それはどういう意味だろうか?
- 私たちは世界をいかに認識するか? これは哲学に根差す深いテーマ だった。現代の科学的な心理学や神経科学もその延長にある。
- 私たちは「心の目」で世界をみている。知覚心理学で重要な閾値, 恒常性, ゲシュタルトといった概念や現象は実験心理学の世界にとどまらず, 日常生活と深い関わりをもつ。
- 大学での感覚や知覚の勉強は視覚に偏っている。この流れにちょっとだけ釘をさしたい。臨床的にも重要な「痛み」について, とくに一節設けて考える。

1 どうして感覚や知覚を勉強するのか?

　感覚は感覚器官に届いた物理的なエネルギーが神経の電気的な信号(インパルス)に変換されて脳に届いたもの, 知覚はそのインパルスの集合に対して「これはドアノブだ」とか「これは消火器だ」というふうに意味を与えたもの, 私はこのように教えられ, こう考えてまず間違いなかろうと思っています。したがって感覚こそ「心を作る素材」です。だからしっかり勉強しましょう, ということになるわけですが……。

　実際に授業をすると, この単元のほとんどの時間が目の話, すなわち視覚と視知覚の話で終わってしまいます。聴覚, 味覚, 嗅覚, 触覚などについてしっかり学ぶ余裕がありません。素材の勉強が偏っているのです。これはよくないですね。視覚で習ったことを土台にして他のモダリティ(感覚的現象)についても考えてください。とくに臨床を目指す方々には痛み, すなわち痛覚の勉強は必須です。

日本の心理学では知覚の研究がたいへん盛んでした。

学部の 3 年生のころ，これはなぜだろうと同級生のミムラくんと話しながら心理学科の図書室をぶらぶらしていました。そうすると私たちに心理学の初歩を教えてくれた田中良久先生が日本の心理学について書かれた論文を見つけました（Tanaka & England, 1972）。

「これを読めばなんで知覚の研究が盛んなのかわかるかもしれないよ」と 2 人で読みました。

読んでみると，「日本の大学にはあまりおカネがない。知覚の研究は心理学の他のテーマに比べて費用がかからない。だから盛んに研究されるようになったのである」と書いてありました。

「なんだ，そうだったのか」と 2 人で大笑いしたものです。

これも一面の真理ではあるでしょうが，感覚や知覚の研究が大事な理由はそれだけではないはずです。

たとえば私がバラの花を見て「赤い」と思ったとします。あなたも「赤い」と思ったとします。けれども 2 人が知覚している印象は全く同じなのでしょうか？

「赤」と思う基本は目の視細胞にあるオプシンというタンパク質です。ところでオプシン遺伝子には個人差があります。180 番目のアミノ酸がセリンの人とアラニンの人がいるのです。アラニンの人が「典型的な赤である」と思う波長はセリンの人よりも少しだいだい色側にずれています（Merbs & Nathans, 1993）。これはどちらが正しいとか異常であるとかいう話ではありません。どちらもアリなのです。

心の素材の世界には，正しいも間違いもありません。健常も異常（障がい）もありません。もし異常（障がい）という考え方をするなら，超音波の聞こえない私たちはイヌの世界ではみな障がい者です。紫外線が見えないからハチの世界でも障がい者です。心の素材を知

るということは，他者の住む世界を了解することです。それは当然，多様性を尊重することにつながります。

2 感覚・知覚というテーマの深さ

▷ 哲学からみた感覚・知覚

感覚・知覚の研究は哲学の認識論にルーツをもっています。認識論ではこんなことが問題でした（大井・寺沢, 1962）。

> 人間の認識は，はたして対象を全面的に認識して（対象の真相を把握して）客観的真理に到達することができるだろうか。もしそれができるとすれば，それはどのような認識であろうか。また，もしそれができないとすれば，どのような対象は認識することができ，どのような対象は認識することができないのか，すなわち，認識の限界はどこにあるのか……

このことについて，イマニュエル・カント（1724〜1804）はこんなふうに考えたそうです（カント, 1961）。

> 我々はこれまで，我々の認識はすべて対象に従って規定されねばならぬと考えていた。しかし我々がこのような対象に対して何ごとかをア・プリオリに（あらかじめ）概念によって規定し，こうして我々の認識を拡張しようとする試みは，かかる前提（対象によって認識が規定されるという考え）のもとではすべて潰え去ったのである。そこで今度は，対象が我々の認識に従って規定せられねばならないというふうに規定したら。形而上学のいろいろな課題がもっとうまく解決されはしないかどうかを，ひとつ試してみたらどうだろう。

すなわち，空，雲，そよ風，松林，海，カツ丼……こうした事物が「私を空だと思いなさい」「私はカツ丼というものである」と私たちに語りかけてくるのではない。逆に私たちが「雲とはこのよう

なものである」「松林とはこういうものである」と思い，その思い（「ア・プリオリ」な概念）で景色を見ているから，景色がこのように見えるのである。カントはこのような「事物ではなく我々のほうだ」という考えの転換を「コペルニクス的転回」と呼びました。

⮕ とはいうものの，「環境が私たちに働きかけてくる」と思われる経験をすることもあります。椅子に座るときに背もたれのほうを向いて座る人はまずいません。山道を歩いていて下草がまばらなところが続いていると，実は道ではないのに道のように思って進んでしまうことがあります。ほかにどんな例があるでしょう？　果たして「環境の側から語りかけてくるもの」と「私たちのアタマのなかにある『ア・プリオリ』な概念」とはどうやって折り合いをつけているのか？　はたまた競合しているのか？　皆さんはどう思われますか？

「環境が働きかけてくる」という考えは「アフォーダンスの理論」といわれて，盛んに研究されています。アフォーダンスという言葉には「提供する」という意味があります。私の考えでは，アフォーダンスは具体的な「行動」のきっかけを提供する環境要因です。「スイッチを押す」「椅子に腰かける」というような行動に目を向けると，「環境の側から語りかけてくるもの」と「私たちのアタマのなかにある『ア・プリオリ』な行動の概念」との折り合いがつくように思いますが，ぼんやりとしかわかりません。いろいろ考えてみてください。

▷　心理学と哲学のホットな交流

　話をカントに戻すと，生理心理学の脳の研究が意外にもカントとつながっています。

　脳のなかに「海馬」という構造体があり，そのなかには限られた空間のなかで自分がどの位置にいるかを「認識」するニューロンがあります（Eichenbaum et al., 1999）。

この細胞を発見した人をジョン・オキーフといい，2014 年のノーベル生理学・医学賞を受賞しました。オキーフは，自分の研究はカントの認識論に関係があるといっています。オキーフがいうには，カントはいかにして先験的な認識のカテゴリーが成立するのかを考えなかったが，進化のどの段階にある動物もみな，なんらかのカテゴリーをもっているはずである，おそらくそれは動物が環境のなかでいかに振る舞うかを学習することと関係があるだろう，こういう考えがオキーフの研究の出発点にあったそうです（O'Keefe & Nadel, 1978）。

　心理学は哲学から分かれて独立した学問になったようにいわれていますが，私はそうは思いません。分かれたときになにかの問題意識を捨てたとしたら，それは良くないです。哲学との間にもっとホットな交流があってもよいのではないでしょうか。

　➡ もし，私たちのアタマのなかに「ア・プリオリ」なカテゴリーみたいな認識の枠組みがあって，その枠組みが感覚情報のインパルスの集合に意味を与えているのだとしたら，幻想と現実の境目はどこにありますか？　私たちは「イリュージョン」を見て，聞いて，嗅いで，味わって，触れているのではないでしょうか？

「幽霊の　正体見たり　枯れ尾花」といいますね。
　もとは横井也有（1702〜1783）の句らしいですが，心理学者はこういう幻想の話が大好きです。錯視とか多義図形とか「だまし絵」とか，研究もしてきたし，面白がるだけではなく作っては喜んできました。聴覚にもイリュージョンがあるし（柏野，2010），味覚もイリュージョンです。私たちがよく飲む「スポーツ飲料」の味は，塩味，苦味，甘味，酸味を示す 4 種類の化学物質（食塩，キニーネ，砂糖，塩酸）を組み合わせて人工的に作ることができます。ところが，毒性のあるキニーネや塩酸はスポーツ飲料には使われていません。

図 3-1 ラバーハンドイリュージョン

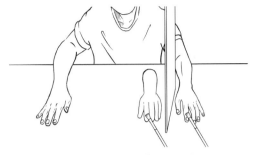

ゴムの手と自分の手を同時に撫でられると，いつ
しかゴムの手が自分の手のように感じられてくる。

実験的に作った味は「イリュージョン」だったわけです。しかもこ
の「イリュージョン」は脂質と高分子の膜で作られた物理的なセン
サーで検知できるのです（都甲, 2004）。触覚では「ラバーハンドイ
リュージョン」（図 3-1）が「自分とは何か」を考える良い題材とし
て広く研究されています（本間, 2010）。

3 感覚・知覚と日常生活

さまざまな知覚の特徴

閾 値

　夏になると冷たい飲み物がおいしいですね。ジュース，コーラ，
サイダー……なんでも冷やしてキュッと飲むのがいいです。ところ
が，しばらくその辺に置いたままにしてぬるくなったのを飲んでみ
ると，炭酸飲料の場合は気が抜けていますが，それを差し引いても，
実に甘ったるい。「こんなものを飲んでいたのか」と驚くほどです。
　あるいは，ラーメンのスープ。あれは全部飲まないほうがよいの

図 3-2 味覚の閾濃度と温度の関係

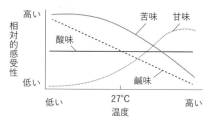

（出所）松田，2000 より作成。

ですが，やはり麺と交互に口に入れるとおいしいです。ところが，冷めてしまうとどうでしょう？　まことにショッパイです。驚きます。

　これらは私たちの感覚の特性に関係があることです。鹹味（味覚の研究で塩からい味を示す術語）や甘味に対する味覚の「閾濃度」が「溶液の温度」によって変わるのです（図3-2；松田，2000）。

　感じるか，感じないかの境目の物理量を「閾値」と呼んでいます。しかし，前の章で考えたように，私たちの判断は揺らぐので，閾値を正確に測るのは難しいです。閾値にも感じるか感じないかの境目である「絶対閾」と「この大きさとこの大きさの違いがわかるか」という境目の「弁別閾」とがあります。

　閾値の正確な測定は心理学では重要なテーマです。それはエルンスト・ハインリヒ・ウェーバー（1795〜1878）という生理学者の研究に始まり，実験心理学の成立を促したグスタフ・テオドール・フェヒナー（1801〜1887）に受け継がれます。正確な測定法としては調整法（ギターのチューニングのような方法），極限法（視力検査で使う方法），恒常法（メガネ屋さんでいろんなレンズを順不同で試すときの方法）が有名です。

　ですが，このフェヒナーという人の発想がめちゃくちゃ面白いの

でちょっと紹介しておきます。

1850年10月22日の朝，ちなみに火曜日です。ちなみに小泉八雲が生まれた年でもあります。フェヒナーはベッドのなかで「光の明るさとか音の大きさといった物理的な量を決めるエネルギーが2倍，4倍，8倍と倍々ゲームで掛け算的に増えていくとき，それを感じる人間の感覚は1，2，3，4といった具合に足し算的に増えていく」ということを思いついたのだそうです。

フェヒナーはなぜそのように物理の世界と心理の世界の対応に関心をもったのでしょうか？　フェヒナーの考えはなかなか瞑想的でわかりにくいのですが，フェヒナーによれば，私たちの意識状態は常に波動しています。「寝ている～起きている」などは大きな波，「見える～見えない」は小さな波，大波と小波が合成されたのが私の今の意識で，それは常に「目覚め」のほうや「眠り」のほうに揺れています。「閾値」はこの波動を反映したものなのです。私が死ぬということは，私の「個」の意識という小波は消滅してしまうが，それは宇宙にあまねく存在する「超個人的意識」という大波に乗ることなのです（岩渕，2007）。

まあこれが正しいかどうか，あなたの心に響くかどうかはおいておきましょう。

感覚閾値を正確に測ることは，心理学のみならず健康診断でも重要です。

恒常性

「これも知覚のイリュージョンかも知れないなあ」と思う現象に「知覚の恒常性」というのがあります。

たとえば，映画館の前のほうの左端のシートに座ってスクリーンを見たら，そのスクリーンはすごく歪んで見えているはずで，人物の顔などもありえないぐらい変なはずですが，最初はともあれ，そのうちに気にならなくなります。カタチの歪みをどこかで補正して

図3-3 大きさの恒常性

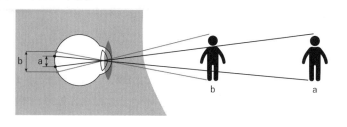

いるのですね。私たちの心には「安定した世界を好む」傾向があるようです。

　カタチだけではなく，大きさについても同じようなことがいえます。接近してくるものが網膜に結ぶ像はぐんぐん拡大しているはずですが，それほど急拡大してきたとは思いません（図3-3）。

　明るさもそうです。明るい照明に照らされた黒い紙と，薄暗いところにある白い紙は，本当は黒い紙のほうが明るいかも知れません。しかし私たちはそうは思いません。色もそうです。雪が降った夜が明け，人や車が行き交うと，道路に積もった雪はぐちゃぐちゃに踏まれていて灰色としかいいようがないのですが，「雪である」と思うと白く見えるでしょう。

　知覚の恒常性は現実の問題と深く絡んでいます。たとえば大きさの恒常性があまりにも強く働くと，横断歩道を渡っているときに接近してくる自動車からうまく身をかわすことができなくなります。そういうことを避けるにはどうしたらよいのかも研究されています（横谷・相馬，2019）。

　あるいは，色の恒常性はたとえば「おそうじロボット」なんかにある程度組み込んであげないといけません。そうでないと，ゴミではないものをゴミと思って一生懸命拾おうとしたり，ゴミなのに気づかずにスルーしてしまったりすることもありえます（郷古・小林,

2010)。

　このように，知覚の研究はかなりテクノロジーと関係が深いのです。スマホや動画配信サービス，MP3 プレイヤーなどはテクノロジーの結晶でもあると同時に，知覚心理学の結晶でもあります。どんな技術に人の心のどんな特性が応用されているのでしょう？　考えてみたら楽しいと思います。

ゲシュタルト

　「海岸に死人がありますばい」

　「死人が」

　「はあ。二人ですたい。男と女のごつありましたな」

　「どけえあったな？」

　「すぐ，そこの海ばたですたい。あたしが案内ばしまっしょ」

　　⋮

　「心中したばいな」

　「かわいそうに，としもまだ若いごつあるやな」

　松本清張の名作『点と線』です。

　行儀よく並んだ男と女の2人の遺体。これは心中だな，と思っても無理はないでしょう。私たちには「2人で1つ」というかたまりが「見える」からです。

　「まとまってものが見える」……これもイリュージョンかも知れませんが，非常に頑健な現象です。どんなものがまとまって見えるのかは「群化の要因」といって，どんな教科書にも出ていますから，調べてみてください。ただし，いろいろな群化を列記しただけでは，一体「心の世界の何がいえる」のかわかりませんね。

　1つの例として，群を作るか作らないか，すなわち，まとまりに見えるか見えないかを「心理的な距離」として検討した研究があります。それによると「赤と緑の違い」は「円と三角形の違い」「円の直径が1:2の違い」「明るさが1:2.7の違い」とほぼ等しいのだ

図 3-4 音楽における群化の要因（共通運命）の例 ————————————

（出所）　IMSLP.org（File: Tchaikovsky - Symphony No 6 Op 74 - Fourth movement.pdf; public domain）

そうです（大山，2002）。「明るさの違いと色の違いが比べられるんかい？」と思われそうですが，ここは物理を離れた心理の世界。私たちはいろいろな事物を「心の座標」のなかに位置づけます（第2章の比例尺度とも関連します）。

　ただし，群化もほとんどの場合が視覚について語られていますので，ここでちょっと面白い，音楽の例を紹介します。図3-4はチャイコフスキーの第6交響曲『悲愴』の最終楽章の冒頭です。第一ヴァイオリン，第二ヴァイオリン，ビオラ，チェロが旋律を奏でますが，ご覧のようにそれぞれのパートはジグザグした上下対称の模様で，とても1本のメロディには聞こえません。ところが，同時に鳴らしてみると，「下行」という共通運命をもった音同士が群化して，切ないメロディが浮かび上がります。もちろんここでの問題は，「こんなところにも群化の例があった」ということではなく，共通運命をいったんバラしてしまったチャイコフスキーの意図がどこにあるかなのですが，それを考えるのは，いくらでも考えたいものですが，本書の範囲を超えます。

▷ 「場の科学」としてのゲシュタルト心理学

ここで心理学の歴史に立ち戻りましょう。

20世紀になると，ヴントの「要素主義」的な傾向が批判されます。単一の光や単一の音は「心の素材」にはなりえない。感覚刺激は2つ以上のまとまりを作ったとき，あるいは，たとえ単一の刺激であっても，ある種の「場」のなかに置かれたときに，意味をもつ「心の素材」になる，こういうマニフェストです。その心理学をドイツ語の「かたち」という言葉を借りて「ゲシュタルト心理学」と呼びました。

社会のなかの「場」

「手に取るな　やはり野に置け　蓮華草」

播磨の滝野瓢水（1684〜1762）が作った俳句です。レンゲ草は野に咲いていてこそ美しい。まさに，「場」のなかに適切に置かれたものを賛美していますね。この「適切」という考えも心理学の研究対象ですが……実はこの句，瓢水の友人が遊女を身請けしようとしたときに，それをいさめて作った句なのです。「場」がある種の力をもっていることが切実にわかりますね。

ゲシュタルト心理学は社会心理にも探究の手を伸ばしました（Burnes & Bargal, 2017）。

社会的な「場」という考えは言語心理学にも影響を与えています。これは他でもない日本のお話で，その主人公は佐久間 鼎（1888〜1970）という心理学者です。九州大学の初代心理学講座の教授で，その後東洋大学の学長も務めました。

佐久間がゲシュタルトの「場の理論」を日本語に応用して理論化したのが「こそあど言葉」の体系です（図3-5）。私たちはよく知っていますね。

「もの」を指すのか「人」を指すのかに関係なく，「こ」は私の近くのこと，「そ」は聞き手の近くのこと，「あ」はどこか遠いところ

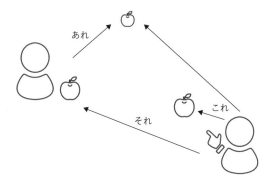

図 3-5 こそあど言葉

のこと，「ど」はなんだかわからないところのことです。佐久間は「こそあど」を「位称詞」と名づけました。ここに「場」を重視するゲシュタルト心理学の影響を見ることができますね。

「人称詞」というのもあるのです。昔の日本語では「自分」を「ア」あるいは「ワ」（吾，我），「あなた」を「ナ」（汝のナ），不定な相手を「タ」（誰のタ）といっていました。

佐久間は「体言」になりうるさまざまな言葉を人称詞，位称詞，汎称詞（不定代名詞の one のようなもの），類別詞，個別詞，抽象詞，時数詞に分類し，それぞれの性質を考察しました（佐久間，1968）。

現代も色あせないゲシュタルト心理学

ゲシュタルト心理学は「古い」「昔の」心理学ではありません。どんな形が「よいまとまり」を作るのか，それはデザインを考えるときには大事な問題で，数理モデルを作って検討されたり（井口ほか，2007），魅力のある都市景観を作るにはどうしたらよいかという「眺望の分析」が行われたりしています（松本ほか，2013）。

$\Rightarrow$ 「共通運命」という群化の要因は，私となにかが時間の流れのなか

をともに動いていくような印象を与える言葉ですね。もしかしたら，このこと（なにかとなにかを群化させたがる私たちの心の傾向）は，前章で述べた「偶然を嫌う心理」と関係がないでしょうか？

4 　痛 み

⬜▷　痛みの感じ方は普遍的か

　この章の最後に，これからの皆さんの研鑽を促すため，痛みについて考えておきます。

　痛みは感覚であり（「左の脇腹が痛い」），知覚でもあり（「こないだ転んだときに打ちつけたからだ」），嫌悪的な情動でもあります。

　痛みの質と強さを正確に評定することは，臨床的にとても重要ですが，非常に難しいのです。とりわけ子どもの場合どうすればよいのかという問題は，まだ解決していません（Tsze et al., 2018）。

　⮕ 日本語には豊富なオノマトペ（擬音語・擬声語）があります。「痛み」を表すオノマトペにも「しくしく痛む」「ずきずき痛む」「キリキリと痛む」などいろいろありますね。こういう表現が他人の痛みを共感的に理解する役に立つといわれています（杉村，2017）。なぜでしょう？共通の経験がなくても「通じる」ものがあるのでしょうか？　外国語にはこういうのがないか，または少ないというのは本当でしょうか？

　もしかしたら日本語特異的ではないかも知れません。これはゲシュタルト心理学から出てきた話で，「ブーバー／キキ効果」という現象があります（図3-6）。この2枚の絵のうちどちらかが「ブーバー」で，どちらかが「キキ」です。どっちが「キキ」でしょう？と尋ねると，たいていの人は「左がキキ」と答えるのです。これに

図 3-6　ブーバー／キキ

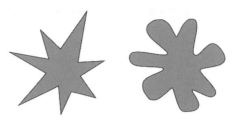

（出所）　Wikimedia Commons（Drawn by Andrew Dunn, Monochrome version by Bendž；CC BY-SA 3.0）

は民族差（母語による差）がないといわれています。こんな現象は他にもあるかも知れず，深く考えてみたら面白いでしょう。

▷　痛みへのアプローチ

　また，痛みは末梢から中枢へ一方通行に伝えられる感覚ではありません。「痛い感じ」を抑える神経系が脳から末梢に向かって脊髄を下行しています。だからうつ病に使う薬がけっこう痛みを抑えるのです。私らが動物で実験するとまさにその通りなのですが，この効果は小児や青年では不安定といわれています（Cooper et al., 2017）。

　おそらく，この系にうまく働きかけることができれば，痛覚を起こす刺激自体は存在していても，痛みの感じ方をある程度「心」で制御できるはずです。よく「痛いの，痛いの，とんで行け」と言いますが，あれはある程度は正しいのです。「ある程度」などと鈍い言い方をした理由は，どこまで制御できるのか，どんな痛みが制御できるのか，まだわかっていないからです。「痛いの，痛いの，とんで行け」は「プラセボ効果」の一種かも知れません。実は，疼痛を訴える患者さんに生理食塩水や蒸留水などの「プラセボ」をあげた経験のある看護師さんは多いのです。もちろん，たいていの場合

はお医者さんの指示があります（田中・小松, 2011）。また，「マインドフルネス」の瞑想法も痛みの軽減に役立つらしいです（Zeidan et al., 2015）。

　痛みを抱えている人は多いです。だいぶ前の調査ですが，日本人の約 13％ が生活や仕事に支障を来す痛みを抱えているという調査結果があります（服部, 2006）。これからますます高齢者が増えると，この率は上がってくるでしょう。感覚としての痛み，情動としての痛み，脳から末梢器官に向かって逆向きにコントロールできる痛み……，心理学の課題はたくさんあります。

　　痛覚を感覚の 1 つのモダリティといってよいのでしょうか？　鉛筆の先で指に触れたとしても，力が弱いときは痛さを感じません。ある程度の力でぐっと押していくと痛くなります。ということは，痛覚は触覚の変形したもので，特異的な感覚ではないのでしょうか？

第 **4** 章

認　知

世界はアタマのなかにある？

Quiz　クイズ

Q バートレットは民話を題材に，ある程度時間が経ってから記憶テストを行った。さまざまなタイミングで記憶テストが行われたが，最大でどれほど時間が経ってからテストが実施されただろうか？
- **a.** 1 カ月
- **b.** 半年
- **c.** 4 年
- **d.** 10 年

Chapter structure 本章の構成

- 行動主義の時代には「心のなか」すなわち「マインド」について語ることは科学的ではないと考えられた。その考えにも一理ある。けれども「心のなか」を可視化する試みが成功し，心理学は「マインド」について語る素地を取り戻した。
- 今日「認知心理学」あるいは「認知科学」として論じられるテーマはあまりに幅広い。本書ではいくつかのトピックを取り上げざるを得ない。
- 注意——私たちは漫然と世界を捉えるわけではない。すなわち注意には「バイアス」がある。これは臨床領域でも重要な問題である。
- 思考——私たちのアタマには意識に上らない「意味のネットワーク」がある。これはフロイトが気づいていたことだった。今日の目による新たな展開が期待される。
- 記憶——記憶は磁気ディスクのような過去の「記録」ではなく，さまざまに変容する。あなたの「思い出」は作られたものかも知れない。
- 意思決定——「あれか？　これか？」という場面で人間はときに不合理な判断をする。そこに人間らしさがある。しかし合理的とはどういうことだろうか？　ときに不合理とみえることも実は合理的と考えられないか？

1　行動の心理学から認知科学へ

▷　「心なき心理学」の時代

　「認知」という言葉のもとに集められている精神活動は注意，概念，記憶，想像，推理，意思といったもので，すでにウィリアム・ジェームズが心理学の課題と考えたことでした。それがなぜ「認知」という旗印のもとに参集し，新しく大きなトレンドになったかを理解するには，20世紀中頃の，ことにアメリカの心理学事情を

考える必要があります。

その頃は「行動主義」の勢いが強かったのです。行動主義とは，ざっくりいってしまえば，目に見えない「メンタル」な出来事，すなわち「心」（マインド）に関する議論は「科学としての心理学」には不要だと考える立場です。

これに不満をもった人がたくさんいました。事情はイギリスでも似ていたようで，認知神経科学者として著名なリチャード・パッシンガムはこう書いています（Passingham, 2016）。

> 私が心理学の学生としてオックスフォードに入った 1960 年ごろには，"マインド"に関する質問をすることは奨励されていなかった。その頃の心理学は依然として行動主義の強い影響下にあったからだ。刺激（入力）と反応（出力）の中間で何が起こっているかについて考えをめぐらすのは科学的ではないと行動主義では考えていた。どうしてかというと，それはアタマの中で起こることで，客観的には観察できないからだ。だから私たちにとって心理学は主にラットとハトの行動のことだった。刺激の統制や反応の測定が簡単だからだ。そこで私らがこの科目（心理学）をおそろしく退屈だと思ったのも無理はなかった。

私自身は非常に行動主義的な教育を受けましたが，それほど退屈だとは思いませんでした。なぜなら「記憶」とか「思考」とかいった心理現象はどういう行動なのだろうかと考えて，行動の特徴に基づいて私たちがよく知っている言葉を定義し直すのが純粋に楽しく，また重要でもあると思ったからです。これはその後もクセとして身につき，とてもよい知的な訓練になったと思います。

▷ シンプル・イズ・ベスト

私の考えでは，観察できない「心」をそもそも存在を仮定する必要のないものとみなし，誰の目にも明らかな現象すなわち行動に基づいて学問の体系を作っていこうという行動主義の立場は，物理学

図 4-1 天動説で惑星の動きを説明するモデル

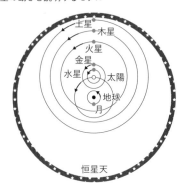

でエルンスト・マッハ（1838〜1916）が時間や空間について考えたこととよく似ています。それまでの物理学，すなわちニュートンの物理学では絶対的な「空間」というものがあって，地球や月はそのなかに浮いているのでした。そこでは，絶対的な「時間」も宇宙のすみずみを昔も今もずっと流れていました。けれども，マッハは「そうではない」と考えました。「モノが存在していないところに空間があるのだろうか？」「モノの変化が見えないところに時間が存在しているのだろうか？」というわけです。

　つまり「廣中には記憶力があるらしい」と皆さんが思うのは，私が「昨日食べたラーメンはねえ」というような話をするからでしょう。「廣中には思考力もあるらしい」と思ってもらえるのは，私が「ここに 2000 円持っているから 1600 円のウィスキーをひと瓶買っても大丈夫だ」と言ったからです。なにか手がかりがなければメンタルなプロセスの実在を思うこともできないはずです。

　一方，哲学や科学には「オッカムの剃刀」と呼ばれる原則があります。説明の原理というものは，やたらに増やすべきではない，新しい原理を導入してもよいのは，それまでの原理では説明できない

出来事に出くわしたときだけだという原則です。別名「節約の原理」ともいわれます。その例としては惑星の動きの説明があります。これは天動説でも力技で説明できなくはありません。けれどもこんなふうに（図4-1）惑星ごとに小さな軌道を考える必要があります。これではキリがありません。地動説だとそんなことはなく、非常にすっきりします。だからいったん行動主義の立場に立ったら、それでとことんまでやってみよう、という考えもあながち「不当な」わけではないと思います。

> さてそこで、ちょっとごちゃごちゃしますが、ゆっくり読んでいただいて、「存在していない」ことと、「存在しているが、観測できない」こと、それから、「存在し、工夫すれば観測もできるが、ある事象の説明原理として登場させなくてもよい」こと、および「存在し、観測でき、説明原理として採用すべきこと」を区別する必要があります。日常生活でどんな例があるか、考えてみてください。たとえば霊魂はどうですか？　性欲はどうですか？　忠誠心はどうですか？　もしかすると「存在しないが科学の説明原理として導入したら有用なもの」もあるかも知れません。考えてみてください。

▷ 認知心理学の産声：認知革命

　話を認知に戻します。

　認知心理学が誕生したのは1956年9月11日でした。火曜日です。エルヴィス・プレスリーの出演したアメリカのテレビ番組が80% という視聴率を取った年。この日、マサチューセッツ工科大学で開かれていたシンポジウムでジョージ・A・ミラー（36歳）、アラン・ニューウェル（29歳）とハーバート・サイモン（40歳）、およびノーム・チョムスキー（28歳）が画期的な発表をしたのです。ミラーの発表は心理学的で、記憶についての話題でした。ニューウェルとサイモンはコンピュータによる人工知能の話をしました。チ

図 4-2　メンタル・ローテーション

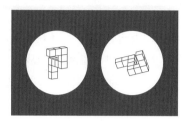

（出所）　Shepard & Metzler, 1971 より作成。

ョムスキーの話は言語に関するものでした（道又ほか，2011）。20 世紀の終わりの 10 年になると，ここに脳科学が連なります。生きた人間の脳の活動を画像として捉えられるようになったからです。

見えないものを見ようとして

　行動主義の嵐が去ったとはいえ，「心理学は科学として成立しなければならない」という信念が消えたわけではありませんでした。

　つまりそれは，刺激と反応の間にある「見えない」メンタルプロセスを可視化することです。それはまず「反応時間を正確に測る」ということから始まりました。

　私が学生のときに，その話に最初に接したのが「心的回転」（メンタル・ローテーション）というものです（図 4-2）。

　左の図形を回転させたら右の図形になるでしょうか，という質問をします。それを判断する時間が回転角の大きさに対応しているのです（試してみるとそんなにうまくいかないのですが）。つまり参加者の方々はアタマのなかで左の図をぐるっと回転させているのだ，それがわかった，という論文です。この論文が出たのが『サイエンス』というインパクトの大きな雑誌で，「メンタル」という言葉が堂々と使われたことから，行動主義の支配が終わった，みたいな雰囲気

がありました。

　けれども，この実験の意味は，刺激と反応の間にあって，これまでは観察できないと思われていたことが，正確に反応時間を測ると計測できる，というマニフェストです。「反応時間を測る」実験は一時流行しました。

　➡「可視化」の努力は行動主義であろうがなかろうが重要です。たとえば将棋を指しているときに指し手が何を考えているか，どうやったら可視化できるでしょうか？

　この問いにも正解はないのですが，一手指すごとに何を考えていたかを話してもらう「プロトコル分析」という手法はいろいろな分野で使われています。ところが，名人ともなると「プロトコル分析」は通用しないのです。対局中はムリなので対局後に感想戦というのをやりますが，ある人工知能学者に聞いた話では，名人同士の発話は「あれは，ああだったんですか？」「いや，こうだったんです」というようなことばかり。名人どうしの会話は傍で聞いていてもなにもわかりません。けれども，名人だけで共有できる世界がありまして，これで互いに何局目のどの手のことを言っているのかわかり合っているのだそうです。しかしながら，だからといって「わかりません」で済ませるべきではないのです。だからこそ心理学はいろいろな研究法を編み出し，それを洗練させてきました。反応時間を測る，視線を解析する，動作を分析する……その工夫の跡を学ぶのは本当に楽しいものです。

2　注意のバイアス

　認知心理学の話題を勉強すると，人間はアタマがいいなあ，物事

を論理的に合理的に考えて，目的にかなった行動をするのだなあ，と思えるような話が多いと感じられるかもしれません。しかし，

> 言葉は意味を表示する以上に，魔術的な効力や《幻惑》の能力，催眠作用，そして本来それが有している意味の外側で作用する流動性をもっている。

というような考え（コクトー，1996）に共感する私は，本書では不思議なこと，合理的ではないこと，不思議なことに焦点を当ててみようと思います。

▷ 注意は常に合理的か

　最初に「注意」の話題から。注意は，ジェームズが述べたように，情報の選択です。何の情報を選択するかということにその人の個性が表れ，それがときには困った結果につながることもあります。

　ちょっと脇道にそれますが，私が一応の専門と思っている領域は，アルコール依存に代表されるような「アディクション」の研究です。その研究でも「注意」は１つのカギです。たとえば私がアルコール依存になってしまうと，お酒を連想させるような刺激，たとえば居酒屋のネオンやバーボンの広告などが「飲みたい」気持ちを誘発する刺激になってしまいます。これはパヴロフ的なレスポンデント条件づけで説明されていますが，単にそれだけではないのです。依存症の深刻な問題は，環境のなかでこうした刺激が「目立つ」（ポップアウトする）ようになることです。これが再発のきっかけになってしまいます。私らの分野ではこの現象を「incentive salience」と呼んでいます。よい日本語がありませんが，アディクションの理解や回復支援には重要な意味をもつ現象です。

　この現象の心理学的な研究はまだ少ないのですが，１つ挙げるとこんな例があります。たとえばマリファナを常用している人に次々にいろんな単語を見てもらって，その字が何色で書かれているかを

素早く答えてもらう「ストループ課題」をやってもらいます。そうすると、「海岸」とか「砂」といった中性語よりも「ポット」「ジョイント」などの「マリファナ関連語」のほうが反応時間が長く（すなわち遅く）なるのです（Metrik et al., 2016）。アディクションと注意の心理学的な研究はまだまだこれから続けなければなりません。

3 無意識の思考

認知心理学で読み解ける精神分析

　フロイトは「言い間違い」に無意識と意識の葛藤が現れると考えました。たとえば、ある衆議院議長が会議を開くにあたって、「諸君、私は議員諸氏のご出席を確認いたしましたので、ここに『閉会』を宣言いたします」と言ってしまったという話が有名です（フロイト, 1973）。この人は（私と同じように）「本当はこんな会議なんかやりたくない」と思っていたようですね。

　この話を読んだとき、私は「これは『プライミング』ではなかろうか」と思ったものです。「プライミング」というのは、あらかじめ心のなかの「意味のネットワーク」を活性化しておくと、そのネットワークに連なったものが心に浮かびやすくなるという現象です。

　たとえば図4-3のように「看護師」という単語を見せておきます。その後いろいろな単語や無意味つづりを見てもらい、「これは実在する単語ですか？」と聞きます。できるだけ早く答えてもらうのです。このとき「医師」を見せた場合の回答時間は「バター」を見せた場合よりも短いです。なぜなら「看護師」によって心のなかの「看護師に関連した意味のネットワーク」が温められた状態になったからと考えられるからです（川口, 1983）。

図 4-3 プライミング

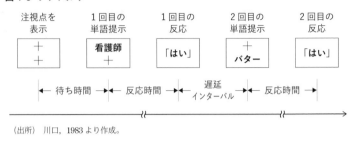

注視点を 表示	1 回目の 単語提示	1 回目の 反応	2 回目の 単語提示	2 回目の 反応
＋ ＋	看護師 ＋	「はい」	＋ バター	「はい」

←─ 待ち時間 ─→←─ 反応時間 ─→← 遅延
インターバル →←─ 反応時間 ─→

(出所) 川口，1983 より作成。

➡ 「あの間違いはあとから思えば隠れた願望の現れだったなあ」と思うようなことがありますか？　どうしてそのように思いますか？

▷ フロイトは認知の問題を精神分析していた

　精神分析と「認知科学」の意外な近さは，いろいろな場面で指摘されています（実吉・仲亀，2008）。

　たとえば，上記とは逆に特定のネットワークを「冷やす」ことで反応を遅らせる負のプライミングという現象が知られています。これと似ているのが「抑圧」または「抑制」という現象。すなわち，たとえば自分が失敗したことは思い出しにくい，という現象です。私にも覚えがあります。仕事でミスをしたときこそ，その状況を克明に思い出して書き残しておくことが後に誰かが似たようなミスをしないために必要，とたびたびいわれるので，自分でもわかっているのですが，どうしても細部を思い出すことができません。こういう現象は実験的にも確認されているし，フロイトが 1926 年の『制止・症状・不安』という論文で記した「自分を守るために，ある出来事が意識に上ってくるのを抑圧する」という考えとも合います。

　こういうことは，臨床場面では，当事者が辛いことを無意識の世界にとじこめているときに，ケアをする側がどのようにその人と向

き合うか，という問題と関係してきます（林，2012）。

4 記憶の変容

　記憶の心理学的な研究はエビングハウスの実験に始まったのでしたが，それは「丸暗記」の研究でした。「意味のないものを丸暗記することが私たちの生活と何のかかわりがあるのだろう？」と思うのも無理のないことです。

　それよりも，記憶を無数の心像の宝庫にたとえ，

> そこには感覚によってとらえたものをふやしたり，へらしたり，あるいは他の仕方で変えたりしながら，わたしたちが考え出すすべてのものが貯えられている

と書いた古代西ローマ帝国の神学者，聖アウグスティヌス（354〜430）のほうが気が利いています（アウグスティヌス，1976）。

日常的な記憶の研究

　日常に即した記憶の研究はイギリスのフレデリック・バートレットに始まります（Bartlett, 1932）。

　バートレットの実験では，まず「幽霊の戦争」という，イギリスの学生には馴染みのないアメリカ先住民の民話（英語でおよそ330語）を2回読んでもらいました。ただし，記憶の実験だとは伝えていません。全員に15分後に1回思い出してもらいますが，その後は参加者の都合しだいで任意の間隔をあけて思い出してもらいます。バートレットの報告には，2年後にばったり参加者に再会したときの話や，そのまた8年後に会ったときの話も出ています。

　おやおや，記憶の実験で時間を統制していない。こんなことがあるでしょうか？

あってもよいのですね。私たちはなんとなく「記憶とは時間とともに薄れるものである」と思っているのですが，バートレットはそれ自体を疑ったのです。考えてみればその通りで，たとえば私の大事な記憶は私が幼児の頃の記憶です。皆さんにもそういうことはあるでしょう。しかし今になって思い出したことが，本当にその通りに起こったことだったとはいえませんね。

　バートレットの研究の一番のポイントは，「記憶が（薄れるよりもむしろ）変容する」ことの発見にありました。「幽霊の戦争」は細部が省略されたり，型にはまったり，話のつじつまが合うような合理的な内容に変わったり，参加者の情動的な態度が時間の経過とともに強まったりするような変容が起きました。

▷　**意図的に記憶を歪めてみる**

　私たちがもっているなにかの「認知的な構え」に合うように記憶が変容するのだとしたら，その「構え」を操作して記憶を「創作」することもできるはずです。

　それを研究したのがアメリカのエリザベート・ロフタスでした。ロフタスは 45 人の学生参加者に警察署から借りた 5 秒から 30 秒の自動車事故のフィルムを見せ，ここで学生たちを 5 群に分けて，「自動車が『接触』（contact）したとき，どのぐらいのスピードが出ていたかと思いますか？」とか「自動車が『激突』（smash）したとき，どのぐらいのスピードが出ていたかと思いますか？」などと動詞を操作しました。そうすると contact は時速約 30 キロ，smash は 40 キロと，操作に応じて答えが変わったのです（Loftus & Palmer, 1974）。

　この発見は後年思いもかけない方向に発展しました。

　サイコセラピーを受けている患者のなかで，幼児期に虐待を受けたと訴える人々のライフイベントを調査したところ，本当は虐待が

なかったケースがあったのです。その「被虐体験」はサイコセラピーのなかで「創作」された記憶なのでした（Laney & Loftus, 2005）。もちろん，すべてのケースがこうではありません。しかし，セラピーは「ナラティブ」（語り）を作ることを促しますから，そこには記憶の変容がまぎれこむ余地があるわけです。

いま，エリザベート・ロフタスは何をしているのでしょうか？

カリフォルニアでの下條信輔との雑談のなかで，「ロフタスはねえ，『あなたの幼児期はハッピーだった』という偽の記憶を作って，『ポジティブに生きましょう』というキャンペーンをやってるんだよ」と聞き，「とんでもねえ話だ！」と思ったものです。

けれども当人たちは大真面目です。この流れで論文になっているロフタスの仕事としては，アスパラガスの嫌いな人に「アスパラガスのいい思い出があるでしょう」と記憶を創作して偏食を改善させた，という話もあります（Laney et al., 2008）。

さて，もしも私たちの記憶が創作だったら，私たちの自我はどうなるのでしょう？　アーノルド・シュワルツェネッガー主演の SF 映画『トータル・リコール』（1990）は，この問題を扱った面白い映画です。

➡ 小さい頃の思い出で，現実のことかも知れないし，そうでないかも知れないという思い出がありますか？　それはどんなことでしょう？　もしかしたら現実ではなかったかも知れないと思うのはなぜですか？

記憶を「思い出す」という行為は，コンピュータがメモリに蓄えた情報を呼び出すような行為ではありません。思い出すという行為はあくまでも「現在の」私の行為であり，現在の私がなんらかの理由でそれをする必要があったから，いうなれば問題解決のために，過去にあった（かも知れない）情報を利用しています。あなたと私がたとえ同じ出来事を経験したとしても，私が思い出すその出来事

図4-4 意思決定のツリー・モデル

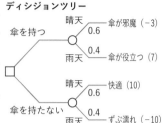

利得表

	晴天	雨天
傘を持つ	傘が邪魔 （−3）	傘が役立つ （7）
傘を持たない	快適（10）	ずぶ濡れ （−10）

ディシジョンツリー

傘を持つ　晴天 0.6 ── 傘が邪魔（−3）
　　　　　雨天 0.4 ── 傘が役立つ（7）

傘を持たない　晴天 0.6 ── 快適（10）
　　　　　　　雨天 0.4 ── ずぶ濡れ（−10）

（注）　効用として主観を数値に置き換えたものを仮に置いている。
（出所）　ITmedia エンタープライズ，2005 より作成。

と，あなたが思い出す出来事は，同じではないはずです。

5　意思決定の不合理

　人生のあるとき，あなたも私も「心理学を学ぶ」という決断をしました。どうやって決めましたかね？

　一般にこうした「意思決定」の問題を単純化して考えると，それぞれの場合の利得と損失を計算して，それぞれの場合が起こりうる確率を計算して「こうしよう」と選ぶ，とされています（図4-4）。けれども現実の世界はこんなに単純ではなく，「折りたたみ傘を持っていく」という選択肢もあったり，「今は雨模様だが午後になると晴れるらしい」という予測もあったりします。

▷　何が不合理かは多面的

　「知能に問題はないのに意思決定がうまくできない人」がいます。アイオワ大学のアントニオ・ダマシオらの研究グループは，そういう人たちをスクリーニングして，脳を調べるための実験課題として

図 4-5 アイオワ・ギャンブリング課題 ──────────────

各デッキから合計 100 回カードを
引いて手持ちの資金（20 万円）を
増やしてください

1 万 2000 円ゲット！＝得

「アイオワ・ギャンブリング課題」という課題を考案しました。

　これは 4 つのカードの山（デッキ）から 1 枚ずつ，合計 100 回カードを選んで引いてもらう実験というかゲームです。参加者は最初20 万円の手持ち資金をもっています。「これを増やしてください」と教示されます。カードを 1 枚引いて裏返すと，損得の金額が書いてあります。儲かる場合もあり，損をする場合もあります（図 4-5）。

　実は，これはちっとも難しいゲームではありません。4 つのデッキにはからくりがあります。左側の 2 つは儲けも大きく損も大きい「ハイリスク・ハイリターン」のデッキ，それに対して右側の 2 つは儲けも損も小幅な「ローリスク・ローリターン」のデッキなのです。参加者はそうすると，前半戦は大きな勝負に出て儲けようとしますが，何度か試行錯誤しているうちにこのからくりに気づきます。そうすると，ときには大損をしますから，そうなったら主に右側のデッキに集中して小刻みに損得を重ねます。そうすると必ず「勝てる」のです。だからゲームとしてはあまり面白くありません。

　ところが，いつまでも「ハイリスク・ハイリターン」にこだわる人がいます。私もこの追試をしたことがあるのですが，「健常な」大学生の約 30 ％ がこういう人でした（Takano et al., 2010）。ダマシオらの考えでは，こういう人たちは「衝動的」ということになるの

です。

　ですが，この人たちに話を聞いてみると「自分はじっくりものを考えるタイプの人間だ」というのです。性格検査でもたしかにそのような結果が得られました。ではなぜ「負けるのが好き」とでもいいたくなるような行動をするのか？　それは「この大きな損を取り戻すためには，もう一度大きな勝負に出るほかないと熟慮したからだ」というのです。不思議なことに，なぜか「もう一回負ける可能性もある」ことに気づかないのです。実際，この人たちに「意識にのぼらない」衝動性テストの一種「絵合わせテスト」をするとエラーが多く，少なくともこのテストで定義するところの意味では衝動的と考えられる結果でした。

　私はこの結果に「意識にのぼらない心」と「意識的に自覚している心」のギャップが現れているのではないかと思っています。つまり「意識的な自分」は「無意識の自分」がやってしまったことの結果を「後から」合理的に説明する，ある種の解釈機構なのではないだろうか，という考えです。

　この考えが当たっているかどうかの検討は，今はおいておきますが，この「意思決定が衝動的」ということはドラッグ・アディクションなど多くの臨床問題に関わります。

　衝動性にもいろいろな側面があります。「アイオワ・ギャンブリング課題」で前提としている，「このままでは危ない」ことに気づかない衝動性だけではないのです。

心理臨床と行動経済学

　もう１つ挙げておくと「待てない」のも衝動性です。この「衝動性」は行動経済学に題材を借りて，こんな実験で調べます（図4-6）。これは喫煙の影響をみる研究だったのですが，「今26ドル差し上げるか，もしくは15日後に30ドル差し上げますがどちらがよ

図 4-6　遅延報酬割引課題で参加者が見る画面

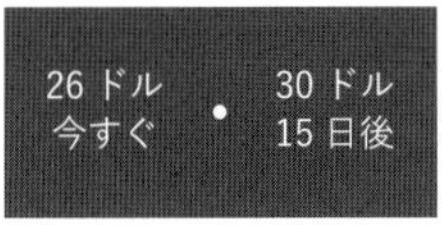

いですか」と尋ねるのです。つまり，報酬というものは待たされると価値が下がるという前提です。これは行動経済学でよく知られた話で，借りたお金になぜ利子がつくかというと，たとえば現在の1万円と1年後の1万2000円が同じ価値だ，という価値観みたいなものが私たちにはあるからです。

　さて，話を喫煙の研究に戻すと，金額と待たされる期間を系統的に変えて調べると，「現在の26ドルと等価なのは何カ月後の何ドルか？」が測定できます。それを図示したものがこのような「遅延価値割引関数」です（図 4-7）。これをみると，非喫煙者でも右下がりのカーブになっていますが，喫煙者はとくにカーブの落ち方が急です。つまり，少しでも待たされると途端に価値のないものと思ってしまうというわけです（Bickel & Marsch, 2001）。これはいろいろなアディクションの人にみられる特徴で，「待てば大きな報酬（たとえば健康）が手に入るのに，それが待てず，目先の小さな報酬（たとえばたばこ）に手が出る人」というようにいわれています．

　「衝動的である」ということはあまりよいイメージではないので，このように臨床問題とからめていろいろに研究され，意思決定における衝動的な傾向を矯正しようとするセラピーなどもあるわけですが，ここでもう少し視野を広げてみます。私個人が今の社会で生きることを考えたら，意思決定の衝動性は不利かも知れませんが，人類の長い歴史を考えたらどうでしょう？　「損をしてもひるまない」傾向は私たちの生存圏を広げるのに役立ったのではないでしょう

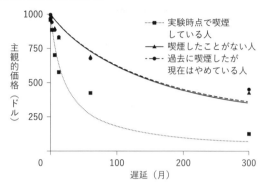

図 4-7 喫煙者の遅延価値割引関数

主観的価格（ドル）

- ······■······ 実験時点で喫煙している人
- ──▲── 喫煙したことがない人
- ──●── 過去に喫煙したが現在はやめている人

遅延（月）

（出所） Bickel & Marsch, 2001 より作成。

か？ 「待てない」傾向は寿命が短かった時代には適応的だったのではないでしょうか？ もちろん，そう考えるのは「へそ曲がり」で，当否はわからないとは思うのですが。考えるだけであればいろいろな可能性を排除しないこともあってよいのではないでしょうか？ 不合理のなかに人間性があると思うのも意味のあることではないでしょうか？ へその曲がった考えかも知れませんが，心理学の研究には必要な視点といえるでしょう。

➡ あなたがなにかを決断したとき，どんなことを考えましたか？ 図 4-4 のような利得表が書けますか？ そのときのあなたの決断はどんな意味で合理的で，どんな意味で不合理だったでしょうか？

Chapter

第 5 章

学　習

無常を科学する

Quiz　クイズ

Q　多くの英和辞典にアスタリスク（＊）つきで掲載されている「重要
　　語句」は，ある心理学者によって選定されたものが基になってい
　　る。この語句をピックアップしたのはどの心理学者だろうか？
　　a. ジェームズ
　　b. ヴント
　　c. ソーンダイク
　　d. ワトソン

Chapter structure 本章の構成

- 学習心理学はパヴロフやソーンダイクの動物行動研究に始まると思われがちである。だからその原理も人間的ではないと思われることもある。しかしそのルーツは「観念の連合」というイギリスの哲学である。
- ただし学習心理学は「訓練者」と「被訓練者」の関わりを想定している。したがってある言葉や概念が訓練者による操作を表しているのか，被訓練者の側に起こった現象を表しているのかを厳密に使い分ける必要がある。同じ言葉が両方に使われることもあるから注意が必要である。
- 学習心理学と行動主義の親和性が高かった理由は，「説明原理をやたらに増やさない」という科学研究の潮流に従ったからである。これは「オッカムの剃刀」の原理と呼ばれて，今でも重要な潮流である。
- 学習心理学は「行動の統制」と関わっている。それは多くの著述家に管理社会が透徹した「ディストピア」を空想させた。さて学習心理学は管理社会を正当化するのだろうか？
- 学習心理学は生物学や工学からのインパクトを受けて変わりつつある。これからの展開には心理学の枠を超えるコラボが必要である。

1 学習心理学のあゆみ

▷ 運命論の否定から生まれたもの

ウィリアム・ジェームズの『心理学』には「学習」という項目はありません。

それでは「学習」は 20 世紀に入ってから研究が始まった新しい分野なのかというと，そんなことはありません。「学習」の項目はありませんが「連合」はあります。これが学習心理学のルーツなの

です。

　ここでいう「連合」とは「観念の連合」のことです。私たちが，たとえば「循環型社会形成推進基本法」というような法律が何を決めているのかが想像できるのは「循環」「社会」「形成」「推進」という「観念」が連合するからです。

　観念はめちゃくちゃに連合するわけではなく，そこには法則がある，そう考えたのがイギリスの「連合主義心理学」です。それはジェームズ・ミル（1773~1836）とジョン・スチュワート・ミル（1806~1873）の父子によって樹立されました。2人とも社会経済学で有名な人ですが，父ジェームズは最後の著作『人間精神現象の分析』で「観念の連合」を考察しました。ミル父は，観念の連合は「接近」というただ1つの法則で理解できると考えましたが，その子ジョンは因果や類似も法則に加えました（今田，1962）。ここに「ゲシュタルトの法則」との類似をみるのは簡単です。

　「観念の連合」のルーツをもっと古くにたずねると，デヴィッド・ハートリー（1705~1757）の『人間論』（1749）にたどり着きます。ハートリーは私たちの体内で「エーテル」と称する未知なる元素がぶるぶると振動していると考えました。その振動によって脳内で起こっている2つ以上の事象が連合し，記憶や推論が生まれるという発想です。

　さらにそのルーツをたどると，ジョン・ロック（1632~1704）に行き着きます。ロックは生まれたままの人の心は白紙で，経験によって観念が形成されると考えました。この考えは「人間の運命は生まれつき決まっているわけではない」という考えにたどり着き，やがては「市民が社会を作る」思想を生みます。

　こうした思想の「観念」を「行動」で置き換えたのが学習心理学です。だから学習心理学は私たちの「可能性」を肯定する，とてもリベラルな背景をもつのです。

➡ 観念の連合は想像力の源泉でもあり，ときに現実には存在しないモノの心像を作り出すこともあります。どんな例を思いつきますか？　たとえば河童？　ゴジラ？　何と何をどういう様式で連合させたのでしょう？

▷　動物を通して観念を研究するということ

さてその心理学的な研究はエドワード・ソーンダイク（1874～1949）のネコの実験に始まります。空腹なネコをペダルを踏んだら外に出て餌が食べられる箱に入れ，脱出するまでの時間を測ったという 1898 年の実験ですが（図5-1左），ソーンダイクはこの実験を「動物の知性」（アニマル・インテリジェンス）の研究だといっており，学習の研究だとはいっていません（Thorndike, 1898）。いうまでもなく，ダーウィンの進化論に刺激されて盛んになった「動物の知性」の研究の一環です。

ロシアの生理学者イワン・パヴロフ（1849～1936）は，心理学は嫌いでしたが，ソーンダイクのこの仕事は高く評価していました。

> ソーンダイクの仕事とほとんど同時に私もかれのことは知らないで，ある実験室でのエピソードから，対象にたいして同じような態度（人工的に設けられたさまざまな条件にたいする動物の外に表現される活動を，実験的に分析しようとする傾向）をとろうという考えに到達した。

と書いています（パヴロフ，1975）。

パヴロフはもともと消化器の生理学で高名な研究者でした。1904 年にノーベル賞を取っていますが，その業績は有名な条件反射とは違うものです。ここでいう「ある実験室でのエピソード」というのは，イヌの唾液腺の活動を調べていたときに，いつも餌をあげる実験者がイヌのほうに近づいただけで唾液の分泌が起こった，という「エピソード」です。パヴロフはこれを「精神分泌」と呼ん

図 5-1 ソーンダイクのネコによる実験箱とパヴロフのイヌ ——————————

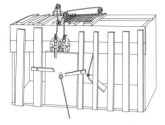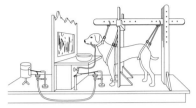

（出所）　左：Thorndike, 1898（public domain）より作成，　右：Yerkes & Morgulis, 1909
（public domain）より作成。

でいましたが，パヴロフの師匠にあたるロシアの生理学者イワン・
セチェノフ（1829~1905）の反射学説に影響を受けて，「精神分泌」
を系統的に実験してみることにしました。こうしてあの「パヴロフ
のイヌ」で有名な条件反射の実験に到達したわけです（図5-1 右）。
　ところがパヴロフにとって条件反射はあくまでも脳のはたらきを
調べる生理学で，自分の発見や考えが学習心理学に取り入れられる
などとは夢にも思っていなかったのです。アメリカではエドウィ
ン・ガスリー（1886~1959）が 1930 年に「学習の原理としての条
件づけ」という論文を書くのですが，パヴロフはガスリーに対して
「心理学と生理学の違い」という論文を書いて反論しています（Pav-
lov, 1932）。このときパヴロフ 83 歳，なかなか渋い爺さんです。

テーマとしての学習心理学の誕生

　そうすると，「動物の知性」と「条件反射」を連合させて，そも
そも「学習」という観念を当てはめたのは誰なのだろう？　という
疑問に行き当たります。
　パヴロフの研究にヒントを得て，赤ちゃんを怖がらせる，という
今なら倫理的に NG な研究をやったのは行動主義者のジョン・B・

ワトソン（1878～1958）ですが，彼は「訓練」といっているけれども「学習」とはいいません（ワトソン，1968）。考えてみれば「学習」は行動変化の背後にある不可視のプロセスなのですから，本当の行動主義者は「学習」という言葉は使わないでしょう。

　私のみるところ，単純な原理から複雑な法則まで，「行動の変化」を定式化し，ついでにその背景の神経機構まで想像してみせた最初の著作は，ロバート・セッションズ・ウッドワース（1869～1962）の『心理学――メンタルライフの研究』ではないかと思います（Woodworth, 1921）。このなかに「学習と習慣形成」という章があります。ウッドワースはこの章の構成をこのように述べています。

　　単純な現象から複雑な現象へ進み，できる範囲で一般化を試みよう。ただし大きな一般化は最後の考察に残しておく。その考察では，あらゆる"獲得された反応"の全過程を，少数の一般的法則や，伝統的に「連合の法則」とされてきたものにまとめ上げられるかどうかを考えよう。

　ウッドワースは良い教科書を書いたことで有名です。その思想はまことに中庸，あちこちに満遍なく気を配ります。行動主義の立場も理解できるし，メンタル重視も認める。とんがったところがないので物足りないくらいものわかりがよいのです。ですから，話の歴史的な流れとしては，どうやらこの 1920 年代初頭あたりが「学習心理学」というテーマの誕生でしょう。

2　学習心理学のポイント

　学習心理学は，もちろん，自発的な学習を認めないわけではありません。

　しかし，実験心理学のトピックとして考えるときには，「訓練者」と「被訓練者」の存在が前提です。そこで大事なのは，「訓練者が

図 5-2　レスポンデント条件づけの基礎用語

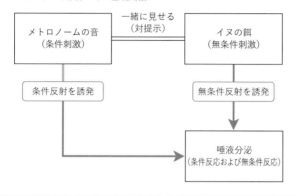

被訓練者に対して行った操作」と「被訓練者の側で起こった変化」とをしっかり区別することです。

　たとえば「強化」という言葉があります。図を見ながら考えていただきたいのですが（図 5-2），これはパヴロフ的な意味では，条件刺激と無条件刺激をペアにして提示する「訓練者側の操作」のことです。この操作に応じて「被訓練者」（もともとはイヌでしたが）の側に条件反応が起こるようになった変化のことは（条件反応の）「獲得」といいます。このぐらいなら簡単ですが，たとえばパヴロフが使っている「制止」という言葉は操作か変化か？　もし「制止」が操作であるとすると「消去」との違いは何か？　話がややこしくなるとけっこう悩むものです。ちなみに「条件反射」は被訓練者の側に起こった変化の結果として生じた現象です。「レスポンデント（あるいは古典的，あるいはパヴロフ型）条件づけ」は訓練者が行った操作を指します。何の学問でも言葉の厳密な使い方は基本ですので，しっかり考えましょう。

図 5-3　オペラント条件づけの考え方

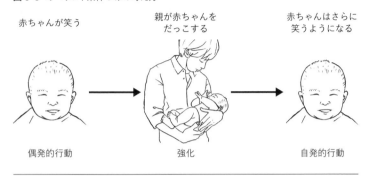

赤ちゃんが笑う　　親が赤ちゃんを　　　赤ちゃんはさらに
　　　　　　　　　だっこする　　　　　笑うようになる

偶発的行動　　　　　　　強化　　　　　　　自発的行動

▷　プラグマティズムの現れとしての学習心理学

　次に，学習心理学は前章で紹介した「オッカムの剃刀」の原則に
大きな影響を受けています。つまり，もしも条件反射だけでいろい
ろなことが説明できるのだったら，そうしたい。「条件反射で説明
するのは無理だ」という現象に出くわしたときに初めて新しい原理
を導入しよう，という考えです。このことは学習心理学が条件反射
の研究にルーツをもっていることの現れのように思います。さてそ
うすると，ソーンダイクのネコの行動は条件反射でしょうか？　条
件反射は「無条件反射」を下敷きにしています。箱に入れたらおと
なしく眠るネコもいますから，「箱に入れられたネコは暴れる」と
いう無条件反射が存在するとは想定しにくいように思います。

　「やはり世の中には条件反射以外の原理もある」と考えたのがバ
ラス・F・スキナー（1904～1990）で，それが「オペラント（ある
いは道具的）条件づけ」です。

　オペラント条件づけの基本は，とりあえず私たちがなにかの行動
をする，そうするとなんらかの結果が起こる，その結果しだいで，
その行動の頻度が増えたり減ったりする，といういたって簡単なも
のです（図5-3）。行動の頻度（単位時間あたりの生起回数）を増やす

ような操作が「強化」，減らすような操作が「弱化」（古い言い方では「罰」）です。この操作にはなにかが出現する操作（ポジティブ）と，なにかが減る・もしくは消える（ネガティブ）の2種類があります。

いくらなんでもこんな話には深みがなく，いったいこの荒涼とした知的風景は何なのか，と思ってしまうほどですが，実は「プラグマティズムの哲学」というルーツがあります。ちょっとだけ哲学の小径に立ち寄ると，

> 世界は一であるか多であるか？　宿命的なものであるか自由なものなのであるか？　……かかる観念に関する論争は果てることがない。……そこでいやしくも論争が真剣なものである以上は，どちらか一方が正しいとする限り必ず生ずるに相違ないある実際的な差異をわれわれは当然示しうるものでなければならない。

こういうのがプラグマティズムの基本理念です（ジェイムズ，1957）。すなわち事物や観念の本質というものは，「実際的な結果」をみて論ずるべきものだという考え。心理学ではこれが機能主義という思想につながり，それが行動主義を導くのです。

話を「オッカムの剃刀」に戻しましょう。レスポンデントとオペラントの二大条件づけが「剃刀」の挑戦を受けたのは，アルバート・バンデューラ（1925～2021）が「観察学習」を示したときです。大人が乱暴なことをしている場面を子どもに見せると，子どもはそれを真似するという（図5-4），有名な話ですね。

👉 観察学習の鍵になるアイデアは，自分で直接経験しなくても他者の行動に注意を向け，その一連の行動を記憶すると，「その気になったとき」に，細部は違っていてもその行動が再現される，というものです。このアイデアのどの部分がレスポンデント条件づけやオペラント条件づけでは説明できないと考えられますか？　観察学習のほかにも単純な条

図 5-4 観察学習

件づけでは説明できない身近な現象があるでしょうか？

オッカムの剃刀としての随伴性

　もう 1 つだけ，学習心理学を理解する鍵になる考えを紹介しておくと，それは「随伴性」（コンティンジェンシー）というものです。「たまたま」「ともなう」という感じですね。私たちは事物の関係を「連合」させて行動を作ったり修正したりします。しかし，その事物同士の間に必然的な関係や因果関係があるのかどうかはわかりません。

　レスポンデント条件づけの例で考えると，メトロノームの音が聞こえたときには，餌がもらえました。その随伴関係をイヌが学習したといえるでしょう。では，音が鳴っていなかったときはなんだったのでしょう？　単なる休憩時間ですか？

　単なるインターバル，すなわちなにも起こっていないようにみえるときに「実はなにかが起こっている（随伴している）かも知れない」と想像できる人はかなり鋭いです。

　幸いなことに，心理学にもそういう人がいました。条件刺激が提示されていないとき，「今は無条件刺激はやってこない」ということを学習していたのではないかと考えたのです。

図5-5 レスポンデント条件づけの随伴性空間 ────────

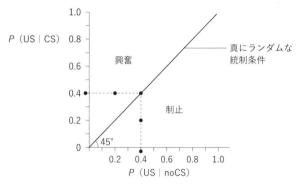

（注）　US は無条件刺激，CS は条件刺激の意味。
（出所）　実森・中嶋，2000 より作成。

──────────────────────────────

:arrow_forward: さて，この想像が正しいことを確かめるにはどうしたらよいでしょうか？

──────────────────────────────

　この問いには，ズバリ正解，というか前例となる研究があるのですが，まずはそれをみないでいろいろ想像するのが楽しいです。

　その前例ではこうやっています。この考えの当否を確かめるには，「音が鳴る－餌がもらえる」「音が鳴る－餌はもらえない」「音は鳴らない－餌がもらえる」「音は鳴らない－餌はもらえない」こういう４つの場合を作って，それぞれの確率を変化させてみればよいのではないかと考えるわけです（実森・中島，2000）。そうすると「条件反応を出せ」（興奮），「やめとけ」（制止）という仮想的なプロセスはこんな空間のなかに配置できます（図5-5）。「空が曇っている」のを見て「雨が降るかも知れない」と予想するのもこういう空間のなかにあるのかも知れません。

　一方，オペラント条件づけでは，「自分の行動」と「強化（あるいは弱化）された」ことの間に随伴的な関係が生じます。「迷信行

動」と呼ばれているのがその例で，ハトに「なにもしなくてよいの
に」ときおり餌粒をあげていると，餌がもらえる直前の行動（くる
くる回ったり，首と体をスイングしたり）の頻度が増えたのです（Skin-
ner, 1948）。これは「こうしたから」「もらえた」という「迷信」が
ハトの内部にできたのに違いない，ということもできるわけですが，
そういう解釈は間違っていると思います。私たちが「ゲンをかつ
ぐ」とか「御幣をかつぐ」とかいっている行動は，「たまたまの」
強化随伴性を学習してしまったからであろう，という考えのほうが
妥当です。これが前章で述べた「行動の特徴に基づいて私たちがよ
く知っている言葉を定義し直す」1つの例です。

3　学習心理学の功罪

▷　ディストピア小説にみる学習心理学

　学習心理学は「いかにすれば」行動を形成・維持できるかを考え
ますが，「どんな行動を作ったらよいか」は考えません。ここに
「もし悪用されたら」という問題が生じます。

　たとえば，レスポンデント条件づけの例。オルダス・ハクスリー
（1894～1963）は SF 小説『すばらしい新世界』（1974）で「条件反
射」が社会的な統制に使われる状況をこんなふうに描きました。

　　われわれは階級を予定し，条件反射を植え付けます。われわれは赤ん
　坊を社会化された人間として，アルファ階級あるいはエプシロン階級と
　して，未来の下水掃除人あるいは未来の……」彼は未来の「世界総裁」
　と言いかけたのだが，思い直して，その代りに未来の「人工孵化所長」
　といった。

　ジョージ・オーウェル（1903～1950）も『1984 年』（1972）で条
件づけによる感情の統制をこのように描いています。

ちょうどその時オブライエンは腕時計を一瞥し，時刻が十一時に近いのを認めると，どうやら「二分間憎悪」が終わるまでは記録局に留まっていようと決意したかのように見えた……つぎの瞬間，油の切れた巨大な機械がきしむような身の毛もよだつ摩擦音が，ホール中央の大きなテレスクリーンから爆発的に飛び出した。歯が浮き，首筋のうしろ毛が逆立つような騒音であった。「憎悪」が始まったのである。

　オペラント条件づけについては，システム理論で有名なルードヴィヒ・フォン・ベルタランフィ（1901～1972）が人類学者ジュールス・ヘンリーの著書を引用する形でこんなふうに痛烈に批判しました（フォン・ベルタランフィ，1973）。

　　人間ロボット観は工業化された大衆社会の表現であり同時にそこでの強力な駆動力であった……人間をうまく操ってますますいっそうスキナーのネズミに，ロボットに，購入する自動人形に，ホメオスタティックに順応するイエスマン，便宜主義者に（つまり遠慮なくいわせてもらえれば，ふぬけとでくのぼうに）仕立てあげることなしには，この偉大な社会は国民総生産を増しつづけて，進歩の道を追いつづけることができないのだ。

▷　学習理論によるユートピアの可能性

　もちろん，スキナーも黙ってはいません。オペラント条件づけを徹底的に活用したユートピアを小説に描きました。そこにはこんなことが書いてあります（スキナー，1969）。

　　バリス（私）「現代は本当にレーニン，ヒットラー，ムッソリーニ，チャーチル，ルーズベルト，スターリンの時代です。至る所で成功しているこの種の独裁的政治形態を廃止するような望みが一体どうしたら得られるでしょうか」

　　フレイジア「第二ウォールデンでは，支配的な人などというものは全く考えることもできません……われわれの実験から生まれる文化には，

強い個人的指導者が不用なのです。むしろ、その逆に、指導者の発生に反対し、それを阻止する幾つかの要素が含まれています」

....

 さて皆さんはどう思われますか？　科学と技術は切り離して考えるべきで、科学的な真理の探究という行為そのものは没価値であるという考えもあり、いやいや、科学という営みそのものに、悪用されるおそれもある技術が胚胎しているという考えもあります。

　しかしながら、そもそも学習心理学の遠い祖先であるジョン・ロックの思想が市民階級の解放を訴え、「我々には抵抗権」があると主張したものだったのですから、学習心理学が「上から下への押しつけ」であってはならない、と私は思うのですね。前の節で「訓練者」と「被訓練者」が存在すると書きましたが、両者間の情報の流れが一方通行ではいけません。「被訓練者」から「訓練者」へのルートの価値というか、重みが担保されている必要がある、と思うのですが、皆さんはどうお考えですか？　この「双方向の交流」は教育や臨床の現場にどのように組み込めるでしょうか？

....

4　変わる「学習心理学」

▷　法則重視の学習心理学

　学習心理学は当初から理論志向が強かったように思います。

　ソーンダイクのネコの実験にしてからが、ソーンダイクは自身が記録したネコの「脱出」を左右する原理を「準備の法則」「練習の法則」「効果の法則」の３つにまとめました。ある程度の空腹状態でなければ、そもそも脱出して餌を食べようという行動は起こらない。これが「準備」です。何度も繰り返してやっていると、そのうちに上達する。これが「練習」。脱出できると餌にありつけるという「よい出来事」が起こる。これが「効果」です。しかしながら、何が「よい」ことなのか、それを実験者があらかじめ決められるの

か？ 「よい」には主観的なニュアンスがあるではないか？ それ
で行動主義をベースにした学習心理学の時代にはこの「効果」が問
題になったのでした。

　なぜ理論志向が強かったというと，実験的な学習心理学の知見を
教育，産業，臨床といった実地の場面に応用したいという気持ちが
強かったからではないかと思います。じっさい，後年のソーンダイ
クは教育心理の分野で有名になりました。だれもが中学生になった
とき，英語の辞書を買ったでしょう。あれに「必須単語」とか「知
っていたほうがよい単語」の印（＊）があったはずです。あれの基
になるデータを集めたのがソーンダイクです（Thorndike, 1921）。

　こうした大雑把な「法則」を洗練させていくのが心理学の仕事だ，
と私たちは習ったものです。洗練のあかつきには数学の式を使って
「この場合にはこうなる」という予測ができるはずです。数式にす
ると誤解されるおそれが小さくなるでしょう。

　こういう流れで仕事をしたのがクラーク・ハル（1884〜1952）で
した。ちなみにハルはエール大学の教授で，エール大学からは名だ
たる理論家が出ます。それはさておき，ハルは「直線走路」という
長い廊下のような実験装置を使って，ちょっと乱暴にいうとラット
が端から端までたどりつくと餌がもらえるという実験「だけ」を題
材にして，この走行速度を数学的な式で表す研究に力を注ぎました。
それはソーンダイクが言葉で述べた「3つの法則」を洗練させる試
みでもありました。

　それはよいのですが，この数式をどこまで一般化できるのか？
言い換えると，この理論モデルは直線走路の走行以外の事態にも拡
張できるのか？ ここに問題がありました。

　もとより，当時の心理学者は「何にでも応用できる」強い原理を
目指していたと思いますので，その応用が試みられたはずではあり
ますが，それがとても成功したという話は聞きません。

そうするとここに，学習という目に見えない現象の理論モデルを作っても無駄なことで，一般原理などというものは捨てて，行動を変容させるテクニックに「だけ」注力すればよいではないか，という考えも起こります。

　これを徹底させたのがスキナーで，スキナーは自分のやっていることを心理学とは思わず「行動工学」と呼びました。

　ちなみに，1968年製作の『2001年宇宙の旅』というSF映画の名作がありますが，あのとき監督のスタンリー・キューブリック（1928～1999）は，未来社会がどんなふうになっているか，各方面の専門家に徹底的な取材をしました。そのとき「未来の心理学」について聞かれたのがスキナーです。スキナーはそのレポートのなかで「psychology」というつづりを間違えました。監督にそのことを指摘されたスキナーは「そんな言葉のつづりなんかまったく知らなかった」と答えたそうです（Agel, 1970）。

▷ 見え始めた抽象化の限界

　それはさておき，学習心理学が抱えていた抽象的な理論志向は1970年代になると，動物行動学の発展を受けて，限界がだんだん明らかになってきます。このことは後の章で考えますが，定性的なモデルから定量的なモデルに進むのが学習心理学の発展と思われていたパラダイムに，転換のきざしが訪れます（梅岡・大山, 1966）。

　その端緒は動物行動学だったと思いますが，一方では認知心理学の影響（認知革命；第4章も参照）も受けています。

　たとえば「4枚カード問題」というのがあります。これは「ある命題が真であるとき，その対偶もまた真である」という論理学の応用なのですが，図5-6のようにクイズ形式にしてみると，聞き方によっては難しくもなり，やさしくもなります（小谷津ほか, 1984）。

　これを学習心理学に当てはめてみると，私がなにかの能力をもっ

図 5-6 4枚カード問題

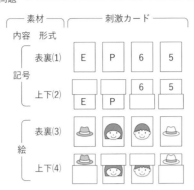

（出所）小谷津ほか，1984 より作成。

ていたとして，それを発揮しやすい場と，そうでない場がある，ということになるでしょう。こういう考えを推し進めると，学習心理学は認知心理学の「問題解決」というテーマに接近します。さてそうなると，次々に新しい事例の挑戦を受けて，オッカムの剃刀の原理に根差した抽象的な学習理論はどこまで通用するのか？　そのたびに理論は拡大して説明力の大きなものになっていくのか？　その理論は実地に応用するときに役に立つのか？　といった論点がわきあがってきます。

　晩年のスキナーは「結果による選択」という説を唱え，学習による行動の変化を生物の進化に近いものと考えていました（Skinner, 1981）。この論文ももうだいぶ古いのですが，ここに新しい発展のきざしがあるのか，「ひとつの解釈」で終わってしまう袋小路なのか，これからの見極めが重要です。

▷ **工学分野からの見直し**
　ところが20世紀も末になってくると，抽象的な数理モデルが復

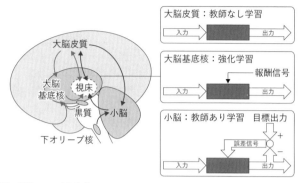

図 5-7 学習の工学モデル

大脳皮質：教師なし学習

入力 → 出力

大脳基底核：強化学習

報酬信号

入力 → 出力

小脳：教師あり学習　目標出力

誤差信号 +
−

入力 → 出力

大脳皮質

大脳基底核　視床

黒質　小脳

下オリーブ核

（出所）　銅谷，2002 より作成。

活します。

　それは心理学ではなく，なんと，工学の世界の話でした。その頃はロボットの研究が盛んになり，人工知能，今でいう AI の研究が勃興してきました。そこで「ロボットに学習能力をもたせる」ことが関心の話題になり，ついては「学習とは何だろう」という興味にもつながったのです。

　そのときに工学の先生たちが参考にしたのは，条件づけではありませんでした。神経科学です。神経科学と工学が結びついて，心理学とはまったく関係のないところで学習の新たな分類が行われ，機械学習への応用が始まったのです。

　その理論によると，学習は以下の 3 種類に分けられると考えられています（図 5-7；銅谷，2002）。①大脳皮質で起こる「教師なし学習」，これは全体を誰かがコントロールしているわけではないけれど，いつの間にかシステムの振る舞いが秩序をもつようになってくるという，自己組織化の一種です。②大脳基底核で起こる「強化学習」，これはほぼオペラント条件づけです。③小脳で起こる「教

師あり学習」，これは運動学習が元型で，目標からのズレを修正していく学習です。

　そこで私が思うに，心理学も工学の発想を逆輸入して「学習」に新しい光を当てたらどうでしょうか？

　　　　　　　　　　　　　　　　　　　　　　　　　　　　　　　　　　　

　:arrow: この章では条件づけをメインにして学習心理学のお話をしました。けれども学習心理学というと条件づけ以外にも「潜在学習」「洞察学習」などさまざまな現象と術語があります。ソーンダイクのネコの実験も「試行錯誤学習」と呼ばれ，オペラント条件づけの先祖のようにいわれています。私があえてこれらを羅列しなかったのは，レスポンデントとオペラントの条件づけをしっかり押さえておいて，その原理がどこまで通用するか，限界はどこにあるのかを考えていただきたかったからです。それを考える基本は「実際のデータを見る」ことにあると思います。

　さて，その目でソーンダイクのデータを見てみましょう（図5-8）。ソーンダイクはネコが箱から脱出するまでの時間を測定しました。試行錯誤学習というのはいろいろ試しているうちにだんだん上手になる，というイメージですね。最初は何をやったらよいかわからないから，無駄な行動がたくさん起こりますが，そのうちにそれらが「刈り込まれて」いく。これが突然解決がひらめく「洞察学習」とは違うといわれたもので，私もそう教えてきました。

　けれども，ソーンダイクのデータをよく見ると，なかには枠で示したNo. 12のような個体もいるのですね。脱出に要した時間が突然減っているではありませんか。このネコは，私のみるところ，3回目にちょっと気が散ったかなにかしたようだが，どうも「こうすれば出られる」ということが「突然わかった」ような気がしてならないのですが，皆さんの印象はどうですか？　洞察と試行錯誤は本質的に違うものなんでしょうか？

図 5-8　ネコの実験箱からの脱出時間

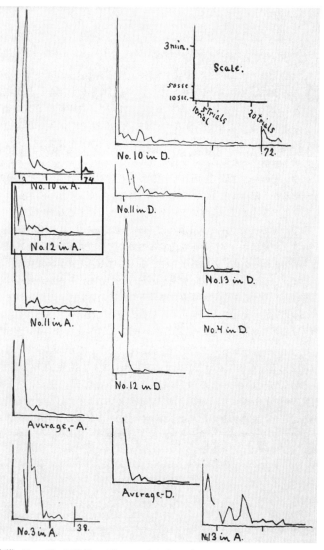

（出所）　Thorndike, 1898（Open Library；pubric domain）

言　語

わからないのに使いこなせる不思議

Quiz　クイズ

Q　子どもが言葉を覚え始め，急激に語彙が増える時期は次のうちどれだろうか？
a. 生後半年
b. 1 歳頃
c. 1 歳半頃
d. 2 歳頃

Chapter structure 本章の構成

- 言語について学ぶ意義——言語の理解は他者理解のカギである。
- 心理学の基礎知識として言語発達の過程を押さえておこう。けれども発話にせよ書字にせよ，身体の発育が前提である。心理の理解には身体性の理解が必要という一例。
- 言語学の三大テーマは意味論，統語論，語用論。それぞれに沿って若干心理学的な解説を試みる。
- 意味論——アタマのなかには辞書がある。「メンタルレキシコン」という。言語の意味を理解するには，この辞書を検索する。しかし分節がわからなければ検索できない。その理論モデルがいくつかある。
- 統語論——単語を並べて文を作る。そこにルールがある。その基礎は何だろうか？　脳のなかに基本的な文の構造がたくわえられているのだろうか？
- 語用論——同じ意味の文でも場面によっていろいろな使い分けをする。また，文になっていない「叫び」のようなものでも雄弁な意味をもつ。スキナーが「言語」といわず「言語行動」といった真意をさぐりながら言葉の使い方を考えよう。

1　心理学と言語

▷　言語は学習か

　公認心理師の制度が発足した当初のモデルカリキュラムでは，学習と言語がまとまって1つの単元になっていました。授業する側からすれば大変です。しかし考えてみればこのセットは面白い問題を提供しています。

　つまり，私たちが言葉を使う行動は，学習されたものであること

には間違いないのです。たとえば，私は山口県で育ったので，英語の「very」に相当する単語を「ぶち」と言います。これはそういう言い方が山口県の言語環境でオペラント的に強化されてきたからです。

　ところが，すべての言語行動が学習されたものであると考えるには，訓練の機会が少なすぎるのです。

　つまり，ある程度の「下地」を作ったら，私たちには教えられなくても「わかる」ことがあります。これが学習心理学と言語心理学をつなぐ鍵で，もしかしたら両者の分水嶺の1つなのかも知れません。

▷　心を捉える鍵としての言葉

　教えられなくてもわかるというのは，たとえばこういうことです。「太郎さんは次郎さんよりも背が高い」これは弁別学習で訓練します。次に，「次郎さんは三郎さんよりも背が高い」これも弁別訓練です。そうすると私たちは「太郎さんは三郎さんよりも背が高い」ことが教えられなくてもわかります。

⬤ イヌには人間の言葉がわかるでしょうか？　「おすわり」と言えば腰を落とす，「お手」と言えば手（前足？）を差し出す。「おりこうだから言葉がわかるのだ」と思いたい気持ちはわかりますが，「言葉がわかっている」というためには何を示さないといけないのでしょうか？

　もしかしたらイヌには私たちの言葉はわかっていないのかも知れません。ただの聴覚的弁別刺激として行動をコントロールしているだけかも……。

　しかし，そのことは「イヌと人間が心を通わせることはできない」という意味ではないのです。

　ここに，すなわち「心を通わせる」ということに言語を勉強する

もう 1 つの大きな鍵があります。

　私たちは，なんとなく自分の所属している集団が「すぐれている」と思い，そうでない集団は「劣っている」あるいは「良くない」と思いがちです。

　私自身の小学生のときの経験を思い出しても，関西から転校してきた子がいたのですが，ホームルームのときに「K くんは変な言葉を使うのでいけないと思います」という発言がありました。そこで先生が「全国にはいろいろな言葉があるんだよ。私らがふだん使っている言葉だって，よその土地に行けば『変な言葉』と思われるかも知れない」という話をされて，「言葉」についての私たちの視野を広げてくれました。

　これは昔からそうです。「野蛮な」を英語で「バーバリック」と言いますが，この語源は古代ギリシャの「バルバロイ」，すなわち「わけのわからないことを話す人」のことです。ギリシャの北東に住む非ギリシャ民族の発話がギリシャ人には「バルバルバルバル」と聞こえたからこのように呼んだのだそうです。

　言語は，他者を了解する鍵です。民族や人種の差別の源泉の 1 つが「言葉が違う」ことであることにほぼ間違いはないでしょう。心理臨床の専門家がお相手をする人々のなかには，言葉によって傷つけられた人や，「普通」の会話のペースについてくることが難しい人がいるはずです。

　そういうわけで，言葉の勉強はとても大事なのです。

2　言語の発達

　私には若い頃 1 年だけ，3 歳児健診のお手伝いをした「臨床経験」があります。

表 6-1 乳幼児の聴覚関連行動の発達

1 カ月未満	突然の物音に対する驚愕 突然の物音に対する閉瞼
満 1 カ月	突然の物音に対する閉瞼，覚醒 声や音による行動の停止
満 2 カ月	音源に対する定位反射 声かけでの喃語の誘発
満 3 カ月	ヒトの声に対する反応の多様化 社会音への反応の増加
満 4 カ月	声や音に対する選択的反応 さまざまな環境音の認知
満 5 カ月	定位反応の速度，確実性が増加 小さい音への反応の出現
満 6 カ月	未経験の音への恐怖 話しかけに対する注意力が増加

（出所）　稲垣・加我，1998 より作成。

　自分が臨床に向いていないことを知った 1 年でもあったのですが，毎週 20 組以上の親子と面談して，どんな相談が多かったかというと「言葉が遅れているのではないか」ということでした。これには「他のお子さんと比べる必要はないのですよ」と（教えられたとおりに）答えていたのですが，はたして通じたかどうか……。

　言語心理学の授業はいきおい言語の発達に主な力を注ぐことになります。限られた時間では仕方がありません。けれども「定型」だけではない発達のことも忘れないでほしいものです。とはいえ本書ではいちおう「定型」をたどります。

▷ **言葉のためのからだづくり**

　乳幼児の言葉の発達は本当に驚異的なプロセスです。

図 6-1　構音発達の前提

	生後 1 〜 4 カ月	5 〜 7 カ月	8 〜 11 カ月	1 〜 3 年
食べ方の特徴	チュチュ舌飲み期	パクパクごっくん口唇食べ期	もぐもぐかみかみ歯ぐき食べ期	かちかち歯食べ期
口唇の動き	哺乳反射（閉じていない）	口唇を閉じて飲み込む	口唇を閉じてかみつぶす	
舌の動き	前後運動のみ	上下運動するようになる		左右運動もできる
歯並び		乳歯がはえ始める		歯がはえ揃う
下あごの動き		上下運動するようになる		
言葉の発達	あー，うぁなど声を出す	マ，パ，バなどの音がでる	タ，ダ，チャなどの音が出る	いろいろな言葉を話す

| 言葉の特徴 | 口の形を変えて作る音（母音） | 口唇を使って作る音（子音） | 舌先を使って作る音（子音） | 口唇，歯ぐき，歯，舌などの口のなか全体を使って作る音 |

（出所）　富山大学附属病院, n.d. より作成。

　まず，その前提が身体機能であることをしっかり認識しておかなければなりません。

　「話し言葉」の話から始めると，人間の感覚のなかで聴覚の発達は早いです。誕生の頃には耳から脳に信号をつたえる神経回路はほぼ出来上がっており，誕生後には聴覚で誘発される行動も複雑になります（表 6-1；稲垣・加我, 1998）。

　言葉を「話す」ためには脳から出た運動の指令が舌や唇の筋肉を動かして，音を整えなければいけません。たとえば，「ぱ」と「ま」は途中まで同じなのですが「ぱ」と言うためには鼻のほうに息が抜けていかないようにします。こういう機能の発達に必要なのが食べるときの口の動きや，歯並びです（図 6-1；富山大学附属病院, n.d.）。

　字を書く行動の基礎はもっと複雑です。まず手首を回転させて手

図 6-2　握りの発達

静的 3 指握り

動的 3 指握り

の平を上に向ける動作（いわゆる「ちょうだい」のポーズ）ができないといけません。これができるようになると，親指を他の4本の指と対向させて「握る」（グリップ），「つまむ」（ピンチ）ことが可能になります。その次に，親指から中指までのいわゆる「撓骨3指」と薬指と小指の「尺側2指」の機能が分化します。前者が握るとか摑むなど「事物の操作」に関わる指，後者が手や物体を安定させるために「添える」指です。そうして2歳半ぐらいになると，スプーンや箸を「握って」食べるようになります。これを「静的3指握り」（図6-2左）といいます。この段階はけっこう長く，ようやく5歳ぐらいになって，いわゆる「大人の」箸や鉛筆の持ち方，「動的3指握り」（図6-2右）になります（香川県立高松養護学校, n.d.）。といわれているのですが，実は私は箸を正しく持つことができません。だから鉛筆も正しく持てません。皆さんは中指の第一関節を支点にして人差し指をテコのように使っていると思いますが，私は箸も鉛筆も親指から中指まですべて同方向にすぼめて持ちます。それでもなんとか生きてはいますが……。

言葉が認知されるとき

　気を取り直して，言葉に関わる認知の発達について考えると，ま

ずもって必要なのはこんな音の列（アンデルセン『雪の女王』）を「言葉の列」として捉える力です。

> さあきいていらっしゃいはじめますよこのおはなしをおしまいまでき
> くとだんだんなにかがはっきりしてきてつまりそれがわるいまほうつか
> いのおはなしであったことがわかるのです

　そのためには，音列のなかにリズムがあって，どこかで区切れることがわからないといけません。日本人にとって英語が非常に早口に聞こえるのは，この区切りをつけるのが上手ではないからです。この区切りで切り出した「音の塊」が意味のある単語であることがわかります。

　胎児はお母さんのお腹のなかで外の音を聞いています。そのため，ある種の音の羅列，すなわちそれが言葉なのですが，そこにアクセントがあることがわかっています。

　そうすると，たとえばさきほどの音列は「さあ，きいていらっしゃい，はじめますよ」といった具合に分節になって聴こえるはずです。このとき「さあ」は短いですね。こういう短い音は「あのね」とか「だけど」とかいうふうに，こっちを向いてほしいときによく使う……というようなことを学習しているか，もしくは，学習しつつあったとすると，これは呼びかけの言葉だ，というふうに「単語」として切り出されます。

　別のときに学んだ情報を生かして一段と先へ進む，これが言語発達の認知的な特徴の１つで，「言語発達のブートストラップ仮説」と呼ばれるものです（馬塚，2009）。

　もう１つ特徴的なのが「爆発」ともいうべき現象です。

　これは１歳半ごろから急にボキャブラリーが増える現象で，「語彙爆発」と呼ばれています（図6-3；乾ほか，2003）。このときにはとくに名詞の語彙が増えていきます。「世の中のものすべてに名前がある」ことに気づくのでしょう。また，語彙が100語を超えた

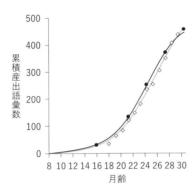

図6-3　語彙爆発

縦軸：累積産出語彙数（0, 100, 200, 300, 400, 500）
横軸：月齢（8 10 12 14 16 18 20 22 24 26 28 30）

(出所)　乾ほか，2003より作成。

頃に「二語文」が出るようになるそうです。

> ➡ 以上のように教科書には書いてあり，言語発達は大変なことなのだなあと思えますが，実は子ども自身も養育者も言葉の成長を楽しんでいますね。発達のプロセスはただの「訓練」ではないのです。感覚や運動や認知の発達を促すのが楽しい「遊び」だと思うのですが，このように，発達を促す，けれども「勉強」にはみえず，本質的には楽しい，こんな遊びにはどんな例があるでしょう？　またその遊びの例はなぜ言語発達に役立つのでしょうか？

3　言語と認知

　言葉の研究は発達心理学の重要な課題ですが，もう1つ，言語を懸命に研究している分野があります。それは何でしょうか？

　答えは1つではないかも知れませんが，ひとつ確実なのは人工

知能を使ったソフトウェアの開発です。スマホに向かって「明日の天気は？」と聞くと教えてくれます。動画を再生しながらたちどころに字幕が出ます。外国語の翻訳もやってくれます。こういう機能を機械で実現するためには，言語をほぼリアルタイムで解釈する能力が必要です。これらの研究領域は心理学と縁遠いように思えるかもしれませんが，そもそもは人間が一連の音や字のつながりを区切り，その区切りから切り出された単語を心のなかにある辞書で検索し，それを，これまた心のなかにある文法のひな型にはめ込んで，「これは何を表しているのだ」と解釈しているかを解明する，そういう研究がなければソフトウェアで実現することもできません。だから人間の言語認知の研究が必要なのです。

▷ 意味論

　言葉の意味がわかるからには，アタマのなかにある種の辞書があることに間違いはありません。こういう辞書のことを「メンタルレキシコン」と呼んでいます。しかしそれは脳のどこにあるのでしょうか？　その1つのヒントは「ウェルニッケ失語」という病気です。これはドイツの医師カール・ウェルニッケ（1848〜1905）が1874年に報告した失語症の一種で，患者は言葉を話すのですが意味になっておらず，こちらの言うこともわからないのです。患者が亡くなった後に脳を剖検してみると，左側頭葉（聴覚と記憶に関係の深い部位）に病変がありました（図6-4）。しかし，ここにメンタルレキシコンが局在しているわけではなく，レキシコンは脳の広い場所に分散していえると考えられています。しかもバラバラに分散しているわけではなく，意味として関連の深いもの同士がネットワークを作っているだろうと思われます。

　私たちは人の話を聞いたり文章を読んだりしながらこの辞書（レキシコン）にアクセスするわけですが，それはどうやっているので

図6-4　ウェルニッケ野とブローカ野

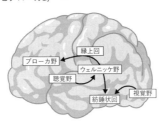

しょうか？　さきほど「音の羅列を分節にして聞き取る」と記しましたが，それをやりながら辞書を検索しているとすると，ちょっと妙なことが起こります。

つまり，「このおはなしをおしまいまできくとだんだんなにかが」を「この／おはなしを／おしまいまで／きくと／だんだん／なにかが」と分節化するわけですが，それは「区切り」を聞いてはじめて「ここまでが1つのまとまり」とわかるわけです。それから辞書を引いていると，常にワンテンポ遅れます。私たちはこんなことはやっていません。

そのために考えられたのが「TRACEモデル」というものです（McClelland & Elman, 1986）。このモデルでは私たちのアタマのなかで「単語」と「音素」と「音響の特徴」（素性）が同時に並列処理されると考えます。すなわち「バ」という音が聞こえたら，バナナかも知れずバターかも知れずバットかも知れないが，最初はそれらが全部活性化され，次に来た音が「ナ」だったら「バナナ」の可能性が強くなる，とこういう考えです（図6-5）。

統語論

「バナナ」が聞き取れたとして，結局バナナがどうなったのかというと，それを私たちは文の構造に照らしあわせて，甘かったのか，

図 6-5 単語の聴覚的認知の TRACE モデル

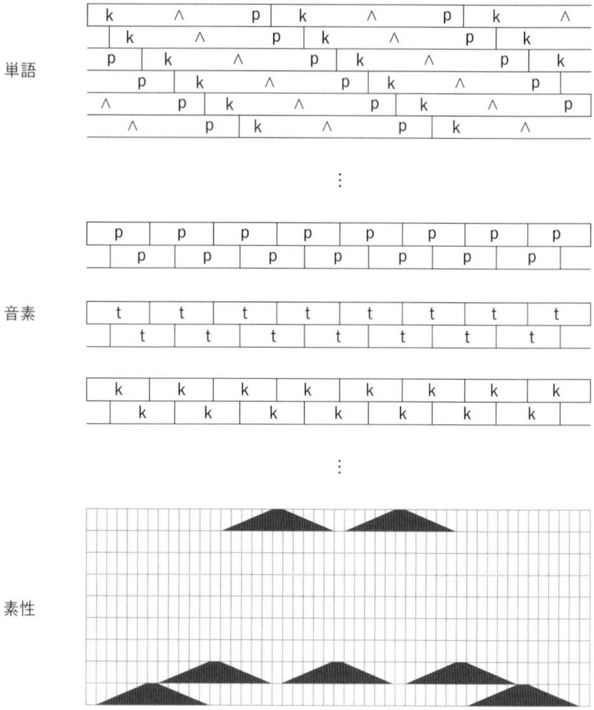

（出所）　McClelland & Elman, 1986 より作成。

未熟だったのか，欲しいのか，皮に滑ったのか，ということを理解するわけです。

　私たちのアタマのなかには「文」というものの構造が入っています。その証拠が次のような無意味文です。

　The yig wur vum rix hum in jeg miv.

　これを記憶してもらうのはなかなか難しいですが，その「無意味文」を次のような「飾り文字」をつけて文らしい見せかけにすると，

図 6-6　文法の基礎

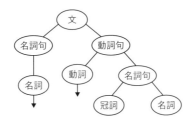

私たちにはともあれ，少なくとも英語を使っている人たちには記憶
しやすくなります（Neisser, 1967）。

The yigs wur vumly rixing hum in jegest miv.

　あるいはまた，「They are cooking apples.」という文は 2 通り
の意味に取れます。「彼らはリンゴを料理しています」というのと
「これらは料理用のリンゴです」という意味の 2 つ（Miller et al.,
1960）。どちらの意味かがわかるためには，この文の前後の文脈を
読まないといけません。アタマのなかで切り替わったな，と思うと
きには，文のなかの区切りの位置が変わるでしょう。「リンゴを料
理している」だと「They are cooking | apples.」，「料理用のリン
ゴ」だと「They are | cooking apples.」ですね。こういう切り替
えができるためには，アタマのなかに「文法の元型」とでもいうべ
きものが入っているのではないか（図 6-6），これが言語学者ノー
ム・チョムスキー（1928〜）の発想です。

　その「脳のなかの文法の元型」は，フランスの人類学者で医師の
ポール・ブローカ（1824〜1880）が 1861 年に報告した「言葉はわ
かるが『タン』としか言えない」失語症の患者がヒントになって研
究が進みました。今日，「ブローカ野」として知られている場所は
脳のやや前方，運動をコントロールする領域の下のほうにあります

（図6-4）。ここを中心とする領域に文法の元型が入っているらしいことはほぼ確実ですが，そもそもこの領域は何をするところだったかというと，サルでは手指の運動を調節する領域，そして面白いことに，他者が自分と同じような行動をするのを見たときにも反応する神経細胞，いわゆるミラーニューロンが存在する領域でした。つまりざっくりいってしまえば，文法というのは運動の一種で，しかも順番のある運動なのです。言い換えれば，発話という声帯・唇・舌などの運動の順番こそが文法である，しかもその順番は他者との関係性のなかで成立するものである，とこのようにも考えられます。

> ➡ 言葉の並べ方は英語と日本語ではずいぶん違います。私たちのブローカ野は「日本語的」なのでしょうか？ それとも，ブローカ野に格納されている「文法の元型」は世界共通で，経験によって若干の修飾を受けて日本語風になったり英語風になったりするのでしょうか？

4 言語と行動
語 用 論

▷ 文化としての言葉

- おお，そうじゃ，わしが知っておるんじゃ。
- あら，そうよ，わたくしが知っておりますわ。
- うん，そうだよ，ぼくが知ってるよ。
- んだ，んだ，おら知ってるだ。
- そやそや，わてが知ってまっせ〜。
- うむ，さよう，拙者が存じておりまする。

以上6つ，すべて同じ内容です。しかし，話し手が違い，それぞれどんな人であるかが私たちには容易に想像できるでしょう。

「ある特定の言葉遣いを聞くと特定の人物像を思い浮かべることができる，あるいはある特定の人物像を提示されると，その人物がいかにも使用しそうな言葉遣いを思い浮かべることができる」，このような言葉遣いを「役割語」といいます（金水，2011）。

　日本語以外の言語にも役割語はありますが，どうも日本ほど多様な分化を遂げていないらしい。『吾輩ハ猫デアル』が *I Am A Cat* になったって面白くないですね。大文字にして威張ってみせても，たいした効果はなさそうです。

　役割語はアニメやゲームといった日本文化のフィールドを研究していくなかから生まれた概念です。

▭▷　人と人をつなぐ行動としての言葉

　一方で，役割語はステレオタイプを連想させるので，差別につながる可能性もあることが指摘されています。これはこれで「言語共同体」がどのような性質をもった，どのような集団なのかを明らかにする，重要な考察へのきっかけになるでしょう。

　言語共同体という概念はスキナーの言語理論のなかに出てくる言葉です。スキナーは言語行動を「ある言語共同体の成員が，他の成員によって強化されることによって条件づけられたオペラント行動である」と定義したのでした（佐藤，1976）。

　ここでスキナーが「言語」といっておらず，「言語行動」といっていることに注目しましょう。スキナーが思い描いていた「言語行動」は，主語があって述語があって目的語があるような「ちゃんとした」言語の発話だけではありません。「あっ」という叫び声も言語行動なら，「ちょっと，あんた」という呼びかけも言語行動です。ここはプラグマティズムの伝統を受け継いでいるところで，環境に対する働きかけをもっているかを重視するのです。

図 6-7 マンドとタクト

背中掻いて
くれんかなぁ

おじいちゃんの
背中掻いてあげた

偉いのねぇ

マンド　　　　　　　　　　　　　　タクト

言語行動を機能から分類する

　スキナーは言語行動をいくつかに分類し，それぞれに彼独自の
（謎めいた）名前をつけましたが，そのなかで最も基本的でわかりや
すいのが「要求」（demand）に由来する「マンド」と「接触」（con-
tact）から生まれた「タクト」の2つです（図6-7）。マンドは，発
話に対して現実の出来事が強化子になります。「タクト」はこの図
では「ほめ言葉」になっているように，現実の出来事ではありませ
んが，聞き手の承認，うなずき，微笑といった反応が強化子になり
ます（杉山ほか，1998）。

　この区別が大事だと痛感したのが「愚痴」の機能です。

　私はよく面倒なことをさせられるから，自分の状態を叙述したタ
クトのつもりで，ぐだぐだといろんなことを人に言うわけです。と
ころが相手はそれをマンドとして聞いてしまい，「だからどうして
ほしいの！」とこっちに詰め寄ってくるのです。私はべつに「こう
してほしい」という具体的な項目はもっていない，第一それは実現
不可能だと知っている，ただ聞いてほしかっただけ。承認，うなず
き，微笑で十分なのです。こういう経験は私だけでしょうか？

言葉には大きな力があります。

　言葉の力というよりも，言語共同体の力かも知れません。

　私たちには「言霊」という概念というか，思想があります。

　言葉について勉強すればするほど，言葉を大事に使おう，という気持ちは強くなってくるでしょう。

感　情

ゆらぐ心のチューニング

Quiz　クイズ

Q　実験心理学を立ち上げたヴントは感情をいくつの次元で表現した
　だろうか？

　a. 1 次元（虚無－興奮）

　b. 2 次元（潜在－顕在，好意的－敵意的）

　c. 3 次元（快－不快，興奮－鎮静，緊張－弛緩）

　d. 4 次元（衝動－熟慮，快－不快，覚醒－睡眠，関与－非関与）

Chapter structure 本章の構成

• 古来,「人のあり方」を説く哲学や思想は感情の地位を低くみてきた。しかし,近年になって感情の豊かさが再認識され,感情の研究は心理学の主要なテーマになった。この復権はどうやって始まったのだろうか?

• 感情研究の難しさ――復権はしたものの,とりわけ実験心理学的な感情研究はなかなか思うようには進まない。そこにどんな難しさがあるのだろうか?

• 感情と身体――代表的な感情理論(ジェームズ - ランゲ説,キャノン - バード説,シャクターとシンガーの二要因説)をたどり,特徴や限界を考える。身体との関係に着目すると,単なる学説の羅列ではなく,その深い意味がみえてくるだろう。

• 感情と認知――このテーマも単なる学説史にとどめず,感情は意図的にコントロールできるのだろうか? という観点でアプローチしてみる。

1 感 情 と は
この不幸な子

▷ **無視されがちな感情**

「ロボットは心をもちうるだろうか?」

このように問うときの「心」とは,記憶力や論理的な推理力のことではないはずです。

それは「感情」,喜怒哀楽のことでしょう。人間らしさとはひとえに感情です。

ところが,古来,感情の地位は高くはありませんでした。アリストテレスは「中庸」を重要な徳と考えています。極端な感情にとらわれることを嫌ったのです。日本の神話に目を向けてみても,イザ

ナギノミコトとイナザミノミコトから生まれたスサノオノミコトは，母であるイザナミノミコトがみまかって根の国に行ってしまったのを悲しんで泣きわめき，そのために山の緑は枯れ，海の水は干上がり，それをとがめたイザナギノミコトに追放されてしまいます。

　もっと身近な例として，日本語の「感情」という言葉を考えてみましょう。私たちが日常的に誰かに向かって「そんなに感情的にならないでください」と言う場合，ここでの「感情」はその内容を問わず，悪い意味です。

　西洋の哲学も感情を抑えることを「良い」としました。たとえばアリストテレスは「中庸」を説きました。彼はこう書いています（出，1972）。

> 　感情に関しては，恐怖するとか冷然としているとか欲張るとか憤怒するとか憐憫するとか，その他一般に快や苦を感じることは，多すぎるか少なすぎるかであって，両方とも善くはない。

　感情についてしっかり考えた哲学者はデカルト（1596〜1650）だと思います。デカルトは「情念の効果」を「精神を促し方向づけること」といい，

> 　たとえば「恐れ」の感情は，精神に対して，逃げることを意志せよと促し，「大胆」の感情は，戦うことを意志せよと促し，その他も同様なのである。

と書いています。これは「感情と動機づけ」のことをしっかり言い当てていると思うのですが，デカルトにとって「情念」はやはり「理性」で制御すべきものなのです。デカルトは

> 　最も弱い精神をもつ人々でも，精神を訓練し導こうとして十分なくふうを用いるならばみずからのすべての情念に対して，ほとんど絶対的な支配を獲得できるであろう。

と書いています（デカルト，1974）。

図 7-1 ヒトと動物の表情

（出所） Darwin, 1872（www.gutenberg.org；public domain）

心理学草創期には根づかなかった感情研究

　時代は下って 19 世紀，ヴントは「感情」を心を構成する分子として重要なものと考え，快と不快，興奮と鎮静，緊張と弛緩の 3 次元のモデルを考えました。しかしこれは発展しませんでした。おそらく実験という研究法になじまなかったからだと思います。たとえば快と不快を 1 つの次元で対比させるとすると，そのときは第 2 章で述べたように，これらを同じ条件で比べるための基線が必要なのですが，それが何かを考えるのはなかなか難しい，こんなことも考えられるでしょう。このほかにも理由があるかも知れません。皆さんも考えてみてください。

　進化論の強い影響を受けた草創期の心理学は，ダーウィン自身が「人と動物における表情」すなわち感情の表出に関心をもち，感情の表出様式に動物と人間の共通性があることを指摘していたにもかかわらず（図 7-1；ダーウィン，1931），知性の研究に進みました。それから半世紀ほど経て認知心理学が勃興し，さらに 20 年ほど経って神経科学が進歩しても，その潮流は変わりませんでした。

⮕ あなたはロボットで何の機能が実現されたときに「人間らしい心を
もつことができた」といえると思いますか？

　もちろんこのクエスチョンにも正解はありません。自分で考えて
みてください。 私ですか？ 私は，ロボットに「心の病気」にな
る力があったら……と考えています。いかがでしょう？

2 感情の復権

▷ 生物学から見直された感情

　20世紀が21世紀に変わるころ，感情は大事な研究テーマとして
復活してきたと思います。

　そのトレンドを作ったエネルギーの1つが生物学でした。

　動物の進化を促したものはなんだろうと考えると，生存に必要な
食物や繁殖の相手などに接近すること，それから，生存を脅かす敵
や危険な環境から逃げることでしょう。動物は感情を自覚していな
いかも知れませんが，前者が「快」，後者が「恐怖」のルーツと考
えるのは不合理ではないでしょう。

　私たちが何を恐れ，何を喜ぶように「チューニング」されている
かは，人類がどんな環境で進化を遂げてきたか，すなわち，どんな
淘汰圧がかかっていた世界で暮らしてきたかを明らかにする手がか
りなのです（デカタンザロ，2005）。

　数理心理学で名高い戸田正直（1924~2006）が「アージ理論」と
いうユニークな感情理論を作ったのも進化について考えたからでし
た。「アージ」は「urge」から来た言葉で，緊急，切羽詰まったと
いう意味です。感情は私たちの普段の行動に「割り込みをかけ」，
普段の行動を一時中断させ，優先的情報処理を要求するから「ア

ージ」というのです。

さてそのアージ理論では，私たちの感情は大昔の野生的な環境では「適応行動選択システムとして高度の合理性」をもっていたと考えます。

しかし私たちはそれを自覚していません。なぜなら，戸田にいわせると，「感情にしたがって活動していれば，そこが野生環境であるかぎり，結果として合理的な活動ができる」からです。こう考えると人間の感情のはたらきは「野生環境の持つ各種条件と人間の持つ基本的能力から理論的に導き出すことができる」。その一方で「野生環境から文明環境へと変化したときに，感情のはたらきのどの部分が合理性を欠くことになったのか」も理論的に導くことができる。これが「アージ理論」の基本です（戸田，1992）。

▷ メンタルの観点から感情を読み解く動き

ここで「どの部分が合理性を欠くか」と問われているように，感情研究復権のもう1つの鍵は「心の不調や病気の医学」，精神医学です。

社会が大きく変わったからでしょうか？ 「生きづらさ」「生きにくさ」が流行語になってブログや掲示板も含めてこの言葉を検索すると，十数年前でも8万件近くヒットしたそうです（藤野，2007）。心を傷つけられた人々が，昔は珍しいと思われていたPTSD（心的外傷後ストレス障害）様の症状を発することも少なくなくなりました。ただし，心の不調のことを「障害」と呼んでよいのかどうか，この問題は第13章でくわしく考えます。うつ状態など「気分障害」と呼ばれる問題を抱えている人々は，2017年には日本に約127万人いて，これは10年前の約3倍です（厚生労働省，2018）。心理学を学ぶ皆さんにも関係の深い「心の不調」の多くは，怖い，寂しい，悲しい，楽しくないといった感情の問題です。

図 7-2　恐怖条件づけ

手がかり刺激に対する条件づけ

文脈情報に対する条件づけ

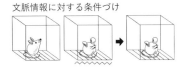

> ➡ なぜ「心の不調」が増えたのでしょうか？　その背景はどんなこと
> だったと思いますか？

　難しい問題ですが，心理学を学ぶからには避けて通れない問題で
すね。

　学校や会社，地域，家庭がどのように変わってきたのでしょう？
それだけではなく，精神医学の姿も変わり，「メンタルクリニック」
が身近な存在になったことも一因かもしれません。

▷　神経生理に感情を見出す動き

　精神医学に関連づけられる感情研究が盛んになってきた背景には，
神経科学の進歩があります。その進歩を促した力の 1 つは動物の
モデルを使った研究，もう 1 つは人間の脳の画像研究です。

　動物のモデルについては第 14 章でもう一度考えたいと思います
が，たとえば「恐怖」に関連したモデル実験では，ハワイ大学のブ
ランチャード夫妻という心理学者が 1970 年代の初頭に発表した実
験（Blanchard & Blanchard, 1972）を洗練させて，「恐怖条件づけ」
という研究が広く行われるようになりました。これはパヴロフ的な
レスポンデント条件づけで，特定の環境刺激や「背景風の」条件刺
激（文脈と呼びます）と床からの軽い電撃（これが無条件刺激）を連合
させ，マウスやラットの「体がすくむ」反応を条件づける手法です
（図 7-2）。この手法を駆使してニューヨーク大学のジョゼフ・ルド

ゥが脳のなかの「扁桃体」が「恐怖」という感情に重要な役割を果たしていることを明らかにしました（LeDoux, 1996）。

　こうして，いわば心理学の「外から」感情研究の重要性が認識されるようになってきたわけです。

3　感情研究の難しさ

⬜▷　言い回し問題

　ところが，いざ感情を研究してみようと思うと，難しいハードルがいくつかあります。

　まずは，ほぼ似たような意味の類語が多い，という問題です。

　これまで「感情」といってきましたが，「情動」という言葉もあります。昔の心理学では「情緒」ともいわれました。「気分」という言葉もあります。これらはそれぞれ何を表し，どのように使い分ければよいのでしょうか？

　このうち「情緒」は，たとえば「情緒不安定」とか「情緒障害」とかいうふうに，今でも時々使われることがありますが，だんだん使われなくなってきました。臨床的な病名や用語のガイドラインにもありません（日本精神神経学会, 2014）。

　いちおう，「感情」（feeling）がいちばん包括的な呼び方かと思います。ところが「Feeling」と銘打つ心理学の雑誌はないのです。日本の『感情心理学研究』は *Japanese Journal of Research on Emotions* といいます。「情動」（emotion）は辞書的な定義によれば，身体反応を伴う比較的強い感情で，始まりと終わりがはっきりしていると考えられています。したがって人間以外の動物の話も含むときは feeling よりも emotion のほうがぴったりきます。ところがここに，英語では「affection」という言葉もあるからややこし

116　第7章　感　情

いです。私の印象では affection というと臨床的な意味合いを強く感じます。「Mood」（気分）は個別の感情体験の根底にあって，比較的ゆっくりした長い「揺れ」のような感じです。

　心理学の専門雑誌名とか精神医学の臨床診断名とかについていうと，このごろは「感情」とか「気分」とかいう大まかな言い方の流行は下火になり，「双極性」とか「抑うつ」とか「不安」とか，いきなり個別の各論的な言い方をするようになってきたと思います。

▷　感情を体験させることの危うさ

　もう 1 つの感情の研究のハードルは，とくに実験的な研究に関わりがあります。

　それは，実験室に来ていただいた研究協力者の方々に「本物の」怒りや悲しみを体験してもらうことはできない，倫理的に許されないという問題です。

　昔は「指先に軽い電気ショックがかかります」と言っておいて，電極を装着し終わったころに突然「大変だ！　装置が壊れた」と脅かして反応をみる，といった実験もあったようです。しかしこれは昔の話。たとえ動物のモデル実験といえども，倫理的な配慮は必須です。とくに私の職場のような民間企業の場合は慎重にならざるをえず，「恐怖条件づけ」も倫理委員会で承認される可能性は低いでしょう。

　　➡ たとえば人間の「悲しみ」について研究したいとして，倫理的に許される方法とはどんなものでしょうか？

　心理学では「ヴェルテン法」というのをよく使います。調べてみてください。この方法で有効なのか？　どんな場合に有効なのか？もっと良い方法はないのか？　いろいろ考えていただきたいと思い

ます。

▷ 感情の数値化の難しさ

　倫理的な問題以外にも，感情の質と量をどうやって測るのか，という難関があります。たとえば嬉しいときや悲しいときに，私たちの体にどんな反応が起こるでしょうか？　それがわかっているなら測定のやりようがありますが，実はそこはわかっていません。そうなると，言葉で「嬉しかった」とか「悲しかった」とか答えてもらいますか？　しかし，それは人によって違うでしょう。そもそも人によってまちまちな現象の強さとか，持続時間の長さとかが，どうやったら測定できるのでしょう？　さらに，そうやって得られたデータは第2章で説明した4種類の尺度のうち「どれ」なんでしょうか？

　こういう難問と取り組みながら，心理学の感情研究は進んできました。

4　感情と身体

▷ 「泣くから悲しい」説

　昔から，それこそデカルトの頃から，感情研究の主な関心は感情（心）と身体の関係でした。デカルトは「情念が特に精神に関係づけられる」といいますが，「精神は真に身体全体に結合している」「精神は身体のどれか一部分に他の部分をおいて宿っているなどというのは適切でない」ともいっています（デカルト，1974）。

　近代の心理学が誕生したとき，ウィリアム・ジェームズは「身体的変化は刺激を与える事実の知覚の直後に起こり，この変化の起こ

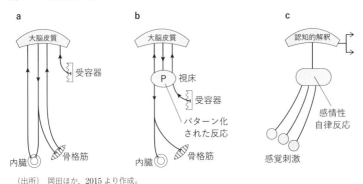

図7-3 主な情動学説

a

大脳皮質

受容器

内臓　　骨格筋

b

大脳皮質

P　視床

受容器

パターン化
された反応

内臓　　骨格筋

c

認知的解釈

感情性
自律反応

感覚刺激

（出所）　岡田ほか，2015より作成。

っているときのこれに対する感じがすなわち情動であるというもの
である」といいました（ジェームズ，1993）。この考えは「ある事実
の心的知覚が情動と呼ばれる心的感動を喚起し，この心の状態が身
体的表出を惹き起こすと考えることである」という「自然な考え
方」に反しているともいいます。それで「われわれは泣くから悲し
い，殴るから怒る，震えるから恐ろしい，ということであって，悲
しいから泣き，怒るから殴り，恐ろしいから震えるのではない」と
いう主張になるわけです。図示するとこんな感じです（図7-3a）。
ジェームズは骨格筋を中心に考えたのですが，ほぼ同じ時期にオラ
ンダの医師カール・ランゲ（1834～1900）が内臓の反応に着目して
同じような考えを発表したので，今日では「ジェームズ－ランゲ
説」として知られています。

　私が学生の頃は，この説はなにやらとんでもない珍説のようにい
われていたものですが，このごろでは復権のきざしがあります。

　　　なぜ復権してきたのでしょう？　この説に当てはまるような身近な
例が考えられますか？

たとえば，ネコのしっぽで頬をなでられたらいい気持ちで幸せになるとか，いわゆる「キレる」という心理とかはどうでしょう？身体運動（ダンス）がもたらす快とか（Bernardi et al., 2017），音楽による感動（Zatorre & Salimpoor, 2013；森・岩永，2014）といった研究がその例といえるかも知れません。

▷ 「悲しいから泣く」説と「組み合わせ」説

　しかし20世紀に入ると，動物で脳の実験が行われるようになり，大脳皮質を取り去ったネコは，皮質下の部位の活動が抑制されなくなって「怒り」の表情を示した，というような実験結果に基づいて，アメリカの生理学者ウォルター・キャノン（1871～1945；この人は偉大な人です。生体の恒常性維持（ホメオスタシス）ということを提唱しました）とその大学院生だったフィリップ・バード（1898～1977）が「情動は脳で作られる」という説を出します（図7-3b；キャノン‐バード説）。ただしこの説は，情動の表出に関わる説であって，情動体験の起源とはちょっと違うと思います。なお，ここは動物の話なので「感情」ではなく「情動」を使いました。

　そうかといって，特定の身体反応と特定の感情体験が直結していると考えるには，特殊な例を除けば，少し無理があります。もし直結しているとするならば，身体反応のパターンから感情体験を正確に言い当てることができるはずですが，そこまではいえません。

　そこで「実験社会心理学」の第一人者というべきスタンレー・シャクター（1922～1997）が目をつけたのが，グレゴリオ・マラニヨンというスペインの医師・生理学者が1924年に発表した論文です。

　マラニヨンは210人の患者にアドレナリンを投与し，「どんな感じがしたか？」を聞きました。71%の患者は「なにも感じない」と答えましたが，残りの29%はなんらかの感情らしきものを感じたと答えました。本物の感情を体験した人はわずかでしたが，「な

にか恐ろしいような」とか「なにか幸せなような」とか，リアルタイムの経験ではないものの，感情的な「デジャビュ」（既視感）とでもいうような体験をした，と答えたのでした。

　ちなみにこのマラニョンはリベラルな思想家としても有名で，フランコの独裁政権に強く反対した人です。

　それでその，シャクターが臨床心理学のジェローム・シンガー（1934～2010）と一緒に発表した実験が有名な「二要因説」（図7-3c）を導いたものです（Schachter & Singer, 1962）。

　この実験を簡単に説明するときは，こんなふうにやるものです……。

　実験参加者に，「ビタミンが視覚に与える影響を調べます」と偽ってアドレナリンを注射します。そうすると交感神経系が賦活されるので，どきどきしてきたり，ほてったりします。しかし参加者はそれがアドレナリン注射のせいだとは知りません。そこで「視覚検査までお待ちください」と20分ほど待合室で待たされます。ある待合室では「同じように待っている人々」が楽しそうに紙飛行機を飛ばしたりして遊んでいます（「楽しい部屋」）。別の待合室では失礼な「質問紙調査票」を渡されて「人々」は怒っています（「怒りの部屋」）。ただし，これらの「人々」はサクラでした。

　さて，「楽しい部屋」に入った実験参加者は，自分がどきどきしてきたのを楽しかったからだと思い，「怒りの部屋」に入った実験参加者は，腹が立ったからだと思いました（図7-4）。このように，身体的な喚起はたしかに情動を起こす一因ですが，それは多義的です。その喚起をどのように解釈するかは，状況をみて私たちが認知的なラベルを貼っているのです。

図 7-4　シャクターとシンガーの実験

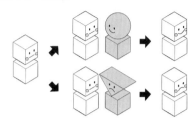

⟹　「二要因説」初期研究の穴と再検証

複雑極まりないシャクターらの実験

ところがこの実験，実際には実に複雑なのでした。

まず，この実験では，アドレナリンの作用について正しい情報を教えたグループ（どきどきしてきますとか），特段なにも教えなかったグループ，嘘の情報を教えたグループ（しびれたりかゆみが起こったりします）と偽薬のグループがあります。しかも実験のデザインが揃っていなくて，楽しい部屋のほうにはこれらのグループが全部ありますが，怒りの部屋のほうには嘘情報グループがありません。

実験デザインも複雑ならデータも複雑です。1 人の実験参加者に「楽しみ評価尺度」と「いらいら評価尺度」の 2 種類をやってもらい，これはまあよいのですが，その尺度点を引き算したものをデータにしているのです。たとえば，私が「楽しい」に 1 点，「いらいら」に 1 点をつけたとすると，皆さんならどう考えます？　私は「楽しさ」と「いらいら」が相殺されてゼロだと考えます。ところがシャクターたちはそうは考えません。「いらいら」を 1 点感じているということは，楽しさを感じるベースラインが 1 点下がっている，つまり楽しさに関してはマイナス 1 点だが，それにもかかわらず楽しさを 1 点ほど感じたのだから，1−（−1）で 2 点と考えてよかろう，こう評価したわけです。

こういうことで，シャクターとシンガーの実験は発表直後から方法論的な批判にさらされました（Plutchik & Ax, 1967）。追試しても再現されません（Marshall & Zimbardo, 1979）。

　ここまでメタメタになったら科学の世界からは消えていくはずなのですが，二要因説は消えないのです。なぜでしょうか？

　それは私たちの日常経験と合うからです。

　引っ越しの手伝いをします。重い荷物をガンガン運びます。体はほてって赤くなります。心臓はバクバクします。相棒がガタンと荷物を落としそうになる。「バカヤロー！」と私は爆発するでしょう。

錯誤帰属から見直す二要因説

　実はその後，シャクターとシンガーの二要因説（正体不明の生理的喚起＋認知的ラベル＝情動）を最も効果的に批判し，かつまた最も効果的に修正する実験を発表したのは，なんとシャクター自身なのです（Nisbett & Schachter, 1966）。

　それは痛みの実験で，よく知られているように，怖いと痛みは強く感じられます。そこで「電気ショックが来ますよ」といってから，アドレナリンの作用について正しい情報を教える条件と教えない条件を設けます。「アドレナリンのせいでどきどきしてきたんだ」と思っている人々は，そういう情報を知らない人々よりも痛みを感じません。なぜかというと，「怖くないよ，だってクスリのせいだから」と思っているからです。つまり「二要因説」は自分の身体反応の由来がわかってないときに限っては正しいと，こういうわけです。

　こういう現象には「錯誤帰属」（misattribution）という名前がついています。

　怖い場面でも，冷や汗が出たりドキドキしたりする，その身体反応（生理的喚起）が別の原因で起こると「間違って」思っているかぎりそれほど怖くない。これが錯誤帰属の考え方で，臨床的にとても有用とされました（Cotton, 1981）。この考えが認知行動療法やポ

ジティブ心理学につながっているのでしょう。

....

 「認知的な構えが感情体験を左右した」と思われる経験をしたこと
がありますか？　たとえば，これはどうです？　「学園祭のお化け屋敷
は『本物の』遊園地のお化け屋敷よりも恐くない」，他にありません
か？　そのときなぜ「認知的な構え」が感情体験を緩和したのでしょ
う？

....

5 　　感情と認知

　感情の心理学の主要な論点の1つに，「感情の成立に認知は必要
か？」というものがありました。ウィリアム・ジェームズは，身体
反応が知覚されて感情が成立すると考えましたが，その「知覚」と
は恐れや喜びのように，言語的なラベルを貼ることのできるもので
した。シャクターの考えはもっと端的に，身体反応＋認知的ラベル
が感情だ，というものでした。

　1960年代にカナダの心理学者マグダ・アーノルド（1903~2002）
は感情を喚起する刺激とそれに対して私たちが起こす反応との間に
「認知的な評価」（appraisal）がワンクッションはさまると考えまし
た。これはシャクターらの二要因説に似ており，実際アーノルドは
シャクターの影響を受けているのですが，アーノルドのいう「評
価」は，私がこの刺激に対して接近すべきか逃避すべきかの値踏み
の一種で，だからappraisalというのですが，無意識的な過程も含
みます。認知的な評価のなかに無意識も含めると考えるか，そうで
ないと考えるかというところには今でも探究すべき大きな論点があ
るのですが，いまこの議論はひとまずおいておきます。

　さて感情体験の成立に認知は必要なのか，そうでないのか。この

論点は 1980 年代にロバード・ザイアンス（1923～2008）とリチャード・ラザルス（1922～2002）の論争という形になって現れました。

▷ 発端は定義のすれ違い

　ザイアンスは，認知と感情は独立で，しかも感情は認知に先立って成り立つ，という説を立てました。

　この説の根拠になった実験が「単純接触効果」というものです。簡単にいうと「同じものを何度も見ていると好きになる」という話で，これは日常生活の経験ともよく合います。なぜ私たちは「ふるさとの味」が好きかというと，それは幼い頃から何度も食べたから。なぜ連続ドラマの主役に選ばれることが俳優にとって大事かというと，何度も出演しているうちに好きになってもらえるから。なぜ政治家は（おかしなことを言うにもかかわらず）メディアに露出したがるのかというと，やはり好きになってもらえるから……。べつに私たちは能動的に「好きになろう」とは思っていない，それなのに，見れば見るほど好きになる。

　これに対してラザルスは，同じ映像（実はさる民族の割礼の儀式のシーンでした）を見ても「残酷な場面です」と教示しておいた場合と「少年がオトナの世界の門をくぐる誇らしい儀式です」と教示しておいた場合とでは，喚起される身体反応が異なる。だから認知的な「構え」が大事だと主張しました。これも日常生活の経験とよく合います。雑草の生い茂る荒れ果てた野原，「逢魔が時」といわれる灯ともし頃，「ここは昔墓場でしてね」と言われたときと，「ここには昔私の家がありましてね」と言われたときとでは反応が違うはずです。

　で，この論争は結局どうなったかというと，「認知」という言葉の使い方が違っていた，という話になって，なんだか手打ちになってしまったらしいです。

図7-5 ロウ・ロードとハイ・ロード

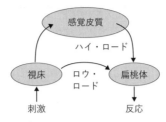

（出所）　LeDoux, 1996 より作成。

もしも「構え」がラザルス的な言語的なものだったら，人類独自
のものということになりますので，動物には感情の少なくとも自覚
的な体験はない，ということになるでしょう。

しかし，先に例として挙げた恐怖条件づけでも，特段の条件刺激
がなくても，以前に嫌な目にあった環境に動物を置くだけで「すく
む」行動が出ます。これは一種の「構え」みたいなものができたと
解釈できるようにも思います。

2つの経路を考えたルドゥ

そうすると感情と認知の関係はどう考えたらよいのか？

今のところこれをうまく説明すると思われるのが，ルドゥの考え
です。ルドゥは多くの心理学者のように，感情体験の成立を唯一の
ゴールとは考えません。そのような状況で適応的な行動をする，そ
の仕組みに注目します。そうして，情動を喚起する刺激の受容から
身体や行動といった反応表出に至る経路を単一のものとは考えませ
ん（LeDoux, 1996）。

彼が「ロウ・ロード」「ハイ・ロード」と名づける2種類の経路
が同時並行的に動くと考えます（図7-5）。

まずロウ・ロードは，状況に応じてとっさに素早く身体反応を起

126　第7章　感 情

こす経路です。この経路には感覚情報の細かい分析は必要ありません。山道を歩いていて，地面に細長く曲がりくねった物体があったら，蛇なのか，縄なのか，他の何なのか，といった分析はひとまずおいて，とにかく逃げるのが安全です。これがロウ・ロードの仕事です。

　それと同時に，同じ情報はより精緻な分析を行うためにハイ・ロードにも送られます。ハイ・ロードは状況を細かく分析して「こいつは動かないから蛇ではあるまい」といった判断をします。ここに認知が成立する余地があります。ハイ・ロードにはたくさんの情報が蓄積されていますから，「くねくねと動かないものに危険はない」といった認知的な構えもハイ・ロードで作り出されるだろう，というわけです。

　➡ ここまでのお話は，適切な感情体験は日常生活にとって必要だ，という観点で進んできました。だったらなぜ，「心の不調」に結びつくような過剰な恐れや過剰な悲哀が生まれるのでしょう？

　実際，先に述べたように戸田正直の「アージ理論」では「野生環境」と「文明環境」のミスマッチが感情のはたらきの「部分的な非適合性」（たとえばなんらかの恐怖が強すぎて学校に行けないといったようなこと）の鍵と考えています（戸田，1992）。大昔の野生の環境であれば，それは立派なことだったかも知れないわけです。

　本当は感情体験が過剰なのではなく，私たちが「正常範囲」と思う感情の調節点（チューニングポイント）が現代社会では本来あるべきポイントからズレている，ということを意味しませんか？　学校や職場で「これは（環境のほうが）ズレている」と思ったことはないでしょうか？

　認知的な構えによって感情体験の評価が変わるとしたら，それは私たちの日常生活にとって重要な意味をもちます。構えを変えることによって，辛い体験もそれほど辛く感じられない，ということになるからです。これは今はやりの「ポジティブ心理学」にも通じる

話ですが，果たして本当なのでしょうか？　「ポジティブ心理学」の重要性を疑うわけではないのですが，これまでお話しした「構え」が主に実験的に操作されたものだったのに対して，日常生活となると，私たちの「構え」は生まれてから今日までのライフヒストリーを全部背負って作られると考えたほうがよいでしょう。それを変えるのは簡単な仕事ではないはず。何にでも疑問をもっていただきたいからこのようにいうのです。

人　格

個性研究古今東西

Quiz　クイズ

Q　哲学者ニーチェは,「理性によって物事を制御するタイプ」の人間
　　を指して, どのように表現しただろうか?
　　a. 英雄的
　　b. アポロ的
　　c. プロメテウス的
　　d. アレクサンドロス的

Chapter structure   本章の構成

- 心理学の根底には「自分と違う人」への興味がある。「あなたのことをもっとよく知りたい」この動機はただの興味にとどまらず，多様性への開眼，共生社会実現の第一歩である。
- 類型論——人格をいくつかのタイプに分ける。この考えは精神医学から生まれた。そこには精神医学だからこその特徴と限界があった。
- 特性論——人格をいくつかの成分が集合したプロフィールとして捉える。この考えは統計から生まれた。統計ならではの特徴と限界がある。現在の代表的な特性論は「ビッグ・ファイブ」，この背景にも触れる。
- 人格の形成と生物学——人格論は同義反復に陥りがちである。この限界を打破するのは人格形成の生物学的な背景を研究することである。遺伝的素因，成育歴などが神経系に与える影響を調べる研究に新たな展開のきざしがある。
- 人格論の根本は「個人差はノイズではない」と認識することにある。人を「平均値プラスマイナス偏差」でみてはいけない。個性の尊重とはこういうことではないか？

1 人格心理への興味

　心理学の究極の目的の1つは，「この世には自分とは違う人がいる」ことを知り，「自分とは違う人のものの考え方や感じ方を了解することである」と思います。

　私たちはついつい「あの人も自分と同じように考えるだろう」と思ってしまうもので，そのために「何気なく気軽に」口にした一言が相手を傷つけてしまい，「しまった」と思いつつも，「なんでだろう？」と不思議に感じてしまうことがあります。またはその逆の場

図 8-1　テオプラストス

（出所）　Wikimedia Commons（Photo by tato grasso; Modifications made by Singinglemon;
　　　　 CC BY-SA 2.5）

合もありますね。

● 皆さんにもこういう経験がありますか？　そのときどうされました
か？

古典にみる人格描写

　人は昔からこういう疑問を抱えて生きてきたらしく，古代ギリ
シャの哲学者，博物学者のテオプラストス（図 8-1；B.C. 371〜B.C.
287）は『人さまざま』という面白い本を書いています（テオプラス
トス，1982）。ちなみにこの人はアリストテレスの友人で，たいへん
高名な学者だったそうです。

　この本はまさに「人間の博物学」とでもいうべき著作で，噂好き，
けち，ほら吹き，独裁好みなどについてユーモアのあふれる記述が
あります。たとえば「お節介」というところにはこんなふうに……。

　　もとよりお節介とは，言葉と行いとを問わず，気がよすぎて引き受け
　すぎることであると思われる。そこで，お節介な人とは，およそつぎの
　ようなものであると思われる。すなわち，自分の手にあまる事柄を，求

第 1 節　人格心理への興味　　**131**

められてもいないのに，立ち上がって，かってでる。また，その事はそれでよろしい，と一同が同意すると。そのどこかに反対をとなえては，やりこめられる。

昔も今も変わらないなあ，と思いますね。

けれども，この本で大事なのは，こういう各論のところではなく，そもそもテオプラストスがなぜこんな本を書いたのかです。それは「まえがき」にこのように書いてあります。

かなり以前から，すでにたびたび，考え直しては不思議の思いにとらえられたことがある。今後もおそらく，その不審のおさまるときはあるまい。こういうことだ。そもそもギリシア本土は，同一の気候のもとにひろがっており，ギリシアの人びとも，すべて同じ教育をうけているのに，それなのにいったいどうして，われわれの気質は同じありかたをうるようにはならなかったのか，これがその不審である。

これは今でも私たちが「人格の心理学」に興味をもつ原点を言い当てていると考えてよいでしょう。

▷ その人らしさはどこから来るか

ところでこの「まえがき」に「気質」という言葉が出てきます。ここで気になるのは，私たちの性格（人格）がどういう構造をしていると考えるかです。一生を通じてあまり変わらない「コア」の部分があるのか，はたまた，教授は教授らしく，社長は社長らしくといった具合に，その人の置かれた環境によって作られる部分があるのか。これはなかなか難しい議論で「これ」という定説はないのかも知れませんが，ひとつご参考までに，私が若いとき，それこそ中学生のときに，初めて読んだ心理学書といえる宮城音弥の著作（宮城，1960）からモデルを示しておきます（図 8-2）。これによれば人間の人格は四重の同心円の形で表され，中核には主に遺伝の影響で形作られ，生涯を通してあまり変わらない「気質・体質」があると

図 8-2 人格の構造モデル

気質
体質
狭義の性格・人格
習慣的性格・態度
役割性格

（出所）宮城，1960 より作成。

考えています。その外側に環境の影響で次第に形成されていく行動様式があると考えるのですが，それを比較的一貫したものから場面に結びついて変わる流動的なものまで並べてみると，私たちが普通に「あの人の性格」と呼んでいる「狭義の性格・人格」，その外側に習慣によって形成された性格や態度，さらに最も外側に社会的な場面に応じて形成される「その人らしさ」と呼べるものがあって，これらが総合的に「私」を作っているというモデルです。これが正しいというわけではなく，あくまでも参考ですが，おそらくはもって生まれた固定的な気質を経験によって作られた部分が修飾するという考えです。

2 性格はタイプ分けできるのか？
類型論

▷ **クレッチマーの実証的分類**

　人格心理学は，テオプラストスが博物学者だったように，まずは人間を分類するという発想から生まれました。フリードリヒ・ニーチェ（1844~1900）は理性によって物事を制御するタイプを「アポロ的」，欲望と意志の勝った情熱的なタイプを「ディオニソス的」

といいましたね。

　この「タイプ分け」に実証的な科学の光を当てたのがドイツの精神科医エルンスト・クレッチマー（1888～1964）です。

　クレッチマーの類型論には，すべての学説がそうであるように，先行研究の影響があります。それはカール・グスタフ・ユング（1875～1961）の内向型と外向型や，ヘルマン・ロールシャッハ（1884～1922）による反応コードの分類です。こういう先行研究をヒントにして，クレッチマーはエミール・クレペリン（1856～1926）による精神疾患の二大分類，すなわち今日の統合失調症と双極性障害（昔の名前で躁うつ病）に実証的な基盤を与えようとしたのです（ピショー，1999）。

　クレッチマーはなかなか気骨のある人で，1933年にドイツ精神療法学会がナチスの「言いなり」になってしまったのを憎んで，会長の職を辞任しました（ちなみにその後任がユング）。

　クレッチマーの考えた「性格」は先に挙げたモデルでいうと「気質」です。彼は統合失調症に特徴的な気質を「非社交的で，敏感なところと鈍感なところが両方ある」と考え，双極性障害に特徴的な気質を「社交的で融通がきく」と考えました。有名な『体格と性格』（1921）では前者を「やせて細長い体型」，後者を「よく太った体型」と関連づけましたが，これはそもそも「学者の肖像の研究」から始まったそうです（表8-1；宮城，1960）。なお，筋肉質の「闘士型」を「几帳面で融通のきかない気質につながる」と考え，てんかんとの関連も考えたのですが，これは後から追加した話で，その妥当性は長いあいだ議論の的になりました。

　クレッチマーがこのような類型を念頭において人格を研究した動機は，単なる知的な興味ではありません。クレッチマーは常に治療のことを考えていました。20世紀の前半ですから，まだ生物学的治療法にみるべきものはなく，心理療法ばかりだったのですが，ク

表 8-1　学者と体格

	細長型	混合型	肥満型	計
神学者 哲学者 法学者	35 人 (59%)	15 人 (25%)	9 人 (15%)	59 人 (100%)
医師および 自然科学者	11 人 (9%)	39 人 (33%)	68 人 (58%)	118 人 (100%)

（出所）宮城，1960 より作成。

レッチマーは，「いったい治療に反応するのは人格のどこの部分だろう？」ということを考えていました（Kretschmer, 1937）。だから構造論が必要だったわけです。

　クレッチマーの研究は，その後「傑出した人間の探究」に向かいます。天才とされてきた人々の生涯は，クレッチマー以前にはあたかも英雄崇拝の物語のように語られてきたわけですが，その生涯を詳しく調べてみると，大きな精神的緊張と闘ってきた足跡が認められ，これは精神医学的にも興味深いことでした。こうしてクレッチマーは今日「病跡学」と呼ばれる分野を立ち上げました。

　その流れは今でもあって，統合失調症の症状を評価する PANSS という尺度を開発したアメリカの精神科医ナンシー・アンドリアセンは，自然科学系の天才には統合失調症的な人が多く，人文・芸術系の天才にはうつ病的な人が多いといいます。その研究は脳の構造やはたらきに及び，『創造的な脳』という本も書いています（アンドリアセン，2007）。

▷　精神医学に生きる類型論

　体格と性格（気質）の研究はアメリカのウィリアム・シェルドン（1899～1977）で終わってしまったようにみえますが，類型論の流

れはなかなか根強く，心理学よりも精神医学に生きているように思われます。

　その1つがロバート・クロニンジャー（1944〜）の「気質・性格モデル」です。クロニンジャーは生まれつきの要素が大きいと考えられる「気質」（テンペラメント）を新奇追求型，損害回避型，報酬依存型，固執型の4タイプに分けました。ここで新しいのは，これらのタイプの背景には生物学的な要因があると考えたことです。それは体格ではなく脳内で働く神経伝達物質と関連づけられています。クロニンジャーはこの気質の上に経験によって獲得された「性格」（キャラクター）があると考え，それを自尊心，協調性，自己超越性の3つに分けています（Cloninger et al., 1993）。

　この理論に基づいて作られた質問紙を「テンペラメント・キャラクター・インベントリー」と，まるきりそのままの名前で呼び，TCIといわれています。日本語版もありますが，質問が200以上あって使いにくいし，答えにくい。そのうえ因子の構造が美しくない，と心理学者にはあまり評判がよくありません。けれども「人格障害」のスクリーニングには役立つといわれており，じっさい，これを使ってアルコール依存に「ひきこもり型」（逃避型）と「反抗型」（反社会型）の2タイプがあるという考えも出てきました（図8-3；廣中，2014）。

　　ただし，類型論の宿命的な限界として「私はどのタイプでもない」という人が出てきます。このことはどう考えたらよいでしょうか？　そもそも分類基準が悉皆的（余すところなくカバーしている）ではないからなのか，調査方法に問題があるからなのか……。それとも「AとBの混合型」みたいなものが存在するのか，あるいは1つのタイプのなかにも強弱のグラデーションみたいなものがあるのでしょうか？

　その限界を補うのが次に紹介する特性論かも知れないのですが，

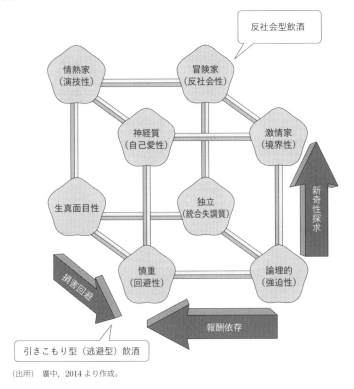

図 8-3 TCI によるアルコール依存の理解

反社会型飲酒

情熱家
（演技性）

冒険家
（反社会性）

神経質
（自己愛性）

激情家
（境界性）

生真面目性

独立
（統合失調質）

新奇性探求

慎重
（回避性）

論理的
（強迫性）

損害回避

報酬依存

引きこもり型（逃避型）飲酒

(出所)　廣中, 2014 より作成。

ここはひとつ，アタマの体操として考えてみてください。

3 性格のファクターを探る
特 性 論

▷ 性格のゆらぎを科学する

　人格の特性論は，人の性格（人格）をいくつかの要素（特性）に
分けて，ある人がおのおのの特性をどの程度色濃くもっているかを

尺度として表そうとするものです。

その代表的なものが「矢田部－ギルフォード性格検査」（Y-G 性格検査）で，私も小学生の頃さんざん受けました。Y-G 性格検査の場合，「特性」すなわち測定の尺度として想定されていたのは 12 項目ありました。ちなみに Y-G 性格検査の原型を作ったジョイ・ギルフォード（1897～1987）は思考と知能の研究で有名でした。日本に導入した矢田部達郎（1893～1958）も思考の研究者でした。『思考心理学』(1948) という大著で有名です。余談を 1 ついうと，その父親の矢田部良吉（1851～1899）も有名な学者で，東京大学の初代植物学教授にして，文学者や哲学者と同盟して『新体詩抄』(1882) を出版した詩人でもありました。

それはさておき，人格の特性論はアメリカのゴードン・オールポート（1897～1967）に始まります。実にこの人が「特性」(trait) ということを言い始めた本人なのです。オールポートが何で人格の論究を始めたかというと，20 世紀前半に「科学」を目指して頑張っていた心理学は「すべての人に共通する普遍的原理」ばかりに目が向いて，「個々人の特殊性」は科学的心理学の対象にならない，と無視されていたからです。オールポートはこれを「法則とか科学とかいう概念を勝手に狭く限定しているところからくる偏見である」といいます。「すべての個人がそれぞれに独自なパターンを持っているということは，すでにそのこと自体一つの法則である」というのがオールポートの主張です（依田・本明，1971）。

オールポートの特性論に方法論上の基盤を与えたのがレイモンド・キャッテル（1905～1998）というイギリス生まれのアメリカの心理学者で，この人も思考と知能の研究者なのです。知能を結晶性知能と流動性知能に分けた人です。キャッテルがどうして人格の研究に向かったかというと，

　　人格研究とは，ある個人のある事態での行動の予測を可能にするため

図 8-4　因子分析の概念図

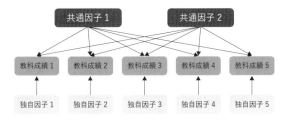

の学問であり，人格研究の目標は，多種多様な人々が種々の社会的，一般的な環境事態で何をしようとするかを法則化することである。

という動機によります（依田・本明，1971）。

　すなわち，「個人差を科学する」ことが特性論の源泉といえるのです。

　そのためにキャッテルが使った方法が「因子分析」というものでした。因子分析のエッセンスは，多彩な現象，たとえばいろいろな教科のテストの成績というようなものが，もっと少数のいくつかの「共通因子」の組み合わせから成り立っているというアイデアです（図 8-4）。そのために「相関係数」を駆使します。たとえば，数学の成績が良い人は理科の成績も良いかも知れない。一方で，数学の成績が良い人が英語の成績が良いとは限らない。前者は正の相関係数が大きく，後者はそうではないと考えられるので，片っ端から相関係数の行列を作って，線形代数の方法で解析します。

⊏▷　**因子をどう線引きするか**

　ここでの問題は，およそすべての人の人格を言い尽くすために必要な因子の数はいくつ？　ということです。Y-G 性格検査の場合は 12 でした。

　これは皆さんご承知かと思いますが，近年の心理学では「5 つ

だ」という話になっています。「ビッグ・ファイブ」といわれて有名ですね。その5因子とは「外向性－内向性」「愛着性－分離性」「統制性－自然性」「情動性－非情動性」「遊戯性－現実性」です（長谷川ほか，2020）。

　このビッグ・ファイブが面白いのは，誰が言い始めたのか，はっきりしないことです。いちおう，歴史のうえではルイス・ゴールドバーグがその1人だろうといわれていますが，これまでのような，クレッチマーとか，ユングとか，オールポートとか，キャッテルとかいうようなビッグ・ネームがいません。結局この理論は一種の集合知で作られていった，と考えたほうがよさそうで，これは心理学の知の新しいあり方を示唆しているかも知れません。

　ちなみにゴールドバーグは「国際パーソナリティ項目プール」（The International Personality Item Pool：IPIP）というものを作って公開しています。これはもともと3000項目以上もあるデータベースですが，このなかから300項目を選んだ「IPIP-NEO」やその短縮版（120項目）も公開されています。ただし，「高度に技術的・科学的な内容を含んでいるので，心理アセスメントのコースを完了していない人は注意」という警告があります。

> ➡ 特性論にも宿命的な限界として「私はこれといった特徴がない」という結論に収斂していく可能性があります。これはどう考えたらよいでしょうか？

　バランスの取れた申し分のない人です，といえるのでしょうか？ それだとなんだか「わかった」感がありません。

　現場では，類型論と特性論を組み合わせていることが多いように思います。いわば両方の「良いとこ取り」です。じっさい，Y-G性格検査でも，尺度点を結んだグラフを描き，その人の「タイプ」を推論するようになっていました。

類型論と特性論を比較する研究もあります。たとえばクロニンジャーの TCI とビッグ・ファイブの関係を検討した論文では「強い関連」が示され，クロニンジャーの「気質・性格モデル」でビッグ・ファイブモデルが説明できることが示唆されたそうです。ただし，クロニンジャーが生物学的な背景と考えたことは，これからの検討が必要なようです（国里ほか，2008）。

4 人格はどうやって作られるのか？
心理学と生物学

個人的な感想をいうと，私は人格の研究にいつも疑問というか限界を感じていました。

たとえば，「あなたは知らない人とでもすぐに打ち解けることができますか？」という質問があったとします。

これに「はい」と答えると（実際にはこれほど単純ではないけれど）「あなたは外向的な性格ですね」といわれる。

つまり，私はどうして知らない人とすぐに打ち解けることができるといえるのでしょう？

それは私が外向的だから。

では，なぜ私が外向的だとわかるのでしょう？

それは私が知らない人とすぐに打ち解けることができるから。

これでは話が同じところをぐるぐるまわる「循環論法」ではないでしょうか？

人格の研究はこの循環論法から抜け出すことができるのでしょうか？

➡ この私の疑問というか，不満について，どう思われますか？

キャッテルが考えたように，人格についてなにかがわかった，といえるためには，いろいろな場面での私の行動が予測できなければいけないのではないでしょうか？

たとえば私は（この例とは違って）外向的ではないから，外勤の多い営業には向いていないとか。職業適性と結びつくならともかく，学校教育の現場ではどうでしょう？　生徒1人ひとりの個性がわかったら，教える側はどう対応できるのでしょうか？

▷ 個性の背後にある生理的基盤

このことについて私が自分の仕事の経験から1つ考えているのが，個性の生物学的な基盤をもっと研究することです。

私の職場は動物を使って医薬品のテストをしています。そこではラットやマウスをよく使います。ラットとかマウスとかいう「種」は同じなのですが，同じ種のなかにも系統がいくつもあって，それぞれ行動が違います。擬人的な言い方になってしまいますが，「あきらめ」の早い系統とそうでない系統，「臆病な」系統とそうでない系統，アルコールを「好む」系統とそうでない系統など，いろいろです。こうした系統による行動の違いを「系統差」と呼びますが，主には遺伝的なものです。どの遺伝子が行動の系統差に関連しているのかもかなりわかっています。1つの遺伝子とは限りませんが，いくつかの遺伝子のグループがその系統らしさの背景にあります。

医薬品を上手に使う場面を考えても，患者1人ひとりの違いを大切にしなければなりません。伝統的な考え方では，たとえば，1つのグループに実際の薬（実薬）を飲んでもらい，別のグループにはそれとよく似た「偽薬」を飲んでもらって，実薬のほうに効果があるかどうかを統計的に検定していました（図8-5）。ですが，これだと必ず「例外の人」が出ます。これまではそれを「統計的な誤差の範囲」と考えていたのですが，医療現場ではその考えは成り立た

図 8-5　群間差

薬を飲まない　薬を飲む

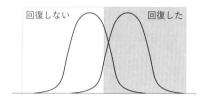

ないでしょう。その人に合った薬や用量の上手な選び方があるはずです。

個人差を織り込む

　たとえば，鎮痛薬に対する感受性の違いは，かなり遺伝的な素因で説明できます（Yoshida et al., 2018）。こういうことがわかって医療現場に生かされると，いたずらに多くの薬を処方して，副作用に悩むということがなくなるか，少なくともその危険性が小さくなるはずです。これは心理学と関係ないと思われるかも知れませんが，そんなことはありません。キャッテルのいう行動の予測の一種です。

　最新の医薬品開発現場では個人差は「誤差」ではなくなりました。「遺伝子の関与で説明できる」というと，運命論のように聞こえるかも知れませんが，私はそうは思いません。遺伝的な素因（気質）の上に，養育や教育で可塑的に作られる個性（キャラクター）があります。素因は限界ではなく可能性を示しているといえるでしょう。個性（キャラクター）もまた，純粋に心理的なものというよりは，生物学的な基盤が考えられるようです。じっさい，おなじゲノムをもっていても生後の環境によって発現するタンパク質が違うことがあります。これを「エピジェネティックな変化」といい，今ホットな話題の1つです。

こういう研究が人格の背景を明らかにするまでには，まだ遠い道のりが必要でしょうが，最近は膨大なデータをハンドルする技術も進歩してきたので，将来に期待がもてます。

　やはり私たちは，人を「平均値±z得点」とだけみていてはいけないのであり，人格の研究は「1人ひとりの尊重」につながるのだと思います。

9

集団・社会

「引き」の構図で捉える世の中

Quiz クイズ

Q　フェスティンガーが認知的不協和理論のアイデアを着想したきっかけとなる事件は何だっただろうか？
  a. 戦争
  b. 大地震
  c. 医療過誤
  d. 銃乱射事件

Chapter structure 本章の構成

- 社会のなかの私たち——およそあらゆる心理現象が他者との関係性のなかで成り立つ。その意味ではすべての心理学が社会心理学を目指すといってもよかろう。
- 社会心理学はこうやって勉強しよう。たくさんの概念や用語があるから，羅列的に覚えるのは大変で，身につかない。ボトムアップとトップダウンという2つの勉強のやり方を提案する。こうすれば社会心理学が身近なものに感じられるはず。
- ボトムアップ——知覚や学習といった基礎心理学の素養があれば，そこで学んだことを社会現象に拡張してみる。
- トップダウン——身近な社会現象に興味があれば，その現象を心理学の基礎に還元してみる。
- 混迷と抗争の現代社会。差別や偏見，誹謗や中傷の時代。世の中と切り結ぶには今こそ社会心理学が必要だ。

1 社会心理学との「不幸な」出会い

　この章はちょっと自伝的に書いてみましょう。芥川龍之介にならって『或る阿呆の一生』とでも名づけたいところですが，それはおいておいて，まず学生の頃，私はかなり反抗的な学生だったと思います。だから動物の学習心理学にあまり興味がもてず，薬の勉強などをしていたのですが，それもおいておいて，心理学科に入るとなると，「実験実習」というものがあります。そのなかで社会心理学的なテーマというと，たとえば「説得の実験」というのがありました。

　これは，ある対象，架空の例ですが，たとえば原子力発電に対す

る自分のイメージをリッカート法（「まったくそう思わない」から「強くそう思う」までの間を5つか7つに刻んで，自分の態度はどれかにマルをつけたりします）で評定する，その後で短い文章を読んで，その後でもう1回，さきほどと同じような方法で自分のイメージを答える，といったようなものでした。

　私は「こんなことで説得されてたまるか」と思い，わざとデタラメの答えを書いたりしました。

> ➡ 私がこの「説得」のテーマが好きでなかった理由は，どうすれば他人を説得できるかがわかったら，悪用されるのではないかと思ったからです。皆さんは「研究成果の悪用」ということについて，どう思われますか？　基礎的な分野だったら善も悪もないのでしょうか？　それとも，あるテーマ自体が悪用の危険をはらんでいるのでしょうか？

　現実と向き合う心理学は，常にその研究手法や成果が現実の社会にとってどんな意味をもつのかを考えざるを得ません。何が善で何が悪か，私たちはなぜそう考えるのか？　それもまた社会心理学のテーマでしょう。

▷　社会心理学自体との不協和

　それから，社会心理学の授業が始まると，たとえば「認知的不協和」といったようなことを習います。ざっくりいってしまえば，私たちは1人の人間のなかに互いに矛盾した2つの「認知」が存在するのを不快に思う，そこでその不協和を解消するように行動や信念を変える，という考えです。その当時に習った例としては「たばこ」の話がありました。たばこが好きな人はいる（成人男性の喫煙率が70%を超えていた頃の話です），しかしそんな人でもたばこが体に悪いことは知っている。ここに矛盾がある。だから，たばこが好きな人はたばこの有害効果に関するニュースなどはあまり読まない，

あるいは，悪いところがあってもストレス解消になるとか，良いところに目を向けようとする，そういう話です。

これも私は，1人の人間のなかに矛盾する2つ（以上）の存在があってもよいではないか，矛盾こそ人間らしさだ，と思っていたので，あまり感動しませんでした。

> ➡ 前章でクレッチマーの人格説を紹介したときに，「やせ型」の特徴として，敏感と鈍感が同居しているという話をしました。あれは認知的不協和ではないでしょうか？　どうやって2つの性質に折り合いをつけているのか？　または，認知的不協和を放置しておくと「こころの病気」を招いてしまうことになるのか？　どう思われますか？

しかもそのころ（1970年代）は，実験的な社会心理学と，社会学的な社会心理学とがわりとはっきり分かれていました。私らが教養課程で習った社会心理学は社会学的なほうで，デマの研究とか，政治的なプロパガンダと選挙の投票とか，そういうのがメインテーマでした。ところが専門課程に進むと実験的になり，数人で小部屋でなにか話したり紙に書いたりしている，こういうイメージです。両方のつながりがさっぱりわかりません。

▷ 社会心理学の「背骨」が見えない

後年，30歳を過ぎると私は心理学を教える立場になりました。

そのとき最初に私が思ったのは，「社会心理学は教えやすい」ということでした。

なにしろ不思議な言葉がたくさんあります。ピグマリオン効果，バーナム効果，ハロー効果，ゴーレム効果，コンコルド効果，ベビーフェイス効果……。

これをひと通り「こういうことです」と解説していれば授業が成り立つ，しかも試験問題が作りやすい，「ラクだね」と思ってしま

ったわけです。

ところが，しばらく教え続けていると自分のなかに疑問が生まれてきました。

こういった専門的な術語は，説明されてみると私らがよく知っている現象です。なんで面倒な名前をつける必要があるのでしょう。名前をつけたことに何のメリットがあるのだろう？　知識として「これ知ってる？」というだけの話ではクイズと同じで，学生さんのアタマのなかに何が入っていったか，教えているほうがわからない……。

そのうちに，こういったさまざまな専門用語の群れをつらぬきとおす「背骨」のようなものがみえにくい，と思うようになりました。

たとえば学習心理学だったら，パヴロフの条件反射をしっかり教えておけば，あとの発展は「その限界」「その修正部分」「その生理的背景」といった具合に進めることができます。幹と枝葉といった構造を組み立てることができるわけです。

それでは社会心理学は？

学習や知覚はメンタルなプロセスを表す言葉ですが，「社会」はそのメンタルなプロセスが実現される場を表しています。ここに基礎系との違いがあります。これはもう，社会心理学はきちんと「そのすじ」の勉強をし，自分でも研究している人でないと，教えるのは無理だ，このように思いまして，社会心理はちょうど基礎心理と臨床心理の中間みたいな位置にありますので，「概論」の私の担当部分からは外してしまいました（当時の受講生の方，すみません）。

2　社会心理学への「目覚め」

ところが，40歳の峠を越えたころから，私が「回心」しなけれ

ばならないような出来事が次々に起こりました。

▷ 現場はいつも社会のなか

ある研究会での議論

まず，さる企業の主催する研究会で，私は感情の話をしたことが
あります。このとき私は第7章で説明した「感情と認知」をメイ
ンに，シャクターの実験のことなどを話したのですが，出席されて
いた哲学の先生は「どうも腑に落ちない」という顔をされています。

後でいろいろと聞いてみると，私の話は感情における「人と人と
の関係」を無視した話だ，ということでした。たとえば，シャクタ
ーの実験では，楽しいか，腹が立つかを集団のなかに入れて操作し
ました。それは結局「まわりの人たちにつられて生まれた認知」，
社会的な認知です。大きくいえば，社会のないところに認知があり
うるのか，という疑問にもなります。さらにその疑問は感情の存在
そのものにも迫ります。「人間はなぜ泣く？　なぜ笑う？　なぜ怒
る？　そういう『感情の表出』は誰か他者に向けて発せられる信号
なのではないか？」という疑問です。たしかに，赤ちゃんの笑顔は，
当人が楽しいと自覚しているかどうかはわかりませんが，まわりの
人々，お母さんやお父さんが赤ちゃんをあやしたり，「高い高い」
をしてあげたりする信号，というか私風にいうと，弁別刺激になり
ます。泣き顔や泣き声もまた別の行動を促す弁別刺激になります。

社会的な背景なしに，いわば真空に存在している感情は存在しな
いのではないか，こういう議論ができたわけです。調べてみるとた
しかにこういう研究はあり，シンポジウムも行われていました（森
岡ほか，2011）。

マーケティング現場での社会心理学

同じ頃，私はマーケティングの仕事にも関わるようになり，「誰
に，どんな情報を発信すれば売れるのか？」をたびたび相談される

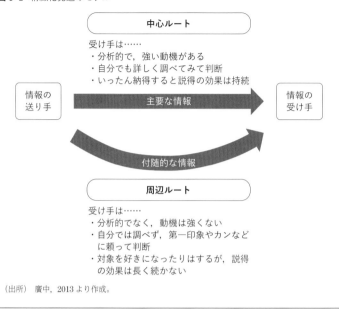

図 9-1 精緻化見込みモデル

中心ルート

受け手は……
・分析的で，強い動機がある
・自分でも詳しく調べてみて判断
・いったん納得すると説得の効果は持続

情報の
送り手

主要な情報

情報の
受け手

付随的な情報

周辺ルート

受け手は……
・分析的でなく，動機は強くない
・自分では調べず，第一印象やカンなど
　に頼って判断
・対象を好きになったりはするが，説得
　の効果は長く続かない

(出所) 廣中，2013 より作成。

ようになりました。

　ここでは学生の頃にあまり好きになれなかった説得と態度変容が
（なんと）メインテーマです。消費者の購買意欲が高く，自分でもしっ
かり商品について情報を集めようとしている場合は，当該商品に
対する詳しく客観的で緻密な情報の提供が有利です。そうでない場
合，すなわちあまり意欲が高くなく，積極的な情報収集もしない場
合は，「このタレントさんがお勧めする」とか「これを飲むとスッ
キリ，さわやか」とかいった主観に訴えるざっくりしたイメージ戦
略が有効です。これは「精緻化見込みモデル」（Petty & Cacioppo,
1986）といって，社会心理学から生まれた重要な理論なのでした。
このモデル（図9-1）では，客観的で緻密な情報を送信者（売り手）
から受信者（買い手）に届く「中心ルートの情報」，主観に訴えるざ

っくりしたイメージ情報を「周辺ルートの情報」と呼んでいます。どちらのほうが価値が高いということはないのですが，マーケティングでは想定する購買層によってそれらを使い分けます。たとえば自動車を買う場合と。サプリメントを買う場合などを考えてみると，その使い分けがわかるでしょう。

ラットの社会と向きあう

　薬の仕事を専門にするようになると，「社会不安障害」の治療薬をテストする機会が多く，ラットやマウスの社会行動をどうやって調べるかが重要な課題になりました。また，うつ病の治療薬は，「社会的敗北モデル」というマウスの実験で調べることが多くなっています（Golden et al., 2011）。ちょっと極論的にいうと，「こころの病気」といわれるものは，私が無人島でたった1人で生活していたとすると，まったく問題にならないものです。仕事や学校など，あるいは家庭や地域でも，社会的に複雑な人間関係に投げ込まれているから起こるもの，といって差し支えないような気がしてきました。

　それと前後して私たちはコミュニケーションの研究に関わりました。そこでは，ざっくりいうと「以心伝心の研究をせよ」という，とんでもない課題を出されていて，私は挫折してしまいましたが，若い人たちが頑張ってくれて，ラットが（軽く）痛がっている様子の写真をペタペタ貼っておくと，別のラットはその「部屋」を避けるようになる，という仕事を仕上げてくれました（図9-2；Nakashima et al., 2015）。

▷　**すべては社会的**

　これでこの節の話は「感情の社会性」という最初のテーマに戻りました。結局のところ私にとって社会心理学は，単に勉強していただけでは意味や広がりがわかりにくかったのですが，自分が社会に

図 9-2 ラットは同類の「痛み」に共感するらしい ─────────

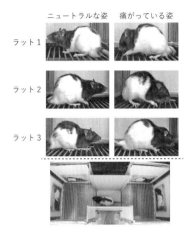

ニュートラルな姿　　痛がっている姿

ラット1

ラット2

ラット3

（出所）　Nakashima et al., 2015（CC BY-4.0）

出て仕事をするようになると「必ずどこかでつながっている」と思えるようなものなのでした。

⮕ 人間の行動のなかで，「これは社会的ではない」といえるものがあるでしょうか？　たとえばゲームは？　1人でやっているようにみえてもバーチャルな世界に対戦相手や同志がいます。そういう人間関係ができてしまうことが「ゲーム・アディクション」が深刻な問題になる一因だと考えられています。私はいま1人で原稿を書いていますが，どこにいるのかいないのかわからない「読者」に語っています。どうでしょう？　すべての行動は「社会的」ですか？

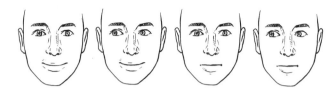

図 9-3　笑顔と魅力

3　お勧めの勉強の仕方

▷　ボトムアップ風アプローチ

　あなたがすでに心理学に興味をおもちで，知覚とか学習とか記憶などといったテーマの勉強を始められている場合は，「この現象が社会的な場面だったら」と考えてみることをお勧めします。

人間を題材に考えてみる

　たとえば，視知覚の実験というと，丸とか三角とかの図形を材料にした話が多いでしょうが，あれがもし人の顔だったらとか，動作だったらという具合に考えてみます。そうすると単純な図形の場合と似たところもあり，違うところもあります。

　見ている対象が人間の顔ならでは，というテーマは「対人知覚」とか「対人魅力」などという重要な話につながります。こうなると，対象の目がどこを見ているかによって左右されるので，丸とか三角とは違って一筋縄ではいきません。こう考え出すとそれはもう社会心理学です。たとえば図 9-3 のように，笑顔の場合，まっすぐこちらを向いて微笑んでいる人の顔が魅力的に見える一方で，無表情だと目があっていないほうが好まれます（渡邊・三枝，2015）。これが面白いことに，魅力ではありませんが，対象が怒っている顔の場

合も，視線がまっすぐこちらを向いている場合に検出感度が高くなります（吉川・佐藤，2000）。こういうことがあるので，私たちはマーケティングを考えるときに顧客の視線を解析したり，モデルの視線をどこに向けるかを考えたりします。

社会の受け止め方から考えてみる

知覚というとゲシュタルト心理学を考えないわけにはいきません。ゲシュタルト心理学者として高名なクルト・レヴィン（1890～1947）は「集団力学」を提唱した人で，社会心理学の基礎を築いた人の1人といえます。

そのレヴィンがアメリカに渡って教えた高弟の1人が，先に私が「嫌い」と言ってしまった「認知的不協和」のレオン・フェスティンガー（1919～1989）でした。フェスティンガーが認知的不協和のアイデアを思いついたきっかけは，1934年にインドとネパールの国境近くで起こった大地震，いわゆる「ビハール－ネパール大地震」でした。フェスティンガーはこの地震のときに，被災者の間で広まった噂に興味をもちました。たしかにこの地震のときには占星術が流行し，「もっと悪いことが起こる」「この世の終わりがくる」といった噂が飛び交いました（Marcussen, 2017）。

フェスティンガーは，おそろしい噂を広めたのは，あまり甚大な被害に遭わなかった人だということに注目しました。どうしてでしょう？　その人たちの身になって考えると，正直いって，自分は幸運だったわけですが，それを喜ぶことなどできませんね。「私もいつかはあなたと同じような大変な目に遭うに違いないんですよ」と思い，そのように言うことは，まあ，一縷の救いといいますか，被災者への温かいまなざしの表れだったのではないでしょうか。

学習理論から考えてみる

あるいは，学習に興味をおもちの方は，ネズミが箱に入ってスイッチを押すと餌が出まして，というあの実験を，ネズミのかわりに

図 9-4 ミショットのラウンチング効果

| 白四角が止まっている。 | 白四角に向かって黒四角が動いてくる。 | 黒四角が白四角に接する。 | 黒四角は止まり、白四角はフレームアウトする。 |

（出所） Hubbard, 2005 より作成。

自分と考えて，餌のかわりに誰かほかの人の行動と考えたらどうでしょう？

　実際，これまた私の嫌いだった「説得と態度変容」というのは学習の一種と考えて差し支えないです。「説得」というテーマの研究をいったい誰が始めたのかと調べると，カール・ホヴランド（1912〜1961）というアメリカの心理学者に行きつきます。ホヴランドはエール大学に学び，学習理論で高名なクラーク・ハル（1884〜1952）の弟子でした。ホヴランドは第二次世界大戦中に説得の研究を始めます（やっぱり戦争だったんだ，と思いましたが）。ホヴランドは説得と態度の変容を学習心理学的な「刺激」と「反応」の枠組みで理解しようとしたそうです（Demirdögen, 2010）。

認知心理学を社会心理学的に考えてみる

　認知心理学となるともっと社会心理学との関わりが深く，ほんの一例を挙げると「因果関係の知覚」というテーマがあります，「ミショットのラウンチング効果」として有名な実験では，白四角に向かって黒四角が動いてきて，4コマ目では黒四角は止まり，白四角は右にフレームアウトします（図9-4）が，この場合私たちは必ず「白四角が黒四角を突きとばした」ように見ます（Hubbard, 2005）。これが4コマ目で白四角と黒四角が一緒に右にフレームアウトす

ると，あたかも（仲良くなって）「連れ立って行った」ように見ます。私たちが 2 人の人間の関係をどう見ているかは，案外こんなことが基礎かも知れません。けれども人間の場合，私たちは図形以上のなにかの情報を読み取るでしょう。この「なにか」が大事です。

……………………………………………………………………………………

⏩ ほかにどんなテーマが考えられますか？　たとえば「記憶の変容」はどうでしょう？「みんなで思い出すと記憶の錯誤が少ない」という実験結果がありますよ（Takahashi, 2007）。本当でしょうか？　なぜでしょうか？

……………………………………………………………………………………

▷　**トップダウン風アプローチ**

　一方で，これから心理学の勉強を始めてみようと思う方は，身近な社会現象を基礎的な心理過程に「落として」いくことを考えたら勉強が面白くなると思います。

「みんなでやると……」から考えてみる

　たとえば，人と力を合わせる「協力」ということ。同じことでも 1 人でやるよりは皆で一緒にやったほうがはかどります。これは「社会的促進」としてよく知られている現象で，前章で触れたゴードン・オールポートの兄さんのフロイド・ヘンリー・オールポート（1890 ～ 1979）が見つけました。フロイド・オールポートはウィリアム・ジェームズの孫弟子にあたり，社会心理学に「実験」の考え方を持ち込んだ人です。学習心理学の枠組みのなかで「社会的ではない刺激（たとえば食物）に対する私の反応は，そこにいる他者の行動によって変わるであろう」というようなことを研究しなければならないと書いています（Allport, 1919）。

　社会的促進のデータは図 9-5 のようなものでした（Allport, 1920）。これは「自由連想の実験」といって，たとえば，私が渡された紙のシートに「ビルディング」というような「とっかかりの言葉」が書

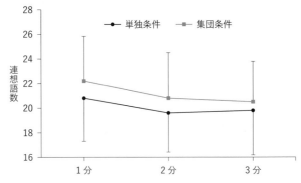

図9-5 社会的促進

（出所）　Allport, 1920 より作成。

いてあります。その言葉から連想するものをどんどん書いてください，と言われます。これを3分間やって，いくつの言葉を思いつくことができたかを1分ごとにまとめたのがこの図です。だいたい20語をちょっと超えるぐらいだということがわかります。

　この実験の参加者は15人で，黒い線が1人でやったとき，網かけの線が5人組になってやったときです。たしかに連想の語数は5人組のときが多いです。「みんなでやったほうがはかどる」ということが結果に表れている……のですが，データのばらつきを考えてみると偶然生じうる範囲です。いまの研究の水準で統計学的な解析をすると，意味のある違いだとは認められないのではないでしょうか。

　それではこの「社会的促進」およびその反対の「みんながいるからはかどらない」という「社会的抑制」という現象はなぜ起こるのか？　他者の存在によって単に自分の覚醒水準（行動を全般的に活性化させる仮想的な神経の興奮レベル）が上がるからだという見解があります。そうなると，そのとき優勢な行動が促進される，もし「や

めておく」ほうが優勢だったら抑制になる，という（なんと）動物実験もありました（Zajonc, 1965）。しかし，覚醒水準だけの問題ではなく，他者からどう評価されるかが問題なのだろうという考えも，もちろんあります。この研究は学生さんを対象にしたものです（Cottrell et al., 1968）。

広がる社会心理学の可能性

考えたら「恋愛」「結婚」「離婚」「受験」「成功」「挫折」「喧嘩」「仲直り」などなど，ひとつとして社会心理学のテーマでないものはありません。それはどういう現象でしょうか？　全世界の人類共通か，地域特異的か，それはどんな要素から成り立っているか，要素に還元できない性質があるか，それを強化したり弱化したりする要因は何か……。考え始めたらいくつでも疑問がわいてきます。これまでの研究を調べ，物足りないところは何か，自分で調べるとしたらどうするか，と考えたら楽しいでしょう。

> ➡ 恋愛の心理学は大きなテーマで，たくさんの研究論文があります。ところが従来の研究の多くは「結婚に至るまでの異性間の恋愛」を扱っていました。ここに限界がありますね。実は，従来の研究をレビューした論文で大きな論点として挙げられているのは「これまでの研究では『恋人』の定義がはっきりしていなかった」という，驚くような問題なのです（高坂, 2016）。さて，今の世の中，「恋人」の定義は何でしょうか？　これからどういう研究が必要でしょうか？

4　社会心理学と社会

学問として取り組まなければいけないもの

いまこの世界には戦争があり，差別があり，迫害があり，偏見が

あります。

　社会のなかで生きる存在として，私たちはなんとかしてアクティブな現実の問題と関わりたいと思うもので，心理学を学ぶ者としては，なんとかそうした課題に理性的に，賢く取り組む道を見つけたいと思うものです。

　そう考えて社会心理学のルーツをたどっていくと，その芽生えはヴントの「民族心理学」にみることができます。ヴントは感覚の研究に取り組んだだけではなく，

　　　その心理学なるものは，ただ，個人的意識に現われる過程だけを取扱うところの個人心理学だけに限られているのではなく，人間の共同生活の上に現われる複雑な精神的過程を考察の対象とする民族心理学をもふくんでいるとする。

と考えていました（川合，1953）。それで，ヴントの思想体系の上では，個人心理学，すなわち実験心理学の上に民族心理学を打ち立てて，その全体が出来上がったときに心理学が完結するのでした。

　ところがこの「民族心理学」は後継者を見つけることができませんでした。それどころか「知能の民族差」といった問題に変形してしまい，「欧米人の知能が一番高い」といったことまで「実証」されてしまったと言います（サトウ・高砂，2022）。なぜそうなったのか？　今となっては詳しいことはわかりませんが，調査の項目や方法がどことなく欧米人に有利にできていたのかも知れません。

　私たちには，自分の所属する集団が他よりも「良い」と思う傾向があります。これが「内集団バイアス」あるいは「内集団びいき」などと呼ばれている現象ですね。「内集団」とは自分が所属する集団のことです。私の場合は横浜市民，神奈川県民，日本国民，こんなのが内集団です。このバイアスは公平にものを考えるときのバリヤーになります。どうすればこの桎梏から逃れることができるのか，大事な問題です。

この「内集団バイアス」はなぜ生じるのか？　その1つのヒントと考えられるのが「行動免疫」です。実をいうと私はこの言葉を知らず，最近学生さんに教えてもらったのです（じっさい，学生さんに教えてもらうことは多いです）。

　あくまでも1つのヒントですが，行動免疫というのはブリティッシュ・コロンビア大学の心理学者マーク・シャラーが唱えた概念で，簡単にいうと，ほぼあらゆる動物種に備わっている自己防衛行動，すなわち「罹患の危険を避ける行動を取る」仕組みのことです (Schaller, 2011)。たとえば，食物が腐敗した臭気を不快に感じるメカニズムが私たちの脳のどこかにあるはずで，そこから腐敗物の忌避行動が導かれる，これが行動免疫の例です。

　ところがこのシステムが「危なそうなものには近づかない」と拡張されると，これは差別や偏見，風評被害を生む一因にもなります。新型コロナウイルス感染症でよく目にした「私たちはまだ感染してない」（これが内集団）そして「陽性の人はこっちに来るな」（これが行動免疫）というのもその一例でしょう。実は種の存続ということを考えたら，このシステムのポジティブな役割を否定するわけにもいきません。とはいえ，見方を変えれば「陽性の人」も私らの「内集団」のなかにいる，それではどうする？　こういうことになるでしょう。「内集団」をどこまで拡張できるかがポイントの1つのように思えます。

　じっさい，シャラー自身も行動免疫に他者排除に動く可能性があることには気づいています。しかし，どうすれば私たちは「真の感染源」を正しく忌避し，「疑の感染源」が差別に向かわないようにできるのか？　それは書いていません。これからの課題なのでしょう。

➡ 行き過ぎた内集団バイアスを解消する1つの方法は，複数の集団

が力を合わせないと解決できないような「上位目標」の導入であるといわれています。現在，対立している民族や国々の間に有効な上位目標を設定するとしたら，それは何でしょうか？　また，それ以外の解決法はないのでしょうか？

社会心理学から眺める現代

いまの世の中は，あまり住みやすい状況ではないようにみえます。

経済的な格差が拡がっています。そもそも出発点が平等であるから競争が正当化されるわけで，出発点からして不平等だったら競争の意欲もなにもないはずです。

世界は分断され，人々は2000年前と同じ理由で，つまり宗教や民族の違いで，殺し合いをしています。いろいろな面で，たとえば性的指向など多様化が担保されている社会のほうがそうでない社会よりも明らかに生きやすいはずなのですが，そこに医療とか福祉とか，社会的資源の分配という観点が入ると，途端に話がややこしくなります。

社会心理学は，こんなような，現実の問題と果敢に切り結んでいくでしょう。

社会心理学を学ぶ学生さんが卒業研究にどんなテーマを選んだかを調べた研究があります（高木ほか，2011）。その1つによると「援助行動」に関するものが最も多いのです（図9-6）。期待がもてますね。「人を助ける」ことに多くの若い人たちが関心をもっています。

社会問題にこそ社会心理学を

社会心理学は心理学のブランチの1つというよりも，私たちが自分自身について考えるときの視座，つまり自分を周囲の情景と一緒に「引き」の構図で見る視点を提供してくれる，とても根源的な心理学でしょう。

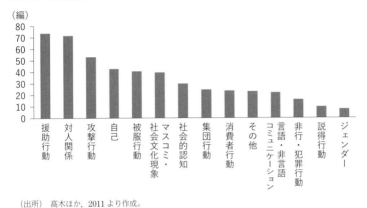

図 9-6 卒業研究テーマ

(編)

援助行動
対人関係
攻撃行動
自己
被服行動
社会文化現象
マスコミ・
社会的認知
集団行動
消費者行動
その他
言語・非言語コミュニケーション
非行・犯罪行動
説得行動
ジェンダー

(出所) 高木ほか，2011 より作成。

　だからこそ心理学ならではの目で「平等」「人権」「差別」「責任」といったテーマに取り組んでもらいたいと思います。もちろん，その動きがすでに始まっていることも知っています。たとえば差別や偏見は，一見すると，私たちが環境に適応するために獲得してきた「まっとうな」心理に根ざしたもののようにみえますが，「無自覚に形成される潜在認知」に注目すると，私らの心の奥底にある自己中心的な偏見を崩すことができるかも知れません（池上，2014）。その「無自覚な潜在的態度」がどんなものかを探るテクニックも進歩しています（栗田・楠見，2014）。そしてついに，教育心理学会と社会心理学会が手を結んで第 61 回日本教育心理学会でシンポジウムを開き，「公正感の起源」「平等主義」「ヘイトスピーチ」といったスリリングな課題への話題提供と討論が行われました（森永ほか，2020）。

　ただし，こうした研究は重要だと思うのですが，社会学からは社会心理学に「社会現象の本質を社会の側にではなく，個人の内面心理の側に求める」傾向があるという批判もあるのです（土井，2001）。

こういう批判に対して心理学はどう応えるでしょうか？　双方の「折り合いのつく」解決はあるのでしょうか？　簡単ではないかも知れませんが，こうした努力を通じて，より良い社会，より良い制度設計など，現実場面に対処するヒントを提供するために，社会心理学が貢献できるはずで，私はそれを望んでいます。

　問題が大きく，深刻であるからこそ，社会心理学がほかの多くの心理学の分野のみならず，神経科学や進化生物学にまで守備範囲を広げて，皆さんの真剣な関心のもとで，大きく発展することを願っています。

発　達

「生き様」の科学

Quiz　クイズ

Q　医薬品開発の分野では，どの時点をヒトの発達の始まりと考える
　　だろうか?
　　a. 親の性行動時点
　　b. 受精時点
　　c. 胎児に脳が形成された時点
　　d. 出産時点

Chapter structure 本章の構成

- 発達心理を学ぶときに，発達はまずもって生物学的な現象であること を認識していただきたい。「誕生」は個体の生活にとって出発点ではな く通過点の1つである。
- 精神発達への興味は古くからあった。近代日本でも子どもの養育への 関心が高かった。
- ピアジェの認知発達論を押さえよう。だがピアジェの本当の興味はどこ にあったのだろうか？ ピアジェを単なる発達心理学者と捉えるのは一 面的に過ぎるようだ。
- 発達の社会性を重視したヴィゴツキー──その発想の源泉は意外にも 社会主義的な世界観と関係があった。
- 生涯発達──発達はある時期に完成して終わるプロセスだとは考えら れない。超高齢社会となった今，とりわけ老年期が重要である。「サク セスフル・エイジング」だけで終わりにはできない実情がある。

1 生物学としての発達心理学

▷ ヒトの発達の始まりをどこにするか

日本の学会とアメリカの学会はずいぶん違うなあ，と思った話か ら始めましょう。

私が初めての海外出張を命じられたのは 1989 年，33 歳のときで す。アーカンソー州のリトルロックという美しい町で「妊娠してい るお母さんが飲んだ薬が子どもにどういう影響を与えるか？」とい うテーマの学会でした。

その当時，この分野で有名な研究者に，チャールズ・ヴォルヒー スとドナルド・ハッチングスという人がいました。ヴォルヒースは，

出生時には低体重や頭囲の縮小がみられるが，学齢に達する頃には健常児と有意差がなくなっているといい，この問題を「あまり大げさに考えなくてよい」と主張しました。

するとハッチングスが真っ赤になって怒り，「発育途上の脳では小さな変化も雪だるま式に大きくなる。学齢で差がなくてもその後の人生でどんな問題が出てくるかわからない。フロイトの説を持ち出すまでもなく，発達期の変化はどんなことでも甚大なのだ」と真っ向から反論しました。

フロイトが出てきたのにも驚きましたが，そこから参加者を巻き込んでけっこうな議論になりました。日本の学会ではこんな「大喧嘩」というか激論にはまずお目にかかりません。

ところが，学会が終わってパーティになると2人は仲良くグラスを傾けて談笑しているのです。激論はしっかり闘わせるが，子どもたちのよりよい未来を目指す互いの気持ちに対立はない，ということなのでしょうか。こういう切り替えをなかなか興味深く感じました。

ところでこの論題，発達心理学的にもかなり重要です。すなわち，発達は心身の可塑的な変化に支えられていますから，初期に問題があったとしても修復されるのか，それとも，初期の変化は雪だるま式に膨れ上がっていくのかどっちだろう，という問題です。

> ➡ あなたはどちらの考えに共感しますか？ 「リスクは大きめに見ておけ」というのが安全性評価の基本的な考え方です。しかし，間接的，3次的，4次的かも知れないリスクまで考えると，どこまで大きくみておけばよいのかもみえにくくなります。

今でも妊娠中の母体が摂取した薬物が次世代に与える影響は医薬品開発のルーティンとして必ず調べます。このルーティンは「生殖発生毒性試験」と呼ばれています。これは「生殖毒性」と「発生毒

性」が合わさった言葉で，生殖毒性試験というのは親の性行動，性成熟，受精，妊娠，出産，哺育など，発生毒性試験というのは受精前，出生前，出生後から死に至るまでの子どもの一連の発達を調べます。

　ところで，生殖発生毒性試験の項目を見ると「おや？」と思いませんか？

　もともとは「妊娠しているお母さんが薬を飲んだときに，お腹の赤ちゃんにどんな影響が出るか」が問題なのでした。

　ところが生殖毒性試験は親の性行動から調べます。

　私が生物学的なバックグラウンドからいいたいのは，「人の一生の始まりは『お誕生』ではない」ということです。「お誕生」はもちろん人生最大のライフイベントではありますが，赤ちゃんは十分発育した状態でこの世の中に出てきます。脳の発達に関する研究がこのごろ急速に進み，膨大な知見が積み重ねられてきました。親子の関係もすでに出生前から始まっています。

▷　**生物学から発達を考える**

　発達心理学には生物学が大きな影響を与えてきました。

　私たちは身近な動物，鳥類や哺乳類が巣を作ったり，卵が孵化してヒナが出てきたり，生まれたばかりのヤギの赤ちゃんが自力でよろよろと立ち上がったり，イヌのお母さんが赤ちゃんイヌにお乳をあげたりするのを見ます。

　たとえば愛着（アタッチメント）の理論で知られるジョン・ボウルビー（1907～1990）は，当初は精神分析を学んだ医師で，アンナ・フロイトの弟子でもありましたが，後年母子関係を論じるにあたっては，動物行動学（エソロジー）の考えを参考にしています。

　そのエソロジーはコンラート・ローレンツ（1903～1989）が「刻印づけ」（インプリンティング）という非常に特徴的な学習を発見し

図 10-1 刻印づけ

（出所）　Wikimedia Commons（Photo by Paula M Wolter; CC BY-SA 3.0）

たことで有名です（図 10-1）。鳥類のヒナは孵化後一定の時間内に眼にした対象に接近し，それを追いかけていきます。自然環境ではその時間内に眼にする対象はたいてい親なので，この行動は親子関係を築く基礎だろうと思われています。

　ローレンツはこの現象を学習だとは思っていなかったようです。しかし，実験環境でこの現象を再現したたくさんの研究からすると，刻印づけは学習の一種だと考えられます。その証拠はいくつかありますが，ごく簡単に考えると，実際の親でなくても追随して歩くので，これは一種のパヴロフ的条件づけだろうと考えられます。親が無条件刺激で，追随行動はもともと無条件反応でしたが，見えたものが何でも条件刺激になって，条件反応としての追随行動を誘発する，という考え方です。もっと考えると，追随して歩くと食べ物がもらえたりしますので，その行動はオペラント条件づけ的に強化されていると考えることもできます。刻印づけと学習心理学との接点をさぐる研究は今でも進んでいます（森山，2019）。

2　心の発達への興味

▷　**発達に興味を示した歴史上の人物たち**

　精神の発達に関する興味はとても古い時代からありました。古代
ローマ帝国時代の神学者，聖アウグスティヌス（354～430；図 10-2）
は『告白』にこんなことを書いています（アウグスティヌス，1976）。

　　（とても幼いころ）わたしはしだいに，わたしがどこにいるかがわかる
　　ようになり，わたしの欲望を，それを満たしてくれそうな人びとに示そ
　　うと思ったが，そうすることはできなかった。わたしの欲望はわたしの
　　うちにあったが，人びとはわたしの外にあったので，かれらはどんな感
　　覚によってもわたしのうちに入ることができなかったからである。そこ
　　で，わたしは手足を動かし，声を立てて，わたしの欲望に似た合図をし
　　たが，それらはわたしにできるわずかなもの，わたしにできるような種
　　類のものにすぎなかった。

　　🔛　あなたの「最初の思い出」はどんなものですか？　それはいつ頃の
　　ことですか？
　　そうしてその思い出は，本当にあったことなのでしょうか？

　時代がくだって 18 世紀，啓蒙思想の時代になると，フランスで
はジャン－ジャック・ルソー（1712～1778）が『エミール』を書い
て，人間の精神の形成と社会的な公民の形成を対置させます（ルソ
ー，1962）。

　　ものを言いはじめると子供は泣くことが少なくなる。これは自然の進
　　歩だ。一つの言語が他の言語に代わったわけだ。ことばを用いて苦しい
　　と言えるようになったら，なぜ泣く声をあげてそれを知らせる必要があ
　　ろう。

図 10-2　ボッティチェリの描く聖アウグスティヌス

（出所）　Wikimedia Commons（Hl. Augustinus by Sandro Botticelli, 1480, The Yorck Project, 2002; public domain）

　子どもが弱くて感じやすく，生まれつきなんでもないことにもすぐ泣くようだったとしても，その泣き声がなんの役にも立たず，なんの得にもならないようにすることによって，わたしはやがてその涙のもとをとめてしまう。子どもが泣いているあいだはわたしは子どものそばへ近よらない。泣きやんだらすぐにそばへ行ってやる。やがて，かれがわたしを呼ぶ方法は，泣きやむか，それともせいぜい一度だけ叫び声をあげることになるだろう。

　この文章だけでは子どもがなぜ泣きやまないのかはわかりませんが，こんなふうに，まるでオペラント条件づけみたいなことも書いてあります。

　ところで，こういう散発的な思想ではなく，組織的な発達心理学というか，精神発達に関する系統的な研究はいつごろ始まったのだろうと思うと，いろいろな考えはありましょうが，実はダーウィンに行き着くのです。このことが，私がさきに，発達心理学に生物学

が影響を与えてきたと書いた理由でもあります。ダーウィンは1877年に発表した論文の冒頭で「この雑誌（訳注：*MIND*）の最新号に翻訳掲載されたテーヌ氏による幼児の精神発達に関する非常に興味深い説明に触発されて，私は自分自身の子の1人に関する13年前の日記を読み返してみた」（Darwin, 1877）と書いています（ダーウィンが実際に何を書いたかがネットで読める時代になりましたね……）。

　ところで，ここで「テーヌ氏」と書かれているのがフランスの哲学者イポリット・テーヌ（1828~1893）のことです。テーヌの若い時代は，ユゴーの長編小説『レ・ミゼラブル』（1862）の時代。この作品には不幸な生まれのコゼットという女の子がテナルディエという強欲な夫婦に預けられて苦労するエピソードが出てきます。あれは当時の現実を下敷きにした話です。フランスでは18世紀以来，都市の子どもを農村に里子に出すことがごく一般的に行われていました。虐待されるケースも多かったようで，1860年代には医師の間で里子の死亡率が高いことが問題になります。そこで1872年に里親を国家の監視のもとに置く法律が制定されます。パリ・コミューンによって民衆の声が政治に届くようになりますから，国家が子どもたちを保護するようになります。それが初等教育の組織化につながり，ビネーの知能の研究を生むのです（天野，2012）。

　発達心理学と臨床心理学の接点を考えると，歴史的にはフロイトの学説も重要です。1905年の論文に出てきた有名な「口唇期」「肛門期」「男根期」という性的発達理論のルーツは1896年のヒステリーに関する論文のなかにあり，もともとは小児期の性的トラウマの研究でした（渋谷，2008）。この理論の基本は，「多形的で限定されないセクシャリティが，文化的規範に従うことで限定されたセクシャリティへと縮減され，これによって組織的な構造を獲得する」という考えにあります。「口唇から肛門から男根に移行するなんて，本当かな？」とだけ思わず，フロイトの考えたことをこのように一

般的なフレームワークに当てはめてみると，フロイトの理論を今日の目で再検討・再評価する意義があると思います。

発達を心理学から考えたキーパーソン

さて，ダーウィン，ビネー，フロイトと役者が揃ったところで，これを「発達心理学」というジャンルにまとめあげるジェネラリストが必要です。

それが誰だかは簡単にはわかりません。

けれども，キーパーソンの 1 人がアメリカの心理学者グランヴィル・スタンレー・ホール（1844~1924）であることはほぼ確かです。おそらく「それは間違っている」という意見は少ないのではないでしょうか。

ホールがどれくらいすごいかというと，ウィリアム・ジェームズが最初に博士号を与えた学生で，そのときの研究テーマは「空間の筋肉知覚」という生理心理学的なもので，それからドイツに留学してヴントのアメリカ人学生第一号になり，帰国後もアメリカで最初の実験心理学研究室，英語で最初の心理学雑誌を刊行するなど数々の活躍をします。1909 年にはアメリカにフロイトを招きます（今田，1962）。

このホールが発達心理学に目を向けた理由は「心理学を教育に適用する」ことにありました。この主張にはホール自身の「就活」としての側面もあったらしいですが，ホールは「個体発生は系統発生を繰り返す」という，ドイツの生物学者エルンスト・ヘッケル（1834~1919）の「反復説」を信奉しており，子どもの心を研究すれば，私たちの精神がいかにして現在の姿になったかがわかる，と考えていたようです（菅野，1989）。ちなみに，ヘッケルは進化論をドイツに紹介した人として知られています。

➡ 心理学の歴史を調べてみると，結局のところ，ヴントとジェームズからいろいろな枝葉が分かれて発展しています。どうしてなのでしょうか？

日本の発達心理学研究

発達心理学は，「子どもをいかに育てるか？」という養育，教育の課題と常に結びついて発展してきました。日本もその例外ではありません。

1913 年（大正 2 年）の『心理研究』（いまの『心理学研究』の前身）には塚原政次（1871～1946）による「精神発達論」という論文があり，そこではこのように書かれています（塚原，1913）。

> 教育の理論及び実際に対して心理学上の知識の重要なることはもとより明瞭なるが，吾輩の考ふるところによれば，その根底として最も重要なるものは精神の発達に関する確実なる知識である。

この塚原政次という心理学者はなかなか重要で，日本の教育心理学の父の 1 人といってもよい人物です。ドイツやアメリカに留学し，帰国後は旧制東京高等学校長，広島文理科大学長などを務めました。教育心理，児童心理，青年心理などに関する多くの著作があります。

3 認知発達

「試験に出る」ピアジェ理論

子どもの発達を見ていると，なかなかスリルがあります。「8 カ月不安」という言葉を聞いたことがあるかも知れませんが，ちょうどその頃，養育者との愛着（アタッチメント）が形成されてきます。

それまでの赤ちゃんは誰彼かまわず愛嬌を振りまいていたのに，その頃になるとお母さんかお父さんか，ともかくアタッチメントが形成された養育者でなければダメです。他の人が抱こうものなら「ビエエ」と火がついたように泣いてしまいます。養育者の姿が見えなくなっただけでも大泣きです。それを思うと，「見えなくなっても存在そのものが消滅したわけではないんだよ」と，いつになったらわかるだろうか，期待と不安をもったりします。

　対象が一時的に姿を隠しても，存在し続けている，という概念はジャン・ピアジェ（1896～1980）が認知発達の重要な鍵だと考えた「保存」の概念とよく似ています。

　ここで思い出すのが世界各地に「いない，いない，ばあ」という遊びがあることで，あれを子どもはとても喜びます。あれも「保存」の概念の発達になにかの意味があるのかもしれません。

　「保存」の概念についてもう少し考えてみると，見えないものがすなわち存在しないものならば，私たちは「見えるもの」と「見えないもの」の情報を処理する別々の「心の装置」をもっていなければならないわけです。しかし「一時的に見えなくなったが依然として存在はしている」というフレームワークができれば，見えなくても1つの「心の装置」で処理できます。

　私がここで「心の装置」という言葉を使ったのは単なる比喩でして，ピアジェは全般的に「シェマ」（スキーム）と呼びました。そうして認知的な発達とは，「シェマ」が具体的な事物や身体運動感覚に密着した段階から，徐々に抽象的な記号体系の世界へ拡張していく過程だと考えました。したがってピアジェにいわせれば「1本の花ともう1本の花」「1粒の種ともう1粒の種」よりは「1+1」のほうが進んだ段階であり，それよりも「a+b」のほうが進んだ段階です。こういうふうに「抽象化」することをピアジェは「操作」といっています（実験の「操作」とは異なります。私たちが環境にど

ように働きかけるかということです）。この「操作」が育っていく段階をまとめたのが，よく知られている「発達段階説」です。

　最初の「感覚運動期」には「操作」というものはまだありませんが，飽きもせずにガラガラを振っては放す，振っては放す，そういうのを面白がりますね。これを「可逆性」のシェマが作られている，と考えるのです。次の「前操作期」には言語が発達し，「象徴遊び」をするようになります。これまた大事なシェマで，具体的な活動が思考のなかに内面化していくのです。それから「分類」や「系列化」を行う「具体的操作期」を経て「仮説を立てて，仮説から演繹してものごとを考える」という「命題的・形式的操作期」になります（入谷，1971）。ピアジェによればこういう精神発達がだいたい中学生頃で完成し，終わりになる。ここが考えどころの1つで，精神発達には「これで完成」「終わり」ということがあるのだろうか？　このごろの研究ではそんなことはなく，生きている限り精神発達は続く，という主張のほうが優勢のように思いますが，もしも「試験対策」のためにピアジェを勉強するのであれば，これで十分でしょう。

　　　➡「抽象的な思考」の芽生えは何でしょうか？　「1つ」が「クレヨン1本」や「キャンデー1個」「ガチャ1回」のことではなく，それらを「超えた」なにかだ，と気づいたときのことを覚えていますか？　私はおぼろげながら，幼稚園の頃「もういくつ寝ると」の歌を習ったときに「この歌は何のことをいっているのだろう？」と思った記憶があります。それが抽象的な「1，2，……」の目覚めだったかも知れません。

▭　**ピアジェが本当にみていたもの**

　ただ，それではピアジェのレガシーの半分も理解したことにはなりません。そもそもピアジェを「発達心理学者」と見なすのが間違い，とはいわないまでも小さく，狭い見方ではないかと私は思いま

す。

　ピアジェはなぜ子どもの精神発達に興味をもったのでしょうか？
私は，それは人間のあらゆる知的ないとなみ，とりわけ数学や物理
学といった論理的・科学的な思考がどのように歴史的に発展してき
たかを考えたかったからではないかと思います。たとえば数学につ
いてピアジェはこんなことを考えていました（ピアジェ，1984）。

　　ポアンカレ（引用注：数学者として著名なアンリ・ポアンカレ〔1854
　〜1912〕，位相幾何学に大きな功績を残したほか『科学と仮説』『科学と
　方法』といった重要な科学哲学の著作を残しました。「心理学は科学であ
　る」といったときの「科学」とは何だろうかと思って，私も若いときに
　これらを読んだものです）は空間の発生を物体の諸運動の配序（coordi-
　nation）の中や位置の変化と状態の変化との区別の中などに求めた。い
　いかえれば，子供の，さらには最も幼い時の，心的な発育の分析によっ
　てしか検証され得ないような諸仮説の中にもとめた。ところで，その方
　法は一般化することができるのであり，そして誕生から成育をとげた年
　齢に至るまでの個人の理知の進展（évolution）の流れにおいて我々が跡
　づけようと努めることのできる発生は，思考の本質的なすべての観念あ
　るいはカテゴリーの構築の発生である。

　ピアジェは「学問の知が進化する過程」のモデルを「子どもの知
が発達する過程」に求めたといえるでしょう。だから「個体発生は
系統発生を繰り返す」というヘッケルの反復説を逆にして「知の進
化の跡をたずねるには子どもの成長をみるのが一番だ」と考えたよ
うに思います。ピアジェは構造主義の解説書も書いていますから
（ピアジェ，1970），発達心理学者というよりも，ソシュールからレ
ヴィ‐ストロース，フーコーやラカンに至る偉大な思想家の系譜に
位置づけることができるのではないでしょうか？

▭▷ ピアジェの「限界」と社会派ヴィゴツキー

　もちろん，発達心理学的にみるとピアジェの「限界」もみえてきます。1つは，「命題的・形式的操作期」で発達が完了するように考えたこと，もう1つは「社会性」をあまり重視しなかったことです。最初の問題はこの章の最後で考えましょう。「社会性」についてはピアジェの限界を鋭く突いた人にソビエト連邦のレフ・ヴィゴツキー（1896~1934）がいます。わずか37歳で亡くなりましたが，主著『思考と言語』（1934）をはじめ教育心理，芸術心理などに偉大な功績を残しました。今日，ヴィゴツキーの著作はほとんど全部英語で読めます（Marxists Internet Archive Library サイトなど。本書サポートページも参照）。ありがたい世の中になったものです。

　ピアジェの著作の多くがロシア語に翻訳されていました。ヴィゴツキーはピアジェを単にやっつけようとしたわけではなく，むしろ取り込んで大きな発展をねらっていた形跡があります。2人が対立した論点は，子どもが「声に出さずに心のなかで用いる言葉」（内言）をめぐることでした。よく知られているように，ピアジェは個人のなかでのシェマの組み替えを重視したので，まず内言があって，これがやがてコミュニケーションの道具としての言語（外言）に発展すると考えました。これに対してヴィゴツキーは，まず他者とのコミュニケーション（外言）が先にあって，その対人関係のなかから内言も生まれてくると考えました。

　これはどちらが正しいとも断言できませんが，ヴィゴツキーの考えは，マルクス主義の影響を受けています。ヴィゴツキーは，人間が外部の世界に働きかけ，それを変化させ，同時にその反作用として自分自身も変化させる「活動」を重視しました。外言の重視はまさにその思想の現れなのですが，ここで「活動」といわれているのはマルクス主義的な「労働」を念頭に置いています（高取，1991）。ヴィゴツキーがピアジェを批判しているポイントの1つは，ピア

ジェが生物学的な自然法則だと考えた発達の「法則」が，実は歴史的，社会的に規定されたものだということです。内言と外言のどちらが先かなんてことは小さな問題で，本当はその背後にあるピアジェとヴィゴツキーの世界観を勉強したほうがよいでしょう。2人とも魅力あふれる心理学者であり，思想家です。

　ただし，認知（内言）の発達とコミュニケーション（外言）の発達を切り離すことはできず，その前提は社会性の発達だという見解は今日ひろく受け入れられているように思います。

　➡ あなたは認知とコミュニケーションの問題についてピアジェ派ですか？　ヴィゴツキー派ですか？　どちらが先に立つと思うでしょうか？　私はどちらかというとピアジェ派です。私は「1人遊び」が好きでした。あなたはどうですか？「1人遊び」していたことをおぼえていますか？そのとき「口に出しては言わないけれど心のなかで思っていたこと」はありますか？

　発達は非常に幅の広い研究課題です。たとえば「氏か育ちか？」と古くから言われてきたように，私たちの知能や人格がどの程度遺伝の影響を受け，環境の影響を受けるのか，これは分子生物学が発展した今日，多くの研究者が取り組んでいます。ちなみに，「氏か育ちか？」と言ってしまうとつまらないのですが，英語で言うと「Nature or Nurture?」となって韻を踏むので面白いです。

　それからまた，心理臨床に関わる方々には，いわゆる「定型発達」と，そうでない発達という課題も重要です。本書ではこの課題に深入りせず，まずは「定型」を押さえておきましょう，というスタンスを取りましたが，定型かそうでないかの区別よりも，さまざまな発達の姿を事実に即して考えることが重要だと思っています。

　この章のしめくくりには，このごろ多くの人が昔では考えられないほど長生きしますので，それに関連したことを考えたいと思いま

す。

4 生 涯 発 達

▷ 発達は子どもの専売特許か

　精神的な発達には「完成・終わり」ということがあるのでしょうか？

　認知発達の基本は，前節で考えたように，中学生の頃にいちおう出来上がると考えても，感情とか人格とかを含めて「人間」と考えたときに，完成があろうとは思えません。むしろそれからが本番です。

　人間の一生を通じて発達が続くと考えた心理学者に，ロバート・ハヴィガースト（1900〜1991）がいます。この人は面白い人で，もともと物理学者，化学者なのです。原子の構造を研究していて，化学の博士号を得ました。しかし28歳のときに進路を変え，「実験教育学」を研究するようになったそうです。社会的に大きな仕事としてはアメリカ先住民の教育の充実に関わるプロジェクトがあります。ハヴィガーストは自らフィールドワークを行ってデータを解析し，アメリカ各地での先住民教育は，固有の多様性を重視しなければならないと主張したそうです。

　ハヴィガーストの発達課題説は，人生を乳幼児期，児童期，青年期，壮年期，中年期，老年期の6段階に分け，それぞれの段階で達成すべき課題がある，たとえば乳幼児期の発達課題とは，歩くようになること，固形物が食べられるようになること，言葉が話せるようになること，排泄のコントロールができるようになることなど……と7つ「課題」を整理したものです。実のところ，常識を並べた感じしかしませんが，これでアメリカの教育理論が大きく進歩

したといいます。

▷ エリクソンのみたヒトの一生

　心理臨床ではハヴィガーストよりもエリクソンのほうが有名でしょう。エリク・エリクソン（1902〜1994）はアンナ・フロイトの弟子です。父親が誰だかわからないのだそうです。お母さんはデンマーク系のユダヤ人で，北欧系に見えることからユダヤ系社会で差別を受け，ユダヤ系であることでドイツ社会からも差別を受けた児童・少年期でした。のちに「アイデンティティ」の概念で有名になりますが，彼自身が不確かなアイデンティティに悩んだからこそ，その概念が出てきたようです。

　そのエリクソンの発達段階説では，それぞれの段階での発達課題は葛藤のなかにあると考えます（図10-3）。この格子状の図では縦軸がおおまかな年齢段階（ただし思春期より下は精神分析の考えに基づく発達段階），横軸が主な葛藤を示しており，格子状になっているところに特徴があります。すなわち，対角線上に位置する「課題」はあくまでも「その時期の典型的なもの」であり，たとえば「親密か孤立か」が重点の若年成人期になっても，その前の「アイデンティティかその拡散か」を抱えている場合もあり，児童期にその葛藤を抱えることもある，というわけです。

　エリクソンの理論で中心的な役割を果たしている概念が「アイデンティティ」で，これはうまく日本語になりません。辞書的には「自分自身の独自性・不変性・単一性・一貫性・連続性とその感覚」とされています（小川，1981）。しかし，私はいまだかつてこのような感覚をもったことがないような気がします。エリクソン自身，この概念が「アメリカ的通俗心理学のごひいきの主題」と評されたことを嘆いていたといいます（井上，1982）。現在でもこの概念の心理学的な「問い直し」が進んでいます。

図10-3 エリクソンの発達課題説

	1	2	3	4	5	6	7	8
円熟期								インテグリティ 対 絶望と嫌悪
成人期							ジェネラティヴィティ 対 停滞	
若年成人期						親密 対 孤立		
思春期と青年期					アイデンティティ 対 アイデンティティ拡散			
潜在期				勤勉 対 劣等感				
移動－肛門期			自主性 対 罪の意識					
筋肉－肛門期		自律 対 恥と疑惑						
口唇感覚期	基本的信頼 対 基本的不信							
	1 (乳児期)	2 └──(幼児期)──┘ 3		4 (児童期)	5 (青年期)	6 (若年成人期)	7 (成人期)	8 (老年期)

　発達がどこかで完成して終わり，ということはありません。

　授業科目としては児童期ぐらいまでがせいぜいで，青年期，成人期，さらにその先まで進む余裕がないのが実情ですが，このごろでは「生涯発達」という視点が重要になってきました。

> ➡ いまあなたにはどんな「発達課題」が降りかかっていますか？　それにどう対処しようとしていますか？

図 10-4　高齢人口の増加（予測含む）

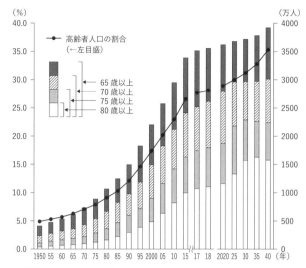

（出所）　総務省統計局，2018 より作成。

　そのなかでも重要な課題は老年の心理です。この 30 年ぐらいの間で，誰も予想していなかったようなペースで高齢者が増えてきたのです（図 10-4；総務省統計局，2018）。私だってすでに 65 を超えました。ベートーヴェンよりも夏目漱石よりもウォルト・ディズニーよりも長生きしているのです。私が子どもの頃は身近に 90 歳の老人なんかいませんでしたが，私の父は 91 で他界，母はその齢を通り越して生きています。

　こうなると老年期の発達課題はハヴィガーストが予想したような「身体能力の衰退への適応」や「引退と収入減への適応」「配偶者との死別への適応」とか，エリクソンが予想したような，「人生の総仕上げか絶望か」，といったような単純なものではなく，この長い

年月をどう生きるか，ということになってきます。

　今から20年ぐらい前，そろそろ社会の高齢化が本格的になってきた頃，盛んにいわれていたのが「サクセスフル・エイジング」という言葉でした。

　何がサクセスフルなのかはなかなか難しいですが，重要な構成要素と考えられるのが長寿，生活の質（QOL），社会貢献あるいは生産性の3つです。その社会貢献はさらに有償労働，無償労働，相互扶助，ボランティア活動，セルフケア（保健行動）に分けて考えられました（柴田，2002）。

　ところが，この考えだけではもう古いと私は思います。サクセスフル・エイジングが完了した頃，あるいはその限界が見えた頃に命が果てればよいが，そうではなく，その先も何年も生き続ける世の中が来たのです。

　私の父もそうでした。80代の前半ぐらいまでは，好きな音楽をやったり畑で野菜を作ったりして，傍目にもかなり「サクセスフル」と思えたのですが，その後，膝や腰に衰えがきました。「フレイル」というような状況になり，最期は病院のベッドに拘束され，栄養液と導尿のカテーテルを挿入されたまま，朦朧と生命を維持しました。

　その前がサクセスフルであればあるほど，その落差は大きいのです。また，ここまで来ると「死」を考察し，「死」と向き合うことが発達心理学の究極の課題です。

　そのように思っていたところ，満を持したように，日本の老年心理学の精髄とでもいうべき『心理老年学と臨床死生学』という本が出ました（佐藤，2022）。父を彼岸に見送り，母を郷里の老人ホームに残して，COVID-19の影響で3年も顔を見ることのできていない私としては，ときたま電話がかかってくるたびに「わずか1分の間に何度も同じことを言うなあ」とうんざりしていましたが，上

書をよく読んでみると，それは短期記憶の容量や保持時間の減退ではなく，記憶の素材を長期記憶に移行し，定着させる機能の低下であるというような指摘があってハッとしました。さらに，これからさき母が再び元気になって実家に帰ってくることはないわけで，母は，時間も空間も超越した幻想のなかで次第に心身の活動を緩めていくのです。私自身もまた，あと何年後かわかりませんが，数十年にわたって恥と罪を撒き散らした現生の営みを止めます。上書で「死別が遺族にもたらす肯定的側面や人間の回復力に目を向けよう」と主張されていることは，瞑目する側にも大きな励みになるでしょう。

➡ あなたの考える「幸福な死」はどんなものですか？

体 の 話

体は心の入れ物か？

Quiz クイズ

Q 明治時代に日本で最初の組織的な臨床検査が行われたとき，主
   導したのはどこだっただろうか？
   a. 戸籍管理所
   b. 鉄道組織
   c. 警察組織
   d. 開拓使

Chapter structure 本章の構成

- 心理学には身体の構造，機能，病態への理解が不可欠である。いきなりそういわれても何のことかよくわからないかもしれないので，まず心と身体の深い関係について考えよう。
- 医学，生理学の専門家にとどまらず，「普通の」人々にもある程度の身体の知識が必要である。「患者参画型医療」の時代が始まったことがそれを示している。
- そうはいっても身体生理の勉強は難しい。慣れない言葉に難しそうな概念。それをアタマに入れるにはどうすればよいだろうか？
- 1つの目安として，誰もが受ける「健康診断」の結果がわかることを目標にしてみよう。そこから世界が広がり，いろいろな臓器の役割，その病態などに関心と興味を拡充させることができる。
- 医療と心理の関わりを考える——先進的な医療機関では，身体医療が目的でも「心に訴えかける」さまざまな試みが始まっている。その一端を紹介する。

1 　心と体の壁を取り除こう

▷ 心理学に入り込んでいる「体」の話

　公認心理師のカリキュラムには「人体の構造と機能および疾病」という単元が入りました。

　これはとても素晴らしいことだと私は思います。

　体があって，心があります。体は心のあり方に影響を与え，心は体のあり方に影響を与えます。体の知識は心理学には不要という考えは狭すぎ，心理学の面白さや深みを奪ってしまうでしょう。

　概論の講義ではよく，パヴロフの条件反射を学びますが，あれは

唾液腺の活動です。心理学のなかで腺の活動を学ぶ機会は珍しいですね。どうして唾液腺が活動するのか，考えたことがありますか？ パヴロフが調べたのはイヌの耳下腺です。耳下腺は脳幹の下唾液核から鼓室神経（舌咽神経）という自律神経系（副交感神経）の支配を受けています（田村・中里，2019）。パヴロフが自分のことを心理学者ではないと思ったように，レスポンデント条件づけを学ぶときに，私たちはすでに身体について学んでいるのです。

➡ 心理学の対象にできる「腺」はほかにありますか？

　いろいろあるかもしれないけれど，代表は「涙腺」でしょう。私たちは実にいろいろな場面で涙を浮かべ，流します。感情の章（第7章）でウィリアム・ジェームズの理論を紹介しました。ジェームズに従えば「泣くから悲しいのであって，悲しいから泣くのではない」となりますが，それではなぜ，かくも多様な場面で私たちは泣くのでしょう？　泣くことについての臨床心理学的な研究はかなりありますが，多彩な場面の「涙」を統一的に説明できる理論は少ないように思えます。その一例としては，イタリアの眼科医によるかなり古い文献があります（Murube et al., 1999）。それによると，成人の涙はなんらかのかたちで「対人的・社会的なヘルプ」に関連があるという。「こんなに助けていただいて」「こんなに助けてもらったのに」「誰も助けてくれない」……そういう感じです。皆さんはどう思われますか？　このごろではオランダの臨床心理学者アド・ヴィンガーヘーツ（1953〜）が生物学的な視点も加えて「泣くこと」の機能について論じています（Bylsma et al., 2019）。

▷ **痛みが「心」に影響する**
　体が心のあり方に影響を与えることは，私たちは日常的によく知

表 11-1　身体疾患と抑うつ

	分析 1		分析 2	
	偏回帰係数	標準偏回帰係数	偏回帰係数	標準偏回帰係数
身体疾患				
脳卒中後遺症	0.666	0.037	0.092	0.005
心臓病	0.328	0.039	0.175	0.020
高血圧症	0.050	0.009	0.006	0.001
糖尿病	0.698	0.053*	0.541	0.041*
慢性呼吸器疾患	0.981	0.081**	0.876	0.072**
胃腸疾患	0.482	0.048*	0.485	0.048*
リウマチ・関節炎	0.821	0.104**	0.478	0.060**
腰痛症	0.614	0.095**	0.515	0.080**
眼疾患	0.345	0.046*	0.188	0.025
年齢			−0.006	−0.002
性（男を 1，女を 0 として数値化）			−0.294	−0.059**
日常生活動作能力			−0.238	−0.202**
R^2	0.047**		0.082**	

（注）　*：$p<0.05$，**：$p<0.01$
（出所）　杉澤ほか，1997 より作成。

っています。

　どこかが痛いと，「なんで痛いのだろう？　悪い病気の前兆では
ないだろうか？」と不安になりますね。その痛い状態が長く続くと，
何をやるにも物憂く，面倒になり，気分が沈んできます。

　1つ実際の例をお目にかけましょう。これは若干古いデータです
が，全国の 60 歳以上の男女およそ 2000 人を対象に，いろいろな
身体疾患が抑うつ症状にどの程度の影響を与えるかを調査したもの
です（表 11-1）。抑うつ症状の評価には CES-D というアメリカで
うつ病の疫学研究用に開発された尺度を用いています。「分析 1」

とあるのはなんらかの疾患がある人を重回帰分析に投入した場合，「分析2」は日常生活動作（ADL）や性，年齢の影響を調整した場合です（杉澤ほか，1997）。「分析2」のほうが一般的な動向をよく反映すると考えると，60歳以上になって，糖尿病，慢性呼吸器疾患，胃腸疾患，リウマチ・関節痛，腰痛があると抑うつ傾向が強くなることがわかります。

➡ 痛み以外にどんな例があるでしょうか？　発熱はどうですか？　肥満はどうでしょう？

▭▷ 「体」に影響する心

今度は「心」が「体」に影響を与える場合を考えましょう。

この現象は私自身がよく知っています。私は「神経性」とか「ストレス性」とか呼ばれる頻尿です。もはや患者といってもよいくらい。おそらくそのきっかけは，高校生のころ，数学のテストの最中にトイレに行きたくなったのを死ぬほどの思いでガマンした経験ではないかと思っています（当時は試験中に席を立つと，その時点で棄権なのでした）。それ以来，寒い朝，長時間の拘束，脱出不能，といったことが条件刺激になるらしく，早いときには数分で尿意が生じます。だから私は教員のときに入学試験の監督が大嫌いでした。とくにセンター試験です。全部の悪条件が揃っています。

ありがたいことに（？）お仲間が多いらしく，この現象も古くから研究されています。表11-2はある医科大学の泌尿器科外来を「頻尿」を主訴として受診した成人99例に問診で聴き出した「関連事象」です（長田ほか，1976）。最近ではラットを使った実験から，ストレスで誘発される頻尿に脳内のボンベシンという化学物質（神経ペプチド）が関わっていることがわかっています（清水ほか，2020）。

表 11-2 頻尿の精神的原因

	症例数
疾病罹患後　膀胱炎 …………… 2 　　　　　　虫垂炎手術時の導尿後 …… 1 　　　　　　分娩後 …………… 2	5
外出時（乗物を含む）	5
緊張不安時	4
学校に関するもの　入学 …… 1 　　　　　　　　　授業中 … 1	2
縁談がまとまってから	2
排尿を気にするとき	2
不潔感を感じてから	2
疾病懸念（膀胱炎と糖尿病）	2
生理前	1
仕事が忙しくて徹夜が続くとき	1

（出所）長田ほか，1976 より作成。

➡ 頻尿以外にどんな例があるでしょうか？

「過敏性腸症候群」はよく研究されています（Enck et al., 2016）。「慢性疼痛」もそうです（Bushnell et al., 2013）。「心と体」だけでゆうに 1 学期（以上）の授業科目になります。

2 体についてどの程度知っておけばいいの？

　公認心理師などとして，心理の専門家も医療現場で仕事をする場面が増えてきました。心理学を専攻するのであれば，そこで飛び交っている言葉が何を意味しているのか，大まかでもよいから知っておく必要があるでしょう。けれども，専門家ではない「ふつうの」人々にも，ある程度の体の知識が必要になってきました。というの

表 11-3　患者参加型医療

患者参加の方法	具体例
自分の診療・ケアに参加	自分の疾病や治療について学習（電子カルテ閲覧も含む） 各種カンファレンスに参加 検査，投薬に間違いがないかいっしょに確認する 医療者とともに治療法選択を決定する
病院運営	各種病院委員会への参加 患者体験に基づき他の患者への助言・支援 説明同意文書，患者教育資料の作成支援 ご意見箱の投書から優先課題を選定
医療政策	公聴会への参加 医療行政の審議会・委員会に患者の立場から参加 研究費助成基金の委員として患者視点で研究を評価 研究グループの一員として研究計画・実施に参加 専門雑誌の査読者の一員となる

（出所）　小松，2019 より作成。

も，どこか調子が悪いとか痛いとかでお医者さんの門をたたいたとき，「万事よろしくお願いいたします」という時代ではなくなったからです。このごろでは，医師がいくつかの治療選択肢を示し，患者と合同で対処を進めることが多くなってきました。この動きを「患者参加型医療」といいます。これが進むと病院の運営や医療政策にまで患者がコミットするようになります（表 11-3）。

　これは医薬品についてもそうで，新しい医薬品の審査などを仕事にしている「医薬品医療機器総合機構」（PMDA）では 2019 年から「患者参画検討ワーキンググループ」を組織しました。このグループでは「患者ファースト」の視点で医薬品を開発し，届けるシステムの構築を始めています。

　そういうわけで，素人にもなんらかの体の知識，医学知識が求められるようになったのです。今やニュースを見ていてもふつうに

「ゲノム編集」とか「酸化ストレス」「抗原抗体反応」などという言葉を聞きます。「何のことだかわからない」といってはすまされない時代なのです。

▷ 勉強のための心理学的テクニック

　人体の構造と機能について勉強しようとすると，耳慣れない言葉がやたらに出てきて，勉強がはかどらないばかりか，「見ただけでウンザリ」という状況にもなってしまいます。「だからどうすればいいの？」と思う前に，まずはそのウンザリ感自体に心理学の目を向けてみましょう。

　心理学の言葉は医学ほど新奇ではないはずです。たとえば「認知的不協和」という言葉（第9章）がどんなことを示しているのかは，「認知」も「不協和」も日常的な言葉ですから，なんとなく想像できてしまい，抵抗感はそれほどでもありません。

　それではなぜ，日常生活から類推できたらすんなりとアタマに入るのでしょうか？

　ここにはいくつかのメカニズムが働いていると思いますが，その1つに，「繰り返して触れていると好感度が増す」という「単純接触効果」があるのではないかと思います（Zajonc, 1968）。単純接触効果はもともと好感度の話でしたが，それは「潜在記憶」によって作られているという考えが有力です（生駒，2005）。そうすると，まずは耳慣れない言葉でも繰り返して目にし，耳で聞くことがよろしく，だんだんと抵抗が薄れてくるはずです。

　それから，ある術語や概念を「覚える」ことを考えてみると，ここで1つ厄介なことに突き当たります。第4章で述べたように，記憶は体制化されていますから，意味的に関連のある言葉をグループにして，できれば，幹があって枝が分かれていていくつも実がなっている木のようなイメージの「ツリー図」みたいに構造化して覚

えればよい，はずなのですが，そうするとたとえば手の指の骨なんか「末節骨」「中節骨」「基節骨」「中手骨」といった具合に，似た単語が並びます。こうなると互いに「干渉」を起こして覚えにくくなります。干渉を避けるためには，骨を少し勉強したら今度は腸，それからリンパと，関係の薄いものをほぼ同時に勉強したほうがよい，はずです。

さてそこで，私自身がやった方法は，ツリーの基幹になるような概念は，互いに干渉しないように，1回の勉強では関係が薄そうにみえるものを学ぶ。たとえば，（以下の言葉は無意味つづりと思ってもらってもよろしいが）「RNA」「ステロイド」「線維化」といった具合。それから，それらの基幹に含まれる知識は互いの関係を考えて構造化する。「メッセンジャー RNA」「トランスファー RNA」「マイクロ RNA」といった具合です。そうして，1回でアタマに入れようとせずに，ともかく何回も同じことを勉強します。

もう1つ，認知心理学のスタートラインを切ったジョージ・A・ミラーが発見，というか主張したことですが，私らが一度にアタマに入れることのできる項目数は「7プラスマイナス2」すなわち5個から9個です。これが，単語のことなのか，概念のことなのか，単語や概念のまとまりのことなのか，そこらへんが融通無碍なのですが，身近な例がたくさんあります。虹の七色，西洋音楽の音階が7音，世界の七不思議，曜日が7つ……。だから覚えたことが「7から9を超えた」と思ったらそこでその日の勉強をストップするのが得策です。

ともかく私らは認知心理学を知っているのだから，それを活用しない手はありません。

健康診断結果を読めるようになろう

さてそこで，生理学や医学の専門ではない「一般人」たる私らが

勉強のコツをつかんだところで，どの程度の見識をもっていればよいのでしょうか？

これはとても難しいです。情報が少ないから難しいのではなく，多すぎるから難しいのです。お医者さんの書いた本も千差万別，テレビのコメントもあれこれ，情報の海をどのように泳いだらよいのでしょうか？

医学も1つの集合知です。傑出した研究者やお医者さんがいても（ノーベル賞を取ったりするとすごいことになりますが），単独で医学知識を構築することはできません。見識をもった専門家が多く集まって，意見を闘わせて，ようやく現場に適用できる「知」になります。そのことから考えると，堅実な知識を勉強するには1人の著者により書かれたものよりは，学会，あるいは研究所や公的な活動で知られている団体などが総力をあげて編纂したもののほうがお勧めです。それでもなおかつ，単一の情報源ではなく同じことについて2カ所以上からの情報を得たほうがよいでしょう。1人で勝手なことを書いている本でこんなことをいうのはおかしいですが，私はそう思います。

そのうえで，私たちに体についてどの程度の知識があったらよいと考えるかといえば，健康診断で受け取った結果の意味がわかる程度，というのが1つの目安になるのではないでしょうか？

私も勤めていたころは毎年健診がありました。今は住んでいる市から「健康診断を受けましょう」という案内が来ます。

尿検査や血液検査の結果が返ってきたとき，たいていの人は正常範囲を超えるマーク（米印など）がないかどうかだけ気にするものですが，ちょっと意味を考えるとこれらの数値は体について大事なことを語っています。

年に1度の健診だけではなく，なにかの病気で通院，薬を服用している人には，定期的な血液検査が行われ，こういう結果をもら

図 11-1 臨床検査値

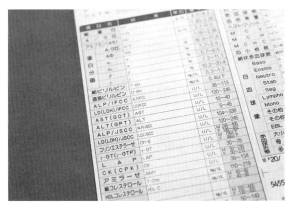

写真：Hirotama/ PIXTA

うはずです（図 11-1）。これを「無駄な検査をしている」と思っては
いけません。薬物というものは必ず肝臓と腎臓に余計な負担をか
けます。

　全部説明している余裕がないので一部だけ紹介すると，たとえば
検査結果の「肝機能」のところには「AST」「ALT」という項目が
あります。AST は「アスパラギン酸アミノトランスフェラーゼ」
という酵素のこと，ALT は「アラニンアミノトランスフェラーゼ」
という酵素のことです。肝臓の機能に問題があって肝臓の細胞が壊
れると血液のなかに出てくるので，検査値が高くなります。疾病と
検査値の関係，検査値の統計的な分布から考えた正常値範囲の設定，
正常値からの逸脱が意味するもの，といったテーマの研究は途切れ
ることなく続いています（岡上・水野，2015）。

3 知識の広がり

　ここから知識を広げます。

　いったい肝臓とは何をする臓器なのでしょうか？

　肝臓は大きな化学工場のようなもので，「合成と貯蔵」「分解と解毒」「胆汁の合成と分泌」という3つの役割を果たしているといわれています。

　たとえばデンプンは唾液の酵素（アミラーゼ）によってブドウ糖に分解されることはご存じと思いますが，肝臓はブドウ糖からグリコーゲンを合成して備蓄します。あるいは，タンパク質がアミノ酸に分解されることもご存じと思いますが，アミノ酸をつなげて体に必要なタンパク質を合成するのも肝臓の仕事です。

　一方，分解のほうはというとお酒のアルコールは肝臓で二段構えの処理をされ，最初にアセトアルデヒドになり，さらに酢酸になって，最後は水と二酸化炭素になります。一滴でもお酒を飲むと真っ赤になる人がいますが，これは肝臓の分解酵素の遺伝子多型によります。分解酵素の活性が高い人の頻度と飲酒量の関係を見てみると，このようにかなり相関関係があるようです（図11-2；原田, 2001）。飲み薬（内服薬）も肝臓の酵素でかなり壊されてしまいます。これにはアルコールの分解とは違う酵素が働いています。ある種の薬を飲んでいる人は，「グレープフルーツジュースを飲んではいけない」といわれることがあると思います。グレープフルーツにはちょっと苦味がありますが，あの苦味を演出している化学物質が薬物を分解する酵素と競合するからです。

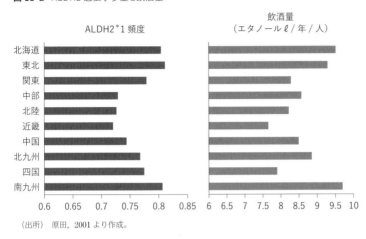

図 11-2　ALDH2 遺伝子多型と飲酒量

ALDH2*1 頻度

飲酒量
（エタノール ℓ / 年 / 人）

北海道
東北
関東
中部
北陸
近畿
中国
北九州
四国
南九州

0.6　0.65　0.7　0.75　0.8　0.85

6　6.5　7　7.5　8　8.5　9　9.5　10

（出所）　原田，2001 より作成。

⟩　肝臓を起点に広がる世界

　それでは，肝臓の病気にはどのようなものがあるのでしょうか？

　主なものには脂肪肝，肝炎，肝臓がんなどがあります。肝臓の大きな役割の 1 つが貯蔵ですから，体内で消費できなかった余剰の中性脂肪は肝臓に蓄えられてしまいます。これはメタボリックシンドロームの一種と考えられるので，肝臓について勉強すると「メタボリックシンドロームとは何か？」も勉強できます。

　脂肪肝をそのままにしておくと肝炎に進む場合があります。肝炎の主な原因はウイルスで，私も B 型肝炎ワクチンの接種を受けました。肝炎とは何かを知るには「炎症とは何か？」を勉強する必要があります。炎症はもともと外敵から体を守るための反応なのですが，これには免疫に関わるさまざまな細胞が関与しています。この過程で損傷を受けた細胞が回復を試みて増殖します。その度合いが過ぎると「線維化」という現象が起こり，肝硬変につながることがあります。一方で，肝臓に限らず，細胞が増殖するときには必ず

「コピーミス」が起こり，このミスが細胞の「がん化」の原因になります。

このように，なにか1つのことをとっかかりにすれば，芋づる式にいくらでも知識が増えます。それが体の勉強の面白いところです。

....

➡ なにか身近な病気を1つ調べてみてください。私自身の抱えているものというと，高血圧があります。歯周病もあります。アトピー性皮膚炎もあります。耳鳴りがします。肩が凝ります。細かく分け入る調べ方をすると，細胞とは何か，タンパク質とは何か。遺伝子とは何かがわかります。大きく調べる方向ではメタボリックシンドローム，加齢，フレイルなど社会的な背景まで含んだ勉強ができます。

....

▷ 日本の医行為の歴史

ついでにいうと，健康診断というものがどんなふうに始まったかを調べるのも面白いです。世相を反映していることがわかります。

明治維新の頃にコレラが流行したことはご存じですね。外国との交流が始まると伝染病も流行するものです。外国医薬品の輸入も盛んになります。そこで明治政府は「衛生行政」を推し進めるのです。検疫や薬品検査などの仕事に就いていた人々が1893年（明治26年），「警察部衛生課」にまとめられます。なんと臨床検査のスタートは警察だったのです。

時代が進んで大正になると，「検査は医行為なのか？」という問題が提起されます。医師でない人が採血や検査を行ってよいのかという問題です。1923年（大正12年，関東大震災の年です）の通達では，検査は医行為ではないから医師でない人がやってもよいが，採血は医行為なので医師でなければダメ，という考え方でした。

その頃の血液検査の主な目的は細菌検査でした。太平洋戦争以前は，梅毒，細菌，病理など各診療科が目的に応じた検査をやってい

ました。ただし軍隊のなかには今日の検査技師と同じような仕事をする「衛生兵」がいました。やがて戦争終結，その後しばらくは食糧事情も悪く，赤痢や腸チフスなどが流行します。そこで連合国軍最高司令部（GHQ）が 1950 年（昭和 25 年）「国立東京第一病院」（現在の国立国際医療研究センター）を実験病院として臨床検査の中央化を指示しました。これが今日までの歩みの始まりです（田畑，1995）。

4 医療と心理の関わりを考える

　私の仕事は医薬品の開発支援です。これから新しい薬になるかも知れない化学物質の安全性や効果を細胞や動物を使った実験で調べています。私はいちおう中枢神経系の担当ということになっていますが，小さな組織なので「手伝う」というレベルでいえば関節炎もやりますし，喘息もやる，虚血性心疾患や肝炎もやります。それぞれの専門家の仕事を邪魔しないようにしながら，何をどういう考えで実験しているのか理解できるように勉強します。勉強してはじめて「ここをこんなふうに手伝えばよいのだ」ということがわかってきます。

　薬理の世界では，疾病の原因になる分子メカニズムをさぐり，その分子のはたらきを抑える分子を探したり，また，体が自分を守ろうとして作り出し，はたらかせる分子を探し，そのはたらきを助ける分子を探したりします。パウル・エーリッヒ（1854～1915）という偉大な生化学者が唱えた「結合なくして効果なし」（Corpora non agunst nisi fixata）という格言は今でも有効です。

　けれども，現実の医療行為は通院であれ入院であれ，社会的な人間関係のなかで営まれるものです。アリストテレスが唱えた「全体

は部分の総和以上のものである」という格言は今日でも生きています。

　そう考えると、医療チームの一員として働く公認心理師のみならず、私たち心理に関わる者皆がより良い医療システムの実現に力を尽くす必要があるでしょう。そこには本章の冒頭に述べたのとはまた別の意味で「心と体の関係」を考える題材があります。

▷　医療における「心」のケア

　私はこれまでに何度か入院したことがあります。幸いにも命に関わるような病気やケガではなかったのですが、中学生の頃からつい最近まで、何度か病院での生活を経験しました。そのたびに、医療が高度にシステム化されていくのを感じます。検査、手術、薬剤の管理、食事の提供、症状と一般状態のチェック、こうしたことが流れ作業のように分業化され、淡々と進んでいきます。それは大事なことだし、整備されたシステムのおかげで私の回復は着実に促進されているのですが、なにかもう1つ、医療の場における「患者」という登場人物として、「自分らしさ」を取り戻す機会があったら嬉しいなあ、という気もするのです。

　このことは当然、医療の側でも工夫していて、主に長期加療中の人を対象に、患者の心に焦点を当て、当事者として医療に参加する動機を高め、医療における生活の質を向上させるさまざまな工夫が行われています。

　「現在では」と書きましたが、その工夫のなかには歴史的に古いものもあります。それは主にヨーロッパで進んだ話ですが、動物を治療に介在させる方法で、代表的な動物はイヌです（大森・長谷川, 2009）。イヌは最も古い家畜であり、人類と共生することによって遺伝的にも変化してきました。イヌを飼っている方なら、ご自分が活動的になり、ストレスの解消にも役立つことを自覚されているで

表 11-4　イヌによるアニマルセラピーの効果

	A 氏		B 氏		C 氏	
性別	男性		男性		男性	
年齢	70 歳代		70 歳代		70 歳代	
	前	後	前	後	前	後
アニマルセラピー前後の言動の変化	脳転移による右半身麻痺，言語障害，意思疎通困難，眉間にしわを寄せ，笑顔を見せない。	ベッドでデイルームでの参加。イヌを見た途端，初めて笑顔を見せる。言葉にはならないが声を出そうとする。麻痺した上肢でイヌをなでようとする動作あり。	四肢の痺れ，胸痛あり。「休まれん。しんどいもうい，憂鬱，放っといて」との発言。うつ状態と考えられ，看護師の介入も拒み，笑顔も見られず。	病室で参加。イヌの訪問にそなえ意欲的に服薬され，「イヌが好き，癒やされる」と，話しかけ，イヌをなで，介入を拒んでいた看護師と話すなど行動の変容あり。	右大腿骨骨折により牽引を行い突然のベッド上安静を強いられ，不安と不眠が生じていた。	病室とデイルームで参加。イヌをなでて「また来てね」「イヌはかわいいね，よかった。また会いたいね」と発言あり。訪問時の写真を見て笑顔で話し，不眠が改善した。
カテゴリー	【苦痛からの解放】【癒しの時間】		【癒しの時間】【過去の回想】【喜びの表出】【幸福の求め】		【過去の回想】【希望】	

（出所）　白木ほか，2016 より作成。

しょう。

　イヌを医療現場に介在させる活動は「動物介在療法」（animal assisted therapy：AAT）と呼ばれ，緩和医療ケア，高齢者のケア，難治性疾患の小児のケアなどに効果があったという報告があります（Bert et al., 2016）。ほかにも，イヌが高齢がん患者の症状緩和，ポジティブな感情の喚起に役立ったという事例もあります（表 11-4；白木ほか，2016）。

　ただし，慎重な配慮も必要です。重症のアトピー性皮膚炎の方は，イヌやネコの体毛に含まれるタンパク質を抗原と認識してしまいま

図 11-3 クリニクラウン

写真：認定 NPO 法人 日本クリニクラウン協会

す。実は私自身がそうなので，残念ながら私には哺乳類の関わる
AAT は無理です。さらに，動物側への配慮も必要です。「人と動物
の関係に関する国際組織」(International Association of Human-Ani-
mal Interaction Organizations：IAHAIO) という組織があり，人間と
動物に共通する感染症を防ぐことをはじめ，動物を介在させるさま
ざまな現場で動物が健康で快適に過ごすための配慮などを定めたガ
イドラインを出しています (IAHAIO, 2018)。

　患者の心に焦点を当て，医療における生活の質を向上させる試み
は動物の介在ばかりではありません。これは主に入院中の小児を対
象にしていますが，病棟を訪問して楽しい遊びやコミュニケーショ
ンの機会をつくる「クリニクラウン」(臨床道化師) という専門家も
います (図 11-3)。病棟のスタッフと綿密な協議を重ねて，どんな
行事にするかを工夫しますが，子どもたちのメンタルヘルスには明
らかにポジティブな効果があるようです (川根ほか, 2012)。

　病院のなかにさまざまな美術作品を展示する「ホスピタルアー
ト」という試みもあります。これは単なる「飾り」ではなく，患者

図11-4　プラセボが効果を発揮する背景

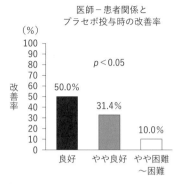

医師－患者関係と
プラセボ投与時の改善率

(%)
100
90
80
70
60
50
40
30
20
10
0

改善率

$p < 0.05$

50.0%（良好）
31.4%（やや良好）
10.0%（やや困難〜困難）

良好　やや良好　やや困難〜困難

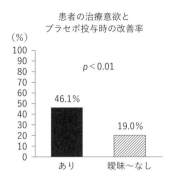

患者の治療意欲と
プラセボ投与時の改善率

(%)
100
90
80
70
60
50
40
30
20
10
0

$p < 0.01$

46.1%（あり）
19.0%（曖昧〜なし）

あり　曖昧〜なし

（出所）　中野ほか，1999 より作成。

の緊張がほぐれる，患者と職員と地域の連携の橋渡しになる，病院経営の付加価値にもなる，といった効果が現れているそうです（中川，2021）。

▷　**プラセボの可能性**

　これまでの効果は薬理の目から見ればプラセボ効果です。実際に薬効のある医薬品ではなくても，「これは効く」と思えば効く，しかしそれは「ダマしのテクニック」ではありません。医療の効果は分子レベルで，あるいは生理学的に効果が実証できたもの，プラスなにかです。この「プラスなにか」のところを心理学はもっと研究する必要があるのではないでしょうか。

　たとえば，図11-4を見てください。これは対象患者が心身症で，実薬は抗不安薬という制約はありますが，「プラセボが効く」条件は，まず治療者（お医者さん）と患者の関係がよいこと，次に患者に「回復しよう」という意欲があることなのです（中野ほか，1999）。

　もちろん，こうした研究は慎重に進めないと，疑似科学に接近し

てしまうという問題があります。そのことをわきまえたうえで，この章の最後に私自身の経験をお話ししましょう。

　私は中学1年生のときに右ひじを複雑骨折して，かかりつけの外科医に手術してもらいました。そのお医者さんは私が幼い頃から，それこそ注射器を見ただけでビービー泣きわめいていた頃から私をよく知っている方でした。手術はけっこう難航したらしく，なかなか終わりません。医師は「お前の骨は硬いのう」「なんとも硬い」「よくこんなに硬くなるまで育った」「わしはちょっと一休みして隣町から応援を呼んでくるけえ，しばらく待っちょれ」と私を残してどこかへ行ってしまいました。私は「とんでもねえ医者だ」と思う一方で，このお医者さんがなんだかこんなに硬い骨をもつまでに成長した私のことを喜んでいるようにも思えて，覆布をかけられた手術台の上で少し楽しい気持ちになったものです。

・・
　⮕ 皆さんにも医療者との関係で「これはよかった」という経験がきっとなにか1つはあるでしょう。それはどんなことでしょう？　その経験から「プラスなにか」についてどんなことを思いますか？
・・

第**12**章

脳と神経

「わたし」はニューロンの集積か？

Quiz クイズ

Q 日常生活において、私たちは脳のどれくらいの割合が活動しているだろうか？
a. 10%
b. 50%
c. 80%
d. 100%

Chapter structure 本章の構成

- 脳と心——私たちはなぜ脳の話に興味をもつのか？ 心のはたらきは脳のメカニズムで説明できるのだろうか？
- 「脳科学」が人気を集めるにつれて，残念ながら，まゆつばものの話もたくさん出てきた。専門家ではない私たちにも「脳神経科学リテラシー」が求められる。
- 脳の基本的な構造を理解する——脳の構造には動物の進化の歴史が刻まれている。
- 神経系のミクロなはたらきを理解する——神経細胞は化学物質でコミュニケーションをしている。
- 脳の勉強は「私とは何か」を考えさせてくれる——私たちの心理や行動が詳細な神経科学で説明でき，予測できたら，私たちの自由はどこにあるのだろうか？ はたして脳は私たちの行動を中央集権的にコントロールしているのだろうか？

1 脳について知ることの意味

▷　**謎の死をとげた脳研究パイオニア**

1886 年 6 月 13 日，日曜日，中世の騎士にあこがれ，音楽家のリヒャルト・ワグナー（1813〜1883）を厚遇して，国費を傾けてバイロイト祝祭歌劇場を建造したバイエルンの国王ルードヴィヒ 2 世（図 12-1）はシュタルンベルク湖に謎の入水をし，41 歳の生涯を閉じました。

このとき国王の侍医であったベルンハルト・フォン・グッデン（1824〜1886）も，おそらく国王の入水を止めようとして，ともに落命しました。グッデンは解剖学，精神医学で高名な研究者で，チ

図 12-1　ルードヴィヒ 2 世

（出所）　Wikimedia Commons（Ferdinand von Piloty, Munich, 1865; CC BY-SA 4.0）

ューリヒ大学やミュンヘン大学で教え，高弟には精神科のエミール・クレペリン（1856～1926）や神経細胞の染色法を開発したフランツ・ニッスル（1860～1919）らがいます。グッデンの最も顕著な功績は，脳の薄切切片を作製する方法を確立したことです。

　脳は大きな臓器で複雑な構造をしています。塊のままでは研究の手がつけられません。そこで「ミクロトーム」という精巧なカンナのような道具を使って薄い「スライス」にします。そうするとこんなふうに，どこに何があるかが見えます（図 12-2）。

　どこに何があるのかが見えるということは，そこに見える脳の個々の「パーツ」が何をやっているのかという疑問につながります。脳はおおざっぱに全体として働いているというよりも，個々のパーツにそれなりの機能がある，こういう考えを「機能の局在論」といいます。

図 12-2 脳の断面イメージ

画像：LAIMAN Stockweb

脳波測定の始まり

　時代は下って 1924 年，ドイツの神経科学者，精神科医であった
ハンス・ベルガー（1873～1941）は，人間の頭部皮下から電気的な
活動を記録することに成功しました。このときは銀の細いワイヤー
を頭皮の下に入れたようです。その記録には高性能の検流計が必要
でした。これが世界で初めて公開されたヒトの脳波です（図 12-3）。

　ベルガーはもともと天文学を学びましたが，医学に専攻を変えま
した。それはテレパシーの研究がやりたかったからのようです。そ
の後のドイツはご承知のようにナチズムに席巻されます。ベルガー
がナチスに対してどのような態度を取っていたのかについては諸説
があり，必ずしも明らかではありませんが，脳波とテレパシーの研
究が思うように進められないことには苦しんでいたようです。ベル
ガーは軍靴の響きのなかで自ら命を絶ちました（宮内，2016）。

　脳波というものは，脳のどこに何が起こって生じているとも特定
しにくく，脳の比較的表面の全般的な活動を反映するものです。脳
が全体として働いているという考えを「機能の全体論」といいます。

ミクロでみるかマクロでみるか

　局在論と全体論は長いあいだ議論を闘わせてきましたが，いま私

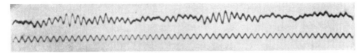

図 12-3 ベルガーが記録した脳波

（出所） Wikimedia Commons（Berger, 1929; public domain）

たちは折衷的な立場を取っています。つまり，ある程度の機能局在を想定しないと脳の研究は進みません。けれども「パーツ」が単品として働いているはずはなく，そのはたらきは全体があっての局在です。また，局在があっての全体です。前章で医療行為について述べたのと同様に，そこには「全体は部分の総和以上のものである」というアリストテレス以来の格言が今でも生きています。具体的にいうと，個々のパーツ間のコネクションを扱う研究や，脳波を見ながらもその発生源はどこかを推定する研究が増えています。

⏩ 局在か，全体か，という問題は脳の話を離れても大切な論点だと思いませんか？

　お尋ねした意味がわかりにくかったかも知れませんが，たとえば「記憶の研究」をするとします。記憶とは何かの全体像をある程度は特定しないと，その研究は進まないでしょう。けれども記憶は思考があっての記憶かも知れず，言語表現があっての記憶，感情があっての記憶とも思えます。もしかしたら私たちの住む社会もそうかもしれません。たとえば会社。そこには総務部があって営業部があって生産拠点があり，それぞれの機能は局在しています。しかし全体としての生産性とか健全性とかも問題になるでしょう。

さて，心理学の科目のなかで生理心理学，とくに脳の話はけっこう人気があります。

もちろん，生理心理学がすなわち脳の学問というわけではありません。生理心理学は心と体の関係を総合的に扱います。生理心理学に関連する領域にはいろいろな名称があります。精神生理学，神経心理学，神経生理学，神経科学，脳科学など，それぞれに歴史があり，それなりの特徴を表す言葉なのですが，今はその差異に深入りはしません。この章では脳の話をメインにします。

さて，心理学が科学だとすると，現象の背景に何があるのか？「脳でこんなことが起こっています」という説明は科学らしいし，現象の決定要因を説明しているようにもみえます。19世紀的な意味で，ですが……。

たとえば，ウィリアム・ジェームズは「意識の状態の直接の条件は，大脳両半球におけるなんらかの活動である」といっています（ジェームズ，1992）。

それ以来，たしかに19世紀的な決定要因の検討は進みましたが，それには単純でノイズの少ない「現場」が必要でした。たとえばアメフラシです。アメフラシには全身の神経細胞が2万個しかなく，そのすべての配線がわかっています（図12-4；カンデル，1981）。アメリカの著名な神経科学者エリック・カンデルは，アメフラシの「えら引っ込め反射」の研究でノーベル賞に輝きました。私が1994年にワシントンD. C. の国際神経精神薬理学会議で講演を聴いたときには「自分の目標は臨床心理学に神経基盤を与えること」と言っていましたが，果たしてそれに成功したかどうか……。

あるいはマウスです。マウスは単純な動物ではありませんが，ミューテーション（変異）を起こしやすいので，遺伝子操作に適していました。ノーベル賞に輝いた利根川進のラボによる，たった1

図 12-4 アメフラシの神経回路

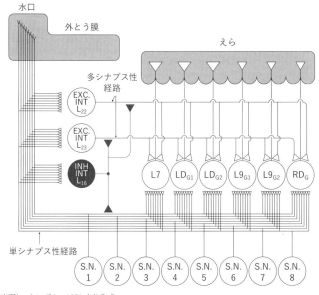

（出所） カンデル，1981 より作成。

個の遺伝子を改変して行動の変化を調べた研究を皮切りに（Silva et al., 1992），このごろでは特定の波長の光に反応する遺伝子を組み込んだマウスの脳に光ファイバーを埋め込み，光のオンオフで神経活動を操作して行動の変化をみる研究（田中，2018）などが行われています。

　もっと最近では「脳オルガノイド」というものが注目されています。これは「人工的な小さな脳」と思ってもよいもので，作るのは（理論上は）わりと簡単です。まず人間の爪とか皮膚とか一部をいただいて，そこから iPS 細胞を作ります。iPS 細胞はどんな細胞にでも変身できるので，神経細胞になるように誘導します。その神経細胞を育てると塊ができます（図 12-5；Shou et al., 2020）。この神経細

第 1 節　脳について知ることの意味　**213**

図 12-5 脳オルガノイド

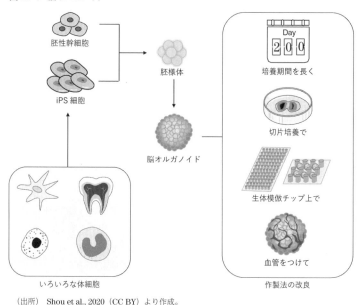

胚性幹細胞

iPS 細胞

胚様体

脳オルガノイド

いろいろな体細胞

Day
200
培養期間を長く

切片培養で

生体模倣チップ上で

血管をつけて

作製法の改良

（出所）Shou et al., 2020（CC BY）より作成。

胞の塊に人間の胎児脳が育つときに必要な栄養因子とか，「足場材料」とかいうものを加えてあげると，「ミニ脳」になってくるはずです。最近，「目（眼胞）が発生した」という報告も出ました（Gabriel et al., 2021）。脳オルガノイドの発展はこれからですが，研究目的に合わせたものを作ることができる，という点ではノイズの少ない系として期待できます。

　研究者はノイズの少ない系を欲しがります。これは研究の焦点をはっきりさせるためです。けれども，それでは「全体」を説明できないことも確かです。したがって「全体をシステムとして見る視点」といいますか，19 世紀的な決定要因論を離れた立場も必要なわけで，両者をうまく調和させることがこれからの課題です。

214　第 12 章　脳と神経

▷ 実務上は脳はブラックボックスでもよい

こうした進展がある一方で，心理現象の説明に脳の話をもってくるのは，単に話を別の次元にそらしただけ，という批判もあります。

たとえば，「うつ状態になるのは脳のセロトニンがうまく働いていないから」という説明があったとします。なんとなくわかったような気になるかも知れませんが，これは説明としては落第です。なぜなら，脳のセロトニンがうまく働かなくなった理由を説明していないから。

このことは，私が薬の仕事に関わるようになった 1980 年代初頭によく問題にされていたことです。その頃は，中枢神経系に作用する薬の分子が結合する脳内タンパク質の研究が盛んで，次々に新しい論文が出ていました。けれども，そういう研究が「つついて」いるのは分子と生体の相互作用のごく一部です。「調べていないこと」がたくさんあります。ですから，私のような初学者が薬の作用メカニズムについて流行に乗っかった説明をしようとすると，ベテランの先生方から「見てきたようなことを言うものじゃないよ」とよくたしなめられたものです。私としては，作用メカニズムの話が 19 世紀的な決定要因を語っているように思ったものです。しかし先生から見たら，それは生体という複雑なシステムのごく一部に過ぎず，ましてや臨床効果の裏づけとなると，ほとんどが仮説の域を出ていない，だから間違ってはいないかも知れないが，全部ではない，こういうわけです。臨床的な効果を考えた場合は，行動主義の心理学がそうしてきたように，生体内は「ブラックボックス」としておき，どのような投薬（S：刺激）でどのような反応が起きたか（R：反応）を網羅的に解析するほうがまだしも健全なのでした。

▷ 脳科学と向き合うリテラシー

このような，「ブラックボックスのほうがまだしも健全」という

考えも，いわゆる脳科学が進展するにつれてだんだん変わってきました。1990年代，アメリカのブッシュ大統領（子のほう）は，「これからの10年間を『脳の10年』とする」と宣言し，大きな研究予算を配分しました。その当時日本には脳を総合的に研究する機関がありませんでした。脳の研究を行う施設は大学では医学部の生理学教室や精神医学教室，理学部の動物学教室，文学部の心理学教室などに分散していました。そこで1997年，理化学研究所に「脳科学総合研究センター」が設立されました。さてそうなると，脳の話が一躍ブームになります。

　ここに「あだ花」というべき花が咲きました。つまり，まだ学問的にしっかり実証されていない言説が一般向けの著書やテレビなどのメディアで喧伝される現象が起きたのです。そういう「あだ花」はいつしか「脳の神話」と呼ばれるようになりました。いろいろな神話があります。「私たちは普段脳の10％しか使っていない」というのもその1つ。これは「使う」の意味をどう解釈するかにもよるのですが，酸素を消費して神経活動を行っている，という意味だとすれば，「100％使っている」というのが正しいでしょう。なぜこんな「あだ花」が咲くのかも研究されています（Grospietsch & Mayer, 2019）。

　ある主張が信じるに足るものなのかそうでないのかを見極める力を「リテラシー」といいます。リテラシーを育てることは教育の重要な課題です。「脳科学のリテラシーを育てよう」という主張は多くの専門家が発信しています。けれども，心理学を学ぶ側としては，その主張に同意して終わりでは足りません。いったいなぜ神話が出てくるのか，その心理的な背景を考えるべきです。なんらかの願望か，欲求不満か，偏見か……。神話の温床は人の心理です。この考察は認知心理学的にも大きな課題です（眞嶋, 2012）。

➡ 心のはたらきは脳のメカニズムで説明できるのでしょうか？

　心理の専門家として仕事をするには脳の知識もある程度は必要だから，という現実問題はさておいて，この大きな問題は今のうちに考えていただきたいと思います。実はこれは私たちが大学3年生だったときの「生理心理学」のレポートの課題です。一部は可能かも知れないが一部はそうではないかも知れない。その切り分けはどこにあるでしょうか？　あるいはここでいう「説明」とは何か？何が明らかになったときに「説明できた」といえるのか？　そもそも何のために「説明」が必要なのか？　いろいろ議論は尽きないはずです。

　学問の発展の歴史をみると，研究者が何を考えてきたかがわかります。「何を考えてきたか？」これはまさに心理学の研究テーマでしょう。歴史を歴史として暗記するのではなく，その背後に流れている認知の流れというか，研究の動機の移り変わりというか，それを考えたら面白いと思います。脳や神経の学問も例外ではありません。難しい解剖学の言葉や聞きなれない化学物質の言葉にまどわされず，歴史的な展開をたどっていくと案外すんなりとアタマに入るものです。

2　脳の基本

▷　脳を大きく5つに分ける

　今から4億年前の海に住んでいた「ユーステノプテロン」という魚類の化石から頭蓋骨の部分を取り出して連続切片のように扱って構造を調べてみると，今の魚類の脳とほとんど変わっていないそ

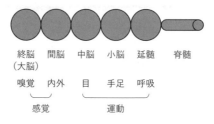

図 12-6 脳の基本

終脳　間脳　中脳　小脳　延髄　　脊髄
（大脳）

嗅覚　内外　　目　手足　呼吸

感覚　　　　　運動

うです。

　ネズミや人間のように背骨のなかに 1 本「脊髄」が通っている動物を「脊椎動物」といいます。ところで脊椎動物の行動の基本は何でしょうか？　藤田哲也は自身の著書のなかで，それは体の左右を交互に収縮させて前に進むことだ，と書いています（藤田，1997）。

　考えてみれば，魚類はこのようにくねくね，ひらひらと体を動かして前進します。イヌが歩くのもよく見てみると左右を交互に縮めています。人間は立って歩くから違うだろうと思いますが，赤ちゃんがハイハイしているところを見るとネズミが歩くのとそっくりです。

　こうやって私たちはとにかく前に進みます。そうすると餌にありつけたり，危険なものに出くわしたりします。食べ物には接近し，危険からは逃げます。これが私たちのやっていることです。

　それを上手に実行するための神経細胞の塊が脳の原型です。

　非常に大まかに言ってしまうと，その塊はもともと 5 個でした（図 12-6）。この図にはいちおう，団子のような塊が今日の言葉でいうと何に当たるかを書き入れていますが，今はその名前を覚えるのが目的ではありません。ただし，これらの名前は後でも使いますので，この図と次の図 12-7 を見返しながら，以降の話を追っていただきたいものです。

さて，しっぽ側の３つは主に体を動かす指令を出しています。脊髄側から順番に見ると，延髄がつかさどるのは生命維持に必須の運動，呼吸や心臓の拍動です。延髄のあるところは首の後ろ，うなじの真ん中で，昔から「盆の窪」と呼ばれる急所でした。小脳には手足の動きを整える働きがあります。魚類はどうなのか？　と言われるかも知れませんが，なんらかの形で泳ぐ行動に関わっているようです。しかし詳しいことはわかっていません。その次が中脳です。中脳には「目」と書きました。「目がなんで真ん中？」と思われるかも知れませんが，私らの先祖はもともと四足だったと考えると，肉食動物以外の動物の目は真正面にはありません。「中脳」は視野の一部に光が現れたときに，そちらに体を向ける「反射」に関係しています。

　前の２つは主に感覚を集めています。

　前進しているときに，遠くのほうにあるものの存在をどうやって知るかというと，まずは匂いです。視覚ではありません。ですから嗅覚をつかさどる神経の塊が一番前方にあります。これを「終わり」（終脳）というのは，動物の神経系が形作られるときに，いちばん最後に出来上がるからです。大脳と同じです。しかし，いくらおいしそうなものの匂いがしても，お腹が一杯ならそれをスルーします。そういうふうに，体のなかの状態も一種の感覚として機能しています。それをつかさどるのが間脳です。

　結局，言葉としては「大」「中」「小」があり，その「間」とか，脊髄が「延びた」とかがあるわけで，わかりやすいネーミングです。これらの５つの神経細胞の塊は，今でも私たちの脳のなかにあって，こんなふうに折りたたまれています（図12-7）。

　基本の５つの塊の上にまず覆いかぶさったのが記憶と感情のシステム，大脳辺縁系と呼ばれる部分です。これがあることによって「過去に似たような経験をしたときに近づいたら（逃げたら）よいこ

図 12–7　人間の脳

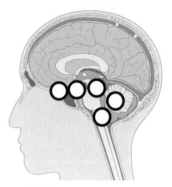

画像：LAIMAN Stockweb に一部加筆。

とがあった」というような情報が蓄えられて，それを必要に応じて読み出すことができます。

　さらにその上にかぶさったシステムは大脳のなかでも「新皮質」と呼ばれる部位で，どんな仕事をしているのかを簡単にまとめるなら，「いろいろな行動の選択肢のなかからどれかを選ぶシステム」と呼んでいいでしょう。これは言うのは簡単ですが，やるのは実に大変です。結局は損得を計算している，ともいえます。しかしその損得のなかには「自分は死ぬかも知れないが，仲間が助かるだろう」というような計算まで含まれますから，かなり複雑といえるでしょう。

　➡ あと 600 万年ぐらい経ったら，人類の脳はどんなふうになっているでしょう？　600 万年というのは，いちおう，私たちの祖先がチンパンジーやボノボの祖先から分かれたのがそのくらいかな，と思っていいました。

図 12-8 神経細胞

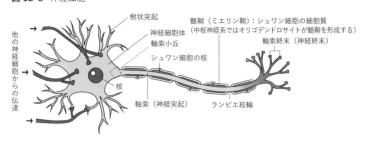

図中ラベル：樹状突起／神経細胞体／軸索小丘／シュワン細胞の核／核／軸索（神経突起）／ランビエ絞輪／髄鞘（ミエリン鞘）：シュワン細胞の細胞質（中枢神経系ではオリゴデンドロサイトが髄鞘を形成する）／軸索終末（神経終末）／他の神経細胞からの伝達

ニューロン単位ではデジタルな脳

いま大きな構造をみましたから，今度はミクロな構造をみます。

脳のなかには神経細胞と「グリア細胞」というもの，それから血管があります，これだけしかありません。

神経細胞の仕事は，電気的に興奮することと，化学物質を分泌することです。これで何を演じているかというと，情報のリレー役です。この絵（図 12-8）で見ると，左側の木の枝みたいなのが他の神経細胞から化学物質を受け取るアンテナで，右側の触手みたいなのが化学物質の分泌口です。

1個の神経細胞は興奮しているか，そうでないかの2値しか取りませんから，とてもデジタル的です。そんな簡単なことでどうやって複雑な生体機能を調節するのかというと，その数が半端ではないからです。だいたい図に示したようなぼそぼその「樹状突起」をもった神経細胞はありません。1個の神経細胞に対して入力が8000から1万あるといわれています。これを要するに，私が立つか座るかを決めるのに1万人ぐらいの意見を聞いているということです。

そういう「私」が脳全体のおよそ80%を占める大脳（先に述べた新皮質と辺縁系，それに大脳基底核という部位を合わせたもの。大脳基底

核は図 12-7 の中央部分に埋もれるようにしてあります。だから断面図には描けないのです。大脳基底核は主に運動の調節に関わっていますが，このごろではもっと高度なはたらき，たとえば意思決定などにも関わると考えられるようになってきました）にはおよそ 140 億人，小脳には 1000 億人，地球の人口の何十個分もぎゅっと詰まっているのが私たちの「アタマ」です。

　1 つの神経細胞の終末（軸索末端）と，別の細胞のアンテナ部分の間には，わずかな隙間があります。だいたい 0.00002 ミリメートルぐらいの隙間といわれていますが，これほどわずかな隙間でも，電気信号はこれを飛び越えて渡ることはできません。そこでもう 1 つの「化学物質の分泌」という仕事になります。この化学物質がリレーのバトンのようなものです。「ニューロトランスミッター」（神経伝達物質）と呼んでいます。

　こういう化学物質は，神経細胞を取り囲んでいる血管から「材料」をもらって，いろいろな酵素のはたらきで神経細胞が自前で作っています。出来上がった化学物質はゆっくりと末端に運ばれます。これは電気信号とは別で，「モータータンパク質」というものがベルトコンベヤーのように運んでいます。

　そういうわけで，神経細胞自体の性質はデジタル的でも，「お隣」への伝達を化学物質に託すとなると，そこで何が起こるかというと，化学物質の量と，アンテナの感度によって，アナログ的に信号が強くなったり弱くなったりし，それがまた時々刻々と変化したりします。

　その感度の調整に大事な役割を果たしているのがグリア細胞です。「グリア」というのは「グルー」（にかわ）から来た言葉で，グリア細胞は脳のカタチを作っている「詰め物」にすぎないと思われたから，こう呼ばれたのです。ところがなかなかどうして，神経活動の調整に重要な役割を果たしていることが明らかになり，最近はもう，

図 12-9　グリア細胞

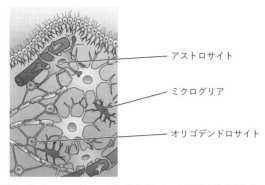

アストロサイト

ミクログリア

オリゴデンドロサイト

（出所）　Wikimedia Commons（Artwork by Holly Fischer; CC BY-3.0）より作成。

バイプレイヤーではなく主役級のプレイヤーになりつつあります。

　中枢神経系に存在する３種類のグリア細胞のうち（図 12-9），アストロサイト（星状膠細胞）は化学情報伝達の調整役です。ミクログリア（小膠細胞）はもともと免疫細胞で，ときに脳内に炎症を起こし，それがさまざまな「心の病気」に関係する可能性があるので活発な研究が行われています。オリゴデンドロサイト（希突起膠細胞）は神経細胞の発する電気信号が互いにショートしてはいけないので，神経細胞の軸の部分を包む「さや」（鞘）を作っています。

　➡️ 化学物質を使ったコミュニケーションは，動物がふつうにやっていることです。近傍の神経細胞に情報を伝えるのがニューロトランスミッター，血流に乗って体内の遠隔地の臓器まで情報を伝えるのがホルモン，体外に排出されて他個体に情報を伝えるのがフェロモンです。さてそこで，人間にフェロモンはあると考えられるでしょうか？　あるとしたらそれはどこから分泌され，どこで受容されるのでしょう。また，その機能は何でしょうか？

3 これからの課題

⟫ **あなたの行動はどこまで読めるか**

　心理学は人間の心の科学だといわれています。科学になることができたかどうかわからないのですが，少なくとも科学を目指して進んできました。

　私に大学院で数理心理学を教えてくれた先生は「心理学は科学的な人相見（占い）である」とおしゃっていました。

　私が科学的な占い師として成功したらどうなりますか？

　いま私のところにあなたの来歴をもってきてください。ご両親はどんな方で，どんなご家庭だった，幼稚園，小学校，中学校と，成績は，お友達は，好きな遊びは……こんなようなデータが全部「科学的手相見」のコンピュータのなかに入ります。そうすると「あなたの将来の職業は SE（システム・エンジニア）で，ご自分で起業はせず，大きな組織に所属してうまくやっていくタイプ。結婚はかなり遅れ，お相手は学校の先生で活発で活動的な方」とまあこのような「人相見」をするでしょう。

　街角の占いだったら笑って済ませられるでしょうが，こっちはデータとアルゴリズムを使っていますから，ただの笑い事ではありません。

　問題は，このような「科学的人相見」が進んでいった先に，あなたの自由はあるのか？　ということです（マッチングサービスがやっていることはこれに近いことですし，ウェブのパーソナライズは相当な所まで来ています）。あなたの行動はほぼ完璧に読まれています。

　そしてこの人相見の正確度は，あなたの脳内情報を読み取れば，格段に上昇すると考えられています。たとえば，脳波から運動意図

図 12-10 脳波でロボットアームを動かす実験 ───────────

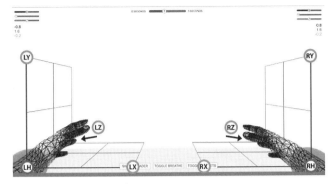

（出所）　Korik et al., 2019（CC BY）

を読み取り，「バーチャルハンド」を動かすプロジェクトは，予備段階ながらすでに成功をおさめています（図 12-10；Korik et al., 2019）。

　近代の哲学では，私たちには自由があるから，行動に対して責任があると思われてきました。しかし，神経活動の読み取り（デコーディング）とその「意味」を発見するアルゴリズム，そしてその変数を操作することによる脳内情報の書き換えと行動の変容，という一連の過程は，否が応でも可能になります。今はまだ可能なことの範囲は小さいが，「将棋ソフト」がこの 20 年で見違えるほど進歩したことを思えば，その範囲は広がっていくでしょう。

▷ 「自分」という一種の幻想

　自由とは何かを考えていくと，「わたし」とは何か，という問題に突き当たるように思われます。しばらく前まで「脳は心の司令塔」などと呼ばれ，私たちのやっていることは脳が中央集権的に制御していると思われていたものです。大まかな意味では，その地位

は今日でもゆらいではいません。けれども，脳のなかのどこかに「わたし」のセンターがあるかとなると，これはあやしくなってきました。「わたし」はいくつもの「わたしたち」のゆるやかな複合体で，今，この瞬間に，いちおう「わたしの代表役」を務めているのは，それら「わたしたち」の調整役に過ぎないのではないかと思います。

いくつかの研究の流れがその方向を示唆してきました。

たとえば，ある種の麻酔薬は比較的簡単に人格の乖離を起こし，ときにそれが臨死体験ふうになったりもします（Domino, 2010）。あるいは，てんかんの治療のために左の大脳半球と右の大脳半球をつなぐ構造（脳梁）を切断した患者（異常な脳波が波及しないためにそうします）は，右の脳と左の脳が別の人であるかのように行動します。離断脳をもっている人の左の脳は，右の脳が実行したことの本当の理由を知りません。「なんでこんなことをしたのか？」と自分でもわからなくて困るはずです。しかし，実際には困りません。なぜなら，そういう人の左の脳は，うまい具合につじつまが合うような「説明」を作り出す力があるからです（Gazzaniga, 1998）。

似たようなことは薬や患者でなくても起こり，選択盲（choice blindness）という名で呼ばれています。2枚の顔写真を見てもらって，「どちらが好きですか？」と尋ねます。その写真をいったん伏せてから渡して「なぜ好きなのですか？」と尋ねます（図12-11）。そうすると私たちはいろいろと説明します。でも，この実験にはからくりがあって，実は写真は2枚重ねになっています。いったん伏せている間にそれをそっと実験者が写真を入れ替えます。そうすると「ではもう一度」となったときに見ている写真は，実は最初に自分が「好き」と思わなかったほうなのです。それでも「好き」な理由が説明できてしまうのです（Johansson et al., 2005）。

図 12-11　選択盲

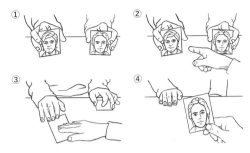

➡ 「どうしてそうしたのか？」自分でもわからないけど，上手に説明してしまった，という経験はありませんか？

この説明能力はおそらく結晶性知能で，なかなか衰えません。ある老人介護施設の話として聞いたところでは，高齢の女性がおしっこを漏らしてしまいました。職員が尋ねても「漏らしてなんかいないわよ」と言います。しかし，下着が濡れています。「どうして濡れたのかしら？」と聞くと「川に落ちたのよ」と答えたそうです。

これを「嘘をついている」と叱ってはいけません。

「それじゃあ，濡れたままだと気持ちが悪いでしょうから，乾いたのと取り替えましょうね」と言ってあげれば済むのではないでしょうか。

ここでもう 1 つオープン・クエスチョン……。

➡ 結局，幻想を共有することが「人を理解した」ことになるのではないでしょうか？

精神医学

見えない心にメスを入れる

Quiz クイズ

Q 医学部 6 年間の課程のなかで，精神医学に割かれる時間はどの
程度だろうか?
a. 50 時間以下
b. 約 100 時間
c. 約 200 時間
d. 300 時間以上

Chapter structure 本章の構成

- 精神医学と心理学——近いようで遠い。
- 心理学は「了解可能性」を広げる——幻覚の研究に例をとって考えてみる。
- 精神医学と神経科学——生物学的な精神医学は精神疾患の薬物療法という道を開いた。しかしこれには批判もある。丁寧な臨床が求められる一方で，理想的な臨床活動は現実的に難しいという限界もある。
- 精神医学と社会——精神疾患がどのように処遇されてきたかは社会のあり方と深く関わっている。精神医療の現実にも目を向けなければいけない。心理学を学んだ目で精神医療と向き合うヒントはどこにあるだろうか？

1　心の医学

▷　医学はどこまで踏み込むか

　　私たちでもみなれぬ部屋には入りにくいものであるが，こういう異様に濃厚になった感じに照らしあわせてみれば，部屋が自分に疎遠だということ，その空間に私どもが抵抗を感じ，抵抗を感じるということは取りも直さず，その居なれぬ空間に「固さ」があるからなのだと理解がつく。

　東京医科歯科大学精神医学教室初代教授，島崎敏樹の随筆の断片です（島崎，1960）。先に引用したのは島崎自身の感懐で，医師のなかでもこのように「世界」と「自分」を隔てる「隙間」に敏感な人は「心の医学」すなわち精神医学の道に進まれることが多いようです。ちなみに，島崎は島崎藤村（1872～1943）の姪孫にあたり，お兄さんも西丸四方といって高名な精神科医でした。藤村が『夜明け

前』で描いた「狂気の」国士である青山半蔵は，自身の父である島崎正樹がモデルといわれています。

> 「異様に濃厚になった感じ」とはどんな感じなのでしょう？　想像するしかありませんが，どんなことを想像しますか？

その島崎正樹が「私宅監置」すなわち一種の座敷牢で無念の最期を遂げたのが 1886 年（明治 19 年）です。この頃，それまで「癲狂院」と呼ばれていた施設が「精神病院」と呼ばれるようになりました。その年に生まれたのが高村智恵子（1886～1938）です。この方も純粋な心ゆえに今日では「病的」とされる精神状態に至りましたが，それを夫で詩人・彫刻家の光太郎（1883～1956）はこのようにうたいます（高村，1984）。

僕は自分の痛さがあなたの痛さである事を感じる

僕は自分のこころよさがあなたのこころよさである事を感じる

自分を恃むようにあなたをたのむ

自分が伸びてゆくのはあなたが育つてゆく事だとおもつてゐる

僕はいくら早足に歩いてもあなたを置き去りにする事はないと信じ安心してゐる

智恵子が亡くなった 1938 年に，日本で第一号の「前部前頭葉白質切截術」すなわちロボトミー手術が行われました。これはその当時ポルトガルの医師エガス・モニス（1874～1955）によって開発され，これといった治療法のなかったある種の精神疾患に有効だとされたのです。モニスは 1949 年のノーベル生理学・医学賞に輝いたほどでした。

けれども，私らが学生の時分に見て感動した映画『カッコーの巣の上で』（1975）に描かれたように，この手術は人を従順にするかも知れないが，それは無気力ということであり，反抗しないという

ことであり，すなわちその「人らしさ」を殺す行為なのだ，ということで今日では行われず，もはやタブーの一種になりました。ただし，前頭葉に話を限らなければ「脳切截術」は今日でも治療法として保険適用の対象です。

⏩ 「いくら早足に歩いてもあなたを置き去りにする事はない」という言葉を心理臨床的に考えると，どんな含意があると想像しますか？

⊳ **実は遠い心理学と精神医学**

「心の医学」は，どんな状態がその対象なのか？　どうしてそんな状態になるのか？　それはどこまでわかっているのか？　その状態をどのようにすることが目標なのか？　そのために何をすればよいのか？　考えていけばいくほどわからなくなります。

精神医学は心理学の「おとなり」の学問であるようにも思われ，本屋さんの「心理」のコーナーに行くと，左は「スピリチュアル」，右は「精神医学」といった情景になっていますし，心理学科を卒業したあとで医学部に入り直し，精神科のお医者さんになった人もいます。心理臨床の資格を取った方が医療の現場で仕事をされるとき，多くは精神医療の領域でしょう。

しかし，実のところ精神医学と心理学はあまり「近い関係」ではありません。心理学の歴史を考えると，19世紀後半のフランスに若干，たとえばジャン‐マルタン・シャルコー（1825～1893），テオドール・リボー（1839～1916），ピエール・ジャネ（1859～1947）といった人々が両方にまたがる仕事をしていますが，ドイツの実験心理学はもともと生理学でしたし，イギリスは進化論の影響が強く，精神分析をどっちに入れるかで悩む以外は，心理は心理，医学は医学で独立して進んできたといえます。

2　精神医学と心理学

⟶　**精神分析・条件反射・行動主義・心理検査との関わり**

　フランス精神医学会の泰斗ピエール・ピショーは，20世紀の精神医学にとって重要だった心理学説として精神分析，条件反射，行動主義，心理検査を挙げています（ピショー，1999）。

精神分析と精神医学

　精神分析は，第10章で述べたように，G. S. ホールによってアメリカに紹介されました。ホールが勃興期の精神分析学を高く評価した理由は，その当時の心理学がもっぱら意識の研究に終始していたのに対して精神分析が「意識以外の心的機能」を重視したこと，また，やはりその頃あまり重視されていなかった感情を重視したこと，および精神発達の「本源的な規定因子」の説明を試みた点にあったといわれています。

　フロイトはロマン・ロランに宛てた1936年の手紙で，

　　あなたがお気づきのように，私の学究生活の目標は，心のあり方の"普通ではない"現象に光を当て，現象の背後に働いている"心の力"の原理にさかのぼってその成り立ちを考えることでした。私はまずそれを自分自身について試し，次に他人について，そうして最終的には人類全体に当てはまる一般原理の中で検討してみようと思っています。

と書いています（Freud, 2006）。ここで「普通ではない現象」に光を当てるか，「普通の現象」に光を当てるかに，精神医学と心理学の違いが感じられます。

条件反射学と精神医学

　条件反射学について考えると，パヴロフ自身，「実験神経症」と称した現象（図13-1）に興味を惹かれて，「実験精神病理学」を目

図 13-1 実験神経症

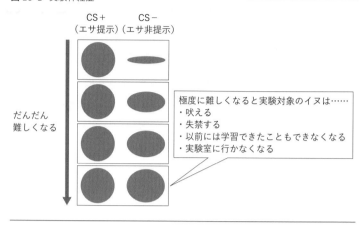

だんだん
難しくなる

CS＋
（エサ提示）

CS－
（エサ非提示）

極度に難しくなると実験対象のイヌは……
・吠える
・失禁する
・以前には学習できたこともできなくなる
・実験室に行かなくなる

指したという経緯があります。晩年は精神医学に関心が向かい、「人間の病像の解釈を提示しようとした」といわれています。

「条件反応としての精神症状」という捉え方と「興奮と制止のバランスによる反応の制御」という考え方を結びつけて精神医学に応用したのがジョセフ・ウォルプ（1915～1997）の行動療法「系統的脱感作」です。ウォルプは南アフリカの軍医で、兵士たちの心の傷の治療に取り組んでいました。その頃優勢だった治療法は「ナルコセラピー」すなわち催眠によるものや、精神分析でした。ウォルプ自身、もともとは精神分析の信奉者だったのですが、あまり効果がないことがわかって「系統的脱感作」に向かったそうです（Lazarus & Rachman, 1957）。

行動主義・心理検査と精神医学

ピショーは「行動主義はその技術的な側面で治療学に影響を及ぼし」、心理検査については「精神医学において最も迅速に効果を表した実験心理学の業績」と書いています。このように、部分的な業績が精神医学に影響を与えることはあるでしょうが、心理学者は

「診断と治療」を目的にしてはいません。

> ➡ 行動主義（ここではスキナーが代表とされています）が「技術的な側面で治療学に影響を及ぼした」という見解にはどんな意味が込められていたでしょうか？　行動療法のことでしょうか？　わざわざ「技術的」といっているからには，どこか行動主義に批判的な気持ちがピショーにはあったはずですが，それはどんなことだと思いますか？

　もちろん，その周辺を考察の対象にすることはあるでしょう。たとえば診断について考えると，これは一種のカテゴリー判断ですから，その尺度はどうやって構成されるのか，その境界線ではどんなゆらぎが起こるのかといったことを研究することが任務です。あるいは，治療の周辺について考えると，ある人の行動を特定の環境に適応するように修正する技法は何か，その効用と限界は何か，逆に，その人に「合った」環境を作ることはできないのか，といったことも考えるでしょう。

　また，「患者さん」において「障がいを起こしている」と考えられる領域，たとえば知覚（現実感の喪失や幻覚といった体験），思考（思考体験，意味づけ，思考の経路），感情，意欲，行動表出，自我意識，記憶，意識状態などについて（西丸，1974），それらの誘発要因，促進や抑制に係る要因，それらの当事者にとっての意味を，少しずつでも丁寧に検討していったらよいのではないでしょうか？

▷ 当事者目線で現象を見直す

　実際にそういう試みは行われています。

　知覚の問題の1つに「幻聴」と呼ばれる症状があります。自分に対する噂や批評，悪口や命令が聞こえてくることが多いそうですが，心理学者が抱いた疑問は，「幻聴はいったい誰の声か？」ということです。

図 13-2 幻聴が聞こえるメカニズム

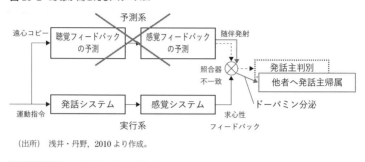

(出所) 浅井・丹野, 2010 より作成。

　さまざまな研究を統合し, さらに, この研究をした方々が実験的な確認を行ったうえの見解によれば, 幻聴は自分自身の (内なる) 声なのです (浅井・丹野, 2010)。私のことを「おまえはバカだ」と言っているのは, 実は私のなかにいる私,「こんなことをしていてはダメだ」と自分で自分を叱る自己意識です。ではなぜそれが他者の声のように聞こえるのでしょうか?

　私たちの脳には, 自分自身の行動の結果であれば, そうであることを予測して感覚を打ち消す, という神経回路があります。なにも難しい話ではありません。他人に脇腹をくすぐられたらとてもくすぐったいが, 自分でくすぐってもなんともない, あれです。ところがなんらかの原因で「患者さん」たちはこの「自分がやったことだから打ち消す」というシステムがうまく働いていない可能性があるのです (図 13-2)。そうすると, 自分の内なる声が誰か他の人の声のように聞こえてきても不思議はありません。「自分」の境界線は実は曖昧です。ラバーハンドイリュージョン (第 3 章) もその一例といえるでしょう。

　不思議がないだけではありません。この研究者たちの優れているところは, ここから一歩進んで,「健常」とされる「私たち」にも

幻聴的な体験が起こるだろうと考え，その尺度を作ったことです（杉森ほか，2009）。「幻聴なんか私にはない」と思われるかも知れませんが，さにあらず。この尺度には「テレビ CM の音楽のフレーズが，頭のなかでありありと聞こえたこと」「音楽が頭のなかで聞こえていて，自分ではなかなか消しにくかったこと」などという項目があります。こういう出来事は，私にはしょっちゅう起こります。

こうやって「あちらの人々」と「そうではない私たち」との境界が消えるのです。

その試みが行われているのは臨床研究ばかりではありません。

動物が見ている世界を科学する

「動物は幻覚を見ないから，動物実験で『精神病』の研究をするなんて，無理だ」と 20 年ぐらい前まではよくいわれていました。

ところがそうではないのです。

ヒントはパヴロフの条件づけです。

あの古典的な実験では，メトロノームのカチカチいう音と，イヌの餌である肉の粉とを対提示すると，メトロノームの音に対して唾液分泌が起こるようになりました。そこで，行動主義の時代には考えられなかったことですが，「表象」という概念をもってきます。あのカチカチいう音によって，イヌはありありと「そこに餌がある」という表象をもったのではないか……そうするとそれは，現実ではないことによって行動が制御されたことの実例になります。イヌが餌を思い浮かべたのでしょうか？　それはわかりませんが，条件刺激によって実際に脳の味覚野の神経が活動したという報告があります（Saddoris et al., 2009）。この論文の著者たちはジョンズ・ホプキンス大学の心理学者でした。

この考えを応用します。マウスに特定の匂いと甘い味の錠剤との関係を訓練します。それとは別に，この匂いを嗅がせた後に塩化リ

図13-3　表象媒介性味覚嫌悪条件づけ

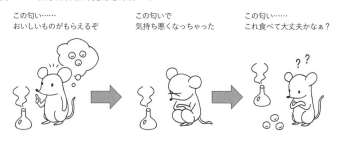

この匂い……
おいしいものがもらえるぞ

この匂いで
気持ち悪くなっちゃった

この匂い……
これ食べて大丈夫かなぁ？

チウムを注射して「体調不良」を起こします。匂いと体調不良の関連が学習されたら，その匂いを提示したときにどのぐらい甘い錠剤を消費するかを調べます（図13-3）。この実験のポイントは，甘い味と体調不良の関係は学習していない，ということです。普通のマウスは匂いと甘味の関係をしっかり訓練すると，匂いを提示しても甘い錠剤を食べます。なぜなら匂いと体調不良の間には直接の関係がないことを学習していますから。しかし，ある種の遺伝子変異をもったマウスは甘い錠剤を嫌がります。この変異マウスは「リアルな眼の前の甘味錠剤」と「匂いで誘発された甘味錠剤の《表象》」とが区別できていないのだろうと推測できるわけです（Kim & Koh, 2016）。

　こういう手続きを「表象媒介性味覚嫌悪条件づけ」といい，動物の「現実感覚」を調べるのに使われるようになりました（Fry et al., 2020）。この方法を使って日本の心理学者も精神科とタッグを組んで詳しい研究に取り組んでいます。

　　⇒ 表象媒介性味覚嫌悪条件づけは「幻覚」といえるほど真に迫っていると思いますか？　思うとしたらそれはどんな点，思わないとしたらどんな点でしょうか？

3　精神医学と神経科学

▷　「病原体」を探すことの難しさ

　精神医学は，他の医学と同様に，病原体を探してそれを消すための薬をつくる，生物学的なアプローチをしてきました。そのいくつかは成功しました。1つは神経梅毒です（柳澤・味澤，2008）。もう1つの例は，完全な成功ではないが，おそらくウイルスだろうといわれている嗜眠性脳炎（エコノモ脳炎）です（獅々見ほか，2013）。

　ところが，残念ながら，このぐらいしかわかっていないようです。「なにか悪いことをしているかも知れない化学物質」や「それを生みそうな遺伝子」の研究は進んできました。しかし単純な原因を追究する研究だけでは限界があるようです。近年の精神医学はようやく，19世紀的な単一決定要因追究の呪縛から抜けて，それ自体では微弱な効果しかもたないいくつもの要素の組み合わせでなにかが起こる，といったシステム論的なアプローチに向かいつつあります。

　そもそもなぜ生物学的な研究を進めるかというと，合理的な治療法の開発に役立つからです。

　じっさい，20世紀の精神医学を何がいちばん大きく変えたかといえば，治療薬の登場でした。

　心理学を学ぶ方々のなかには，たとえば，ジャック・ラカン（1901〜1981）の華麗な理論に魅了される方もいると思います。私自身，とても面白いと思います。しかし，ラカンが学んだ時代の精神医学はもう古いのです。

▷　「よくわからないけど効く」薬

　精神科の領域で使われるいろいろな治療薬，すなわち統合失調症

やうつ病，不安障害に使われる薬物は1950年代から導入が始まったので，たかだか70年ほどの歴史しかもちません。最初は精神科の先生もずいぶん懐疑的だったようです。

　　精神病（引用注：現在でいう統合失調症）には効かないのではないか，単なる暗示効果にすぎないのではないか，と疑っており，それまでに出現しては泡のように消えていった他の多くの「精神病に効く薬」と同じく，この新薬もまもなく精神科から影をひそめてしまうに違いない，と考えていた

そうです（小林，1985）。

　先に私が書いたように「生物学的な研究は合理的な治療法の開発に役立つ」はずだったのですが，当時の現場のお医者さんたちはなぜそう考えず，むしろ新しい治療薬に否定的だったのでしょうか？

　実は生物学的な研究と治療薬の開発の間には飛躍がありました。「心の病気」の生物学的な解明が進んだから治療薬が開発されたのではなかったのです。1950年代のことを考えると，なんで効くのかわからないがともかく「にせもの」ではない効き目の薬が登場してしまい，その作用メカニズムを調べていくうちに，「もしかしたらこれがこの病気の生物学的な背景かも知れない」と思われるようになったのです。その当時は脳の科学の夜明けともいうべき時代で，どのようにして「心の病気」に迫ればよいのか，先駆者たちも手探りの状況でした。

　ではなぜ薬を手がかりにしようと考えたかといえば，システムというものは理解するよりも操作するほうが簡単だからです。パソコンのメカニズムがわかっていなくても使えます。自動車が動く仕組みがわかっていなくても運転できます。壊すほうはもっと簡単です。「この薬がこの症状を改善させるからには，この症状が起こってくるメカニズムは，この薬が作用するメカニズムと同じか，とてもよく似ているに違いない」と考えるのも当然でしょう。こうして何種

類もの「心の病気の治療薬」が登場しました。

　しかもここには，資本主義社会の宿命ながら，製薬企業の損得という問題も絡んでいます。薬は本当に役に立つのかという疑問が出るのも当然です。

▭▷　**患者その人と向き合えているのか**

　その疑問について，というか薬物療法への批判については，私のように，治療薬の開発支援を仕事にしている人間からみても，もっともだと思うことがあります。たとえば，多くの患者さんが複数の薬を飲んでいると思いますが，そういう複合効果は基礎研究では調べていません。たぶん，臨床試験（治験）でも単剤が基本で，それまでに飲んでいた薬は，試験開始前のある程度の期間やめていただく（ウォッシュアウトする）のが基本だと思います。

　また，じっくりお医者さんに話を聞いてもらえるのは初診のときだけで，その後は「どうですか？　そうですか。それじゃあ，いつもの薬を」と，会話が数分で終わってしまう，という不満も聞きます。

　そこで心理の側からも，

　　今のわが国の実情を言えば，全国に 80 の医学部，医科大学があるが，医学部 6 年間で精神医学の専門授業にさかれる時間はせいぜい 30 時間にすぎず，しかも，そのほとんどが，生物学的精神医学や精神薬理学，精神生理学にさかれていて，「こころ」の真の治療に関わる精神療法や，患者の心理状態の心理学的基礎知識に充てられる時間は多くて数時間，ひどいところではほんの 2，3 時間がせいぜいといったところがほとんどなのである。

という声がでるのも当然です（山中，2006）。

　この現状を打破するために，公認心理師や臨床心理士が活躍するだろう，と期待できるわけですが，しかしもうちょっと考えていた

だきたいことがあります。

「心理臨床のコア」，それはすなわち，

> もっぱら，「彼らの語る言葉に耳をたて，聞き入る」という，一見パッシヴなスタンスをとるか，また，言葉のない類いの人々に対しては，しっかりと寄り添って，かれらの「生」の根源にある「尊厳」を守り，かれらの「実存」に徹底的に「こころのエネルギー」を送り続けることによって，言葉のあるなしいずれの場合も彼らの「COREに関わる」のである。

という素晴らしいことです（山中，2006）。これは心理職に関わる人すべてが目標にしなければなりません。

ですが，それはどこに行ったらやってもらえるのでしょう？　私の希望としては，勤め帰り，だから平日，そうですね，駅から歩いて5分ぐらいのところでお願いしたい，午後7時頃から待ち時間も含めて30分以内でやっていただけたら嬉しいのですが……それから，健康保険は使えますよね，2000円以内で。……戯画化して描きましたが，これが都会で働いている人々の現実です。

「心理臨床のコア」はオーダーメイドのフルコースディナーのようです。それに比べると薬はコンビニのおにぎりです。とりあえずすきっ腹をなんとかします。決して「これがすべて」ではありません。けれども，とりあえず明日まで生きられる……かもしれません。もちろん，私は心理臨床に関わる方々の努力はよく知っているつもりですし，オーダーメイドのフルコースのレシピをしっかり学んでいただきたいと思います。それが大前提です。けれども，コンビニのおにぎりにもそれなりの存在価値があります。

もちろん，薬の効果は統計的に確かめたものなので，あなたには効かないかも知れません。薬の投与を受けたけれども効き目が現れない人たちを私たちは「ノン・レスポンダー」と呼び，なぜそういう方々がおられるのかをしっかり研究しています。

たとえある薬の「ノン・レスポンダー」だったとしても，その場合はまた打つ手があります。その一方で，ある種の薬の場合，とくに抗うつ薬についてよくいわれることですが，飲み続ければ効果が期待できるのに，かなり多くの人が気ままに飲むのをやめています（齋藤，2021）。これでは効くものも効きません。これがなぜかも考える必要があります。実は効き目が出てくるよりもはやく副作用が出てしまうことがあり，これも一因だろうといわれています。けれども薬理学的に考えるだけでなく，「薬を飲みたくない」気持ちこそが人間の心の微妙なはたらきを示すものでもありますので，心理臨床の専門家と協調して検討することが重要と思います。

> ⮕ 贅沢な心理臨床，安直な薬物療法という 2 本立ては，もちろん私の偏見です。「そうではない」という論拠を 2 つ 3 つ，挙げてみてください。

　さらに，このごろ「心の不調」を抱える人が増えたといわれますが，それは薬を売りたい製薬企業の作戦なのでしょうか？　こういう疑問を投げかける本はけっこうあります。これも否定はできないかも知れません。医薬品を提供することは人間の福祉に役立つことでもありますが，製薬企業の企業価値を高めることでもあります。コロナ禍で明らかになったように，そこに世界規模の格差という問題が生じます。

　話を「心の不調」に戻すと，企業が薬で儲けるようになる前，はるかな昔から，ある種の人々に流行する「心の不調」がありました。それは日本で「神経衰弱」といわれていたものです（近森，2002）。したがって単純に企業の作戦に引きずられて臨床の診断基準が変わり，それによって患者が増えた，とばかりはいえません。

　私たちはもう少し深く心理学的に考えましょう。

　心が不調になるのは私たちにそうする力があるからです。その生

物学的な背景がわかってくると，私らがそれを「了解」できる範囲
が広がるはずです。

4 精神医学と社会

▷ 精神医学と法律

　日本の精神医学の礎を築いた人を呉秀三（1865〜1932；図13-4）
といいますが，呉は1918年（大正7年）に「我邦十何萬ノ精神病者
ハ實ニ此病ヲ受ケタルノ不幸ノ外ニ，此邦ニ生レタル不幸ヲ重ヌル
モノト云フベシ」と記しています（呉・樫田，1918）。これは当時の
患者の多くが私宅，すなわち座敷牢のようなところに入れられてい
る実態を調査し，公共の医療施設の不足を訴えた著作です。

　呉は「心の病気」が決して不治のものではないこと，しかるべき
施設に入院してもらい，適切な治療をすれば「其治癒スベキモノノ
尠カラザルコト」を述べています。しかし，その入院には，社会の
荒波から「その人々」を守ることとともに，「その人々」から社会
を守る，という発想もありました。

　この考え方は次第に制度化されていきます。とくに1964年，東
京オリンピックを控えた年にアメリカの駐日大使で親日家として知
られたエドウィン・ライシャワーが精神科にかかったことのある青
年に刺されるという事件があって，翌年には「精神衛生法」（1950
年〔昭和25年〕施行；現在のいわゆる「精神保健福祉法」の前身）が改
正されます。

　その後，1981年には覚醒剤の慢性中毒症状による無差別殺人事
件が起こり，2005年（平成17年）にいわゆる「心神喪失者等医療
観察法」が施行されます。

　事件の被害者やその親族，知り合いの人々のことを考えてみると，

図 13-4 呉秀三

（出所）　国立国会図書館「近代日本人の肖像」（https://www.ndl.go.jp/portrait/）

このような事態は未然に防ぐように法的な整備をしてほしい，その気持ちはよくわかります。

　けれども，「その人々」を「そうでない私たち」の前から遠ざけようという対策にはほとんど意味がありません。「その人々」の治療のことを考えていないし，なぜ「私たち」のなかから「その人々」が生まれるのかも検討していませんから。

　ライシャワー大使の傷害事件と覚醒剤無差別殺人とをあわせて考えてみると，法律が動く背景は医療事情だけではないことが見て取れます。さらに，法律を厳格に定めたことが必ずしも事件防止につながっていないことも感じられます。

▷　**社会システムのなかに位置づける**

　現在，昔のような覚醒剤に関係する重大事件が起こらなくなったのは，使ってしまった人に，ごく早期から医療・心理・社会の環の

なかに入ってもらうようになったからです。言い換えれば，刑罰を与えて終わり，ではなくなり，重症になるまで放置しておくような社会ではなくなったからです。世の中と調和できるカタチを作ろうとしているのです。

　心の病気やそれと関連する脳の問題，学校や企業といった社会システムの問題には，さまざまな人がさまざまなことをいい，多くの人に混乱した情報が伝わっています。このような状況では，私たちが少なくとも医学的に正しい知識に基づく「リテラシー」をもつことが大事です（Wei et al., 2015）。機会を得て社会一般の人々に向けて語ることも心理職の仕事です。

　しかも，その「リテラシー」を育てるためには，有病率，早期発見と早期介入，社会復帰と互恵的な社会関係といった一般的な情報を専門家が講義してもあまり効果がありません。むしろ脳のメカニズム，薬の効き方，遺伝と環境といった神経生物学的な話のほうが有益だそうです（Ojio et al., 2020）。どうしてそうなるのかを考えてみると，生物学的な基盤は「私たち」と「あの人たち」が共通にもっているところだからではないかと思います。

　そうしてまた，「少し違う人がいる」ことを私たちが柔らかく受け止め，こういう人々が私たちにとって大事な役割を果たしているのだ，と考えることもよいことではないかと思います。ヘルマン・ヘッセが『荒野のおおかみ』でこう書いたように……（ヘッセ，1971）。

　　市民階級の生活力はけっして普通の市民仲間の性質にもとづいているのではなく，市民階級がその理想の曖昧さと伸縮性のゆえに包含することのできる非常に多数の局外者（アウトサイダー）の性質に基づいているのである。

🔘 私がこの章で意図的に「避けた」ことがあります。気づきました？

それは精神科の病名や薬物の具体名を使うことです。ほかの章では便宜的に「病名」を書いたこともありましたが，ここではそうしませんでした。なぜそうしたかわかりますか？　たとえば病名の変更が私たちのイメージに与えた影響を考えてもらえますか？　「痴呆」を「認知症」に，「精神分裂病」を「統合失調症」に，「性同一性障害」を「性別違和」に変えました。そこにどんな意図があったと思われますか？　心理学を学ぶ人にとって「心の病気」は所与の概念ではありません。「こんな人は私たちとは違う」という話をいくら聞きかじっても，実に何の役にも立ちません。明治の初期から先人が傾けてきた努力を無駄にしないために，私たちにできることを考えましょう。

　精神医学で常に問題になるのは「障害」という言葉です。これはdisorder の訳語とされているのですが，「害」の字は害虫とか害悪とかよくないイメージ，もっといえば他者に悪いことをするイメージがあります。そこで「害」をひらがなにして「障がい」という表記を見る機会も増えました。その発端は東京都多摩市の「心のバリアフリーに関する取り組み」で，2001 年 1 月のこととされています。バリアフリーは重要なことで，当事者が不快に思う表現は避けるべきです。現在では多くの企業や自治体がこの表記を採用しています。本書でも診断名でない場合は基本的にこの表記にしました。しかし，字の書き換えは本質的な解決ではないと私は思います。耳で聞いたら同じ音で，さらに「障」の字にもメガティブイメージがあるからです。そこで精神科医のなかにはこの言葉を使わず「症」を使う人もいます。すなわち「気分障害」ではなく「気分症」，「パーソナリティ障害」ではなく「パーソナリティ症」です。「症」に統一されるかどうかわかりませんが，少なくとも並記にはなるでしょう。

心の生物学

生物の機能としての心

Quiz クイズ

Q 動物の「知性」を調べようとした 19 世紀の生物学者ロマネスは，どのようにしてデータを集めようとしただろうか？

a. 動物園で観察した

b. 農家にインタビューした

c. 過去の文献中の記述を調べた

d. 雑誌上でレポートを募った

Chapter structure　本章の構成

- 心理学はなぜ人間以外の動物も研究してきたのだろうか？
- 進化論の影響を受けて「動物の知性」という研究が始まった。これには紆余曲折があった。初期には「いろいろな動物の知的な能力を比較する」という比較心理学が勃興した。だが、「比べて意味のあることを比べているのか？」という問題がここにもつきまとっていた。
- そこに、種固有の行動を重んじるエソロジー（動物行動学）が大きなインパクトを与えた。これはさらに社会生物学へと発展した。
- それと並行して「進化心理学」が生まれた。進化心理学は私たちの心と行動のあり方を深く考えさせてくれる。

1　心理学と動物の行動研究

　「ネズミを研究して人間の心がわかるのかね？」と、私は学生の頃、心理学科以外の友人からよくからかわれたものです。

　これはまあ、文学部だったので、心理学というと「ベートーヴェンにおけるアポロ的なものとディオニソス的なもの」とか「現代青年の抱える実存的不安」とかいったテーマが高尚な研究と思われていたのでしょう。

　私自身が動物の行動をテーマに選んだのは、単にゼミの先生の影響でもありますが、不思議なことに、心理学に関心のある方々の多くが心理臨床を志向される動機と似たところがあったように思います。

　というのも、人間が対象の実験心理学は、テーマを知覚とか記憶とか問題解決とかに切り分けてしまいます。「このなかで興味のあるものを選びなさい」と言われても、どれかに特に興味があるとは

いえないというか，こんなような「精神機能の切り分け」自体がすでにイヤだ，という気持ちがありました。

それに，人間はウソをつく。言葉で組み立てられた物語や理論は，どんなに美麗にみえても根底は単なる言語活動。言葉を介さずに出てくる反応，たとえば箱庭みたいな造形とか，あるいは生理的な指標とか，そういうもののほうが心理について考えるときの健全な素材なのではないか，とも思いました。

ネズミを見ているとかわいいものです。小さな手でしっかり乾パンを握ってカリカリ食べているところや，カゴのなかに入れたベッディングの材料（紙のチップとか）を使って，いつの間にかふんわりと柔らかそうな丸い巣を作っているところを見ているとなごみます。ネズミの実験室にいるときは，世の中のわずらわしい人間関係のことを忘れられます。

> ➡ 「人間のことを考えるためには人間以外の動物を研究しなければならない」という見解について，どう思いますか？　地球を知るために火星を探検するようなもの？　夏目漱石を勉強するためにシェークスピアを読むようなもの？　どうでしょう？

▭〉 動物を通して人間の心を探る

雑談はさておき，たとえば 19 世紀の生理学では，人間についてなにかいうために人間以外の動物を研究することは当然でした。

そこには，

> 生命と疾病は結局何処においても同一特質，同一病的変化の結果であるからして，外面にあらわれている生命現象の機制がいかに異なっていようと，とにかく一切の動物が生理学的研究の用を足し得るはずである。

という考えがありました（ベルナール，1970）。

この考えが人間の精神に拡張されたきっかけは，進化論だったと

いって間違いはないでしょう。

ダーウィンは 1872 年の著書で「表情」についてこんなことを書いています（ダーウィン，1931）。

> 人間と諸種の猿とでは笑ふ間に同一の顔面筋が運動するやうに，別ではあるが縁のある種の間には或種の表情の共通することは，それらが共通祖先の苗裔（びょうえい）（引用注：子孫のこと）であると信ずるならば，稍々（やや）一層領会（理解）がいくやうになる。

こういう考えを受けた初期の研究は動物の知性の研究に向かいました。

なぜかというと，

> 要するに知・情・意等の精神的作用は，人間以外の獣類にもたしかに存するもので，人間と他の獣類との相違は単に程度の問題に過ぎぬ。しかも情・意の方面においては決して人間を以て第一等と見なすことのできぬ場合が多い。ただ知力では人間は他の獣類より著しく優れている。

というような考えがあったからです（丘，1976）。

そこで，ダーウィンの若き友人で生理学者のジョージ・ロマネス（1848～1894）は，創刊間もない雑誌 *Nature* の読者に動物の「知性」に関する観察レポートを送ってくれるように依頼しました。

ところが，早速それに噛みついたのが心理学者のコンウェイ・ロイド・モーガン（1852～1936）です。ロマネスの「知性」という言葉の使い方が曖昧である，と批判しました（Morgan, 1882）。ロマネスは，イヌかネコにこれまで食べたことのない肉やケーキを出すと，動物たちはそれを口に運ぶ前に「これはおいしいかな？　食べても大丈夫かな？」という「抽象的な観念」を抱くだろうと述べたのですが，モーガンは「何をもって『抽象的な観念』と呼び得るのであるか」と反論したのです。ただしロマネスは「反射」「本能」，（行動の結果の）「推論」という知性のレベルをしっかり分けて考えていたという擁護もあります（Carter, 1899）。

図 14-1　賢いハンス

（出所）　Wikimedia Commons（photo by Karl Krall; public domain）

モーガンの慎重さと実験の必要性

　普通の心理学史の講義では，エピソードを集めるというロマネス
の「逸話」に基づいた研究が「計算のできる賢いウマ」（図 14-1）
というペテンにひっかかる下地を作ってしまい，それに対してモー
ガンが「低次の心的能力によって説明できる現象を高次の心的能力
によって解釈してはならない」という「公準」を出したと教えます。
しかし，もう少し深く読むと，「心」に関する言葉について，心理
学以外の人（ロマネス）はわりとラフに使いたがるが心理学者（モー
ガン）は慎重という違いがあって，それは今もあまり変わらないな
あ，とも思えます。ともあれこの「モーガンの公準」は「オッカム
の剃刀」（第 4 章）の一種なのですが，何を低次とし，何を高次と
するかという，新しい課題も出しています。

　　ある生物のある「振る舞い」に「知性」という言葉を使って適切か
どうかをどう判断しますか？　たとえばダンゴムシは行動を柔軟に変え
て複雑な迷路課題を解くことができます（森山，2011）。あるいは，粘

菌は複雑な迷路を最短経路で移動するルートを見つけます（中垣, 2009）。「知性」をモーガン的に限定したほうがよいのか，それとも「知性」に新しい定義を与えるべき時が来たのでしょうか？

モーガンの考えは心理学者としては 1 つの理想として理解できます。しかしエピソードを「後追い」で解釈している限り，ある現象にどんな説明概念を与えたらよいかをきちんと決めるのは難しいのです。そこで，変数を人為的に統制できる「実験」の出番になります。

動物の知性に関するごく初期の研究には，ロンドンのハンプトン宮殿にある「大迷路」を模した迷路が使われました（図 14-2；Small, 1901）。

この研究では「野生のラット」と「よく慣れた実験用のラット」が比較されています。

この発想はちょっと面白いですね。「比べてみよう」というときに，なにか 1 つだけ違っていて，他は全部同じものと比べるのが健全です（第 2 章も参照）。ところがここでは，生育環境が異なるラットを使用しています。いろいろなことが違っているはずですが，この実験をしたウィラード・スモールは，どういうねらいでこんな比較をしたのでしょうか？　スモールは，こういう研究の難しいところは，「動物の本来の行動傾向に干渉するようなかたちで実験課題を組まなければいけないところだ」といっています（Small, 1900）。スモールは「本来の行動傾向をもつ個体」と「そうでない個体」を比較したかったのでしょう。そこから得られる教訓として，ある個体の学習課題の成績が他の個体よりも悪かったとしても，それは知的な能力が低かったことを必ずしも意味しない，ということがあります。実験の状況が生態学的にその動物にとって「苦手な」ものだったかも知れないというわけです。今から思えばこれはとても先見

図 14-2 ラットの迷路

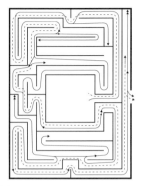

（出所）　Small, 1901 より作成。

の明のある見解です。

2 　「比較」という手法とその限界

▷　そもそも動物間で比較していいのか

　その後，動物の知性の研究はもっぱら学習心理学のなかに吸収されていきます。

　学習心理学ではラットとか，ハトとか，特定の動物種が好まれる傾向もありましたが，種間比較という興味もありました。その基本精神はこんなものです（梅岡・大山, 1996）。

　　心的機能も身体的機能と同じ様に，生物学的な基礎をもつ生活機能であることが解る。学習もこれを生物の適応機能として捉えると，そこに客観的研究の路が拓けてくる。その拠り所となるのはいうまでもなく比較の方法で，一つは系統発生（動物の進化に伴う変化）の段階を追い，いまひとつは個体発生（受精卵が生体になり，育っていく過程に伴う変

図14-3 オペラント実験箱

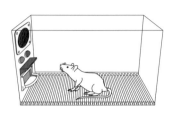

化）の段階を追って研究が進められる。もちろん，動物と人間とでは学習機能の質が異なる。しかし，それがどの様な点でどう違うのかを知るには，その両者を具体的事実に即して比較検討することが必要で，その為には共通の（対応のある）実験手続きに基づいた資料が要る。

この「対応のある実験手続き」というのが問題なのです。たとえばオペラント条件づけに使う仕掛けはラット用とハト用でこんなものです（図14-3）。プラグマティズム（第5章も参照）的に考えると両者の行動は「餌を得る」という同一の機能をもつため等価とされるのですが，はたして生態学的に考えたときに本当に等価なのでしょうか……？

⟶ 種をまたいで有効な「学習セット」

こういう厳密な比較に適した研究テーマはそんなに多くないのですが，その1つに「学習セット」というものがあります。

これは非常に単純な弁別学習で（図14-4），三角か四角が乗った蓋をめくるとどちらかに「報酬」が入っています（Task 1）。動物は何試行かやっていると「お菓子がもらえるのは三角のほうだ」と「わかる」ようになります。ここで課題を変えます（Task 2）。今度は星か雲ですが，基本は同じことなのでいずれ「雲だ」と「わか

図 14-4　学習セット

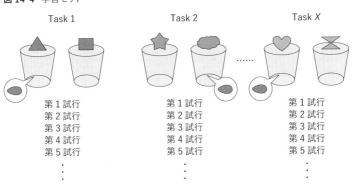

る」でしょう。さて，こういうことを延々と繰り返していると，第
1 試行は必ず当てずっぽうにならざるを得ないが，もしその「当て
ずっぽう」が当たれば，その課題はそちら側でよいわけだし，外れ
たら反対側を選べばよいわけです。したがって，そのカラクリに気
づいたら「第 2 試行」以後の正答率はぐんと跳ね上がるはずです。

　この学習課題は，実験装置や報酬といった細目を変えても，正の
強化である，視覚的な弁別学習である，離散試行型（これから始ま
る，いつ終わるという「試行」がはっきりしていて，試行と試行の間に休
み時間がある）の学習課題である，といった基本は変わりません。
その基本を保ったままいろいろな動物種で実施できるので，比較に
適しているといえます。

　実際にどうなったかというと，アカゲザルでは Task 100 を超え
る頃に第 2 試行の正答率が上がりましたが，ネコでは Task 1000
までででダラダラ上がってきて，わかったような，わかっていないよ
うな，微妙な結果です。ネズミとリスは，どうやらこのからくりに
気づかないらしく，毎度新しい学習をやり直しているような感じで
す（図 14-5；二木，1984）。

図 14-5 「学習セット」の正答率

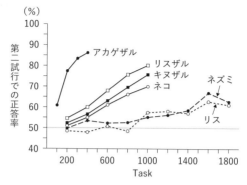

(出所) 二木, 1984 より作成。

クラシックな「比較心理学」は実験が大がかりになってしまいますが研究テーマを選びます。そのわりには結論があまり面白くない……20 世紀も半ばを過ぎると，そう思われるような時代になってきました。

> さて，前掲の「比較の方法」には系統発生と並んで「個体発生の段階を追っての研究」が挙げられています。この後者のほう，個体発生のほうはどうなったのでしょうか？　発達心理学に吸収された？　それならなぜ学習心理学から発達心理学にフィールドを譲ったのでしょうか，そこにどんな事情があったと思いますか？

3 動物行動学のインパクト

種の違いという観点

プラグマティズム的な機能を考えたら等価かも知れないが，具体

図 14-6 条件回避学習

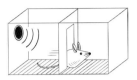

スピーカーからの音と電気ショックの随伴性と，隣の部屋への移動と電気ショックを回避できることの随伴性を学習したラットは，音が出ただけで隣の部屋へ移動するようになる。

的な環境のなかで生きている動物にとっては等価ではない，こういう考えは，そのころ評価が高まり，一躍人気になってきた動物行動学（エソロジー）から心理学になだれ込んだものです。

たとえば，「危険を予告する信号を察知して身をかわす」という学習があります（図 14-6；LeDoux et al., 2017）。このとき，ネズミはジャンプして逃げるのが得意。イヌはのそのそと歩いて逃げるのが得意。サルはひもを引っ張って逃げるのが得意です。そういうことは実験の現場にいる人は知っていましたが，これをあまり大きな問題だとは思っていませんでした。

ところが，エロソジーの影響を受けたロバート・ボゥルズという心理学者は，この種差は大事なことを語っていると考えました。それはつまり，危機に直面したときにどんな行動が出るかは動物種によって決まっていて，同じ行動としては扱えない，という可能性です。ボゥルズはこれを「種特異的防衛反応」と呼びました（Bolles, 1970）。

👉 そうすると「人間はどうだろう？」と考えます。人間に「種特異的防衛反応」があるとしたら，それはどんな行動でしょうか？

▷ 種差の観点から学習心理学を見直す動き

　ともかくこのエソロジーが学習心理学に与えた影響は大きかったのです。なにしろ私が受験した年の大学院の入試問題にも出たくらいで……1960 年代から 70 年代にかけて，「学習の生物学的制約」という研究の大きな流れが生まれました（藤田，1991）。

　学習心理学は「訓練によって行動をぐんぐん変えていく」ことを眼目にしていました。そこに，ある意味で「無限の可能性」をみていたわけです。それに対してエソロジーはそうではないという。マウス，ラット，ハト，サルといった動物種には遺伝的な背景をもつ「生まれつき」の行動傾向がある。学習はその範囲のなかで起こる。だから基本的な構造は同じ学習課題でも，具体的にどんな行動を求めるかを考えると，種によって向き不向きがある。これが「学習の生物学的制約」です。系統差が学習という局面で現れたもの，ともいえます。

　エソロジーは「生まれつき（生得的）の行動のクセ」をいろいろ示してくれました。

　たとえば，トゲウオ（イトヨ）という魚がいます。体の長さは 5 〜10 センチぐらい。日本では北海道や福島，石川などわりと寒いところに住み，塩焼きや唐揚げにするとおいしいそうです。それはさておき，トゲウオの行動を詳細に研究したエソロジストがニコ・ティンバーゲン（1907〜1988）です。トゲウオのオスは，繁殖期には巣作りをします。オスはメスを追いかけては引き，追いかけては引く「ジグザグダンス」と呼ばれる行動を繰り返し，徐々にメスを巣に誘います（図 14-7；Tinbergen, 1952）。このジグザグダンスは訓練の結果として獲得した行動ではありません。また，この縄張りに「ライバル」のオスが入ってきたら，それを追い出します。ライバルすなわち繁殖期のオスは「婚姻色」といって腹部が赤くなるので，それが手がかり刺激になって攻撃行動が誘発されます。この仕組み

図 14-7 トゲウオの求愛行動

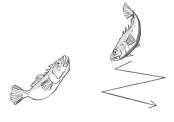

はその赤い腹部がきっかけになって引き金が引かれたようなものなので，ティンバーゲンは「生得的解発機構」と名づけました。

━━

➡ そうすると人間にも「生得的解発機構」はあるのでしょうか？　どんな刺激でどんな反応が誘発されますか？　しかもそこに学習の影響は入っていませんか？

━━

　コンラート・ローレンツの共同研究者でもあったイレネウス・アイブル‐アイベスフェルト（1928～2018）は，私たちにも生得的解発機構があるといいます（アイブル‐アイベスフェルト，1974）。たとえば，アメリカの先住民，忠臣蔵の大星由良之助，ロシアのアレクサンドル 2 世など（図 14-8）は，いずれも「戦う人」であり，共通して「肩」が強調されています。つまり文明の影響を受けて私たちが「勇ましい人は肩が怒っている」ことを学習したのではなく，おそらくは太古の人類の体毛の走行から考えて，交感神経系が興奮すると肩がフワーッと盛り上がったように見えたはずなので，「生得的解発機構に基づく生得的反応の特徴を模倣する」文明の表現様式が出来上がった……とこういうわけなのですが，皆さんはどう思われますか？

図 14-8　戦士が強調する肩

4　心の進化について考えよう

心理学に進化の視点を持ち込む

　エソロジーの話は面白いのですが，なにかこう，いろいろな話を
貫き通す 1 本の背骨みたいなものがみえにくいと私は思いました。
エソロジーの本を読むと，トゲウオの話の次にカモメの話，その次
にシカの話，それからハチの話と，私のようなものには目まぐるし
く題材が変わるようにみえます。トゲウオのジグザグダンスのよう
に，行動が固定的で，人工物であっても下半分が赤く塗られた物体
には反応する，というような性質は行動の神経機構の研究には向い
ています。しかし，1 つの行動と別の行動がどんな糸でつながれて
いるのかがみえにくい。だから神経機構の研究は，1 つの種の動物
の，1 つの行動の解明で終わる……そんなような気がしていました。
　その頃（ちょうど私が大学院に入った頃です），先輩方のあいだで話
題になっていたのが「利他行動」というものです。

262　第 14 章　心の生物学

図 14-9　ミーアキャット

（出所）　Wikimedia Commons（photo by PaulShunOSAWA; CC BY-SA 4.0）

　利他行動とは「自分になんらかのコストを負いながら他者に利益を与える行動」のことです（出馬, n.d.）。エソロジーで知られた例としては、ミーアキャットというマングース科の動物（図 14-9）が餌を採っているときに「見張り役」がいて、なにかありそうなときに「警戒の声」を発する、という行動があります。余談ですが「キャット」といってもネコではありません。英語で綴ると「meerkat」です。

　こういう行動がなんでそんなに話題なのか？

　私はわからなかったので先輩に聞きました。

　「バカだなあ」という顔をされながらも教えてもらったのは、「こういうことをすると、自分自身の生存には不利なんだ。目立つ鳴き声を放つわけだから、敵に見つかって殺される可能性が高まるだろ。だとするとだ、生存に不利な形質は進化の過程で淘汰されていくのが当たり前なわけだ。それなのにどうしてこの行動は残ったのか？ここが謎なんだよ」ということでした。

なるほど，進化ということを考えるわけだ。行動の起源というよりも，なぜその行動は何世代にもわたって生き延びたか？　ある意味でダーウィンに戻ったようなもんだね……。

　この視点に立つと，私たちのいろいろな心理現象が「なぜ，いま，こういう姿で存在しているのか？」がわかるような気がしました。

　ところがこの「利他行動」の謎が解けたのかというと，どうやらそうでもないみたいです。自分は死んでも自分の血縁者が生き残るので，結局のところ，自分の属する遺伝子のプールは次世代に継承される可能性が高まる，という説があるようですが，「それじゃあ血縁以外の対象には利他行動は起こらないのか？」というと，そうでもないようだし，しかも「犠牲になるのはなぜよりによって私なのか？」という謎は解けません。

　とはいうものの，進化の視点を持ち込むことによって，「思いやり」とか「共感」，または「内集団びいき」や「差別」がなぜ存在するのか（第9章参照），それらの存在を追認するだけでなく，これからどういう方向にもっていけばよいのかが考えられるような気がしました。

▷　いくらでも悪用可能な進化という概念

　ところが進化というものは，ちょっと勉強したらなにかがいえるような，そんなやわなものではありません。

　まずもって，進化とはそもそも生物学的な現象のはずですが，「進化論」となると哲学や社会学も巻き込んだ大騒動です。そのことは脇においておくとしても，進化と進歩の混同から脱出するのはたいへん難しい。たとえば，先ほど引用した「ただ知力では人間は他の獣類より著しく優れている」（丘，1976）という見解も進化と進歩を混同しています。分子時計を調べて，色覚をつかさどる分子がこんなふうな系統を作って進化してきた，というような図（図14-

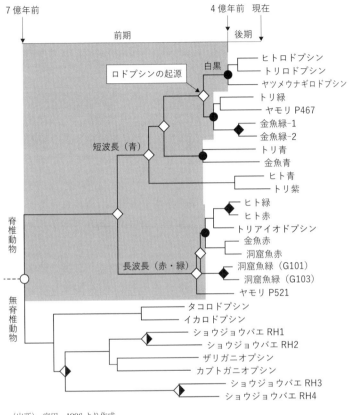

図 14-10 オプシン進化の系統樹

7 億年前　　　　　　　　　　　　　4 億年前　現在

前期　　　　　　　　　　後期

ロドプシンの起源

白黒　　ヒトロドプシン
　　　　トリロドプシン
　　　　ヤツメウナギロドプシン

トリ緑
ヤモリ P467
金魚緑-1
金魚緑-2

短波長（青）　　　　トリ青
　　　　　　　　　　金魚青

ヒト青
トリ紫

ヒト緑
ヒト赤
トリアイオドプシン
金魚赤
洞窟魚赤

長波長（赤・緑）　　洞窟魚緑（G101）
　　　　　　　　　　洞窟魚緑（G103）
ヤモリ P521

脊椎動物

無脊椎動物

タコロドプシン
イカロドプシン
ショウジョウバエ RH1
ショウジョウバエ RH2
ザリガニオプシン
カブトガニオプシン
ショウジョウバエ RH3
ショウジョウバエ RH4

(出所)　宮田，1996 より作成。

10；宮田，1996）を見せられると，私たちはどうしても「後から出てきたもののほうが優れている」と思いがちです。

　これは正しくない考えなのですが，こう思うのも無理はないところもあるのです。

　私たちはすでに「進化というものは，まずランダムな突然変異が

いろいろ起こって，そのなかから自然選択によって生存に適した形質が生き延びた」と知っています。

したがって，時間的に後から世の中に現れたものは，たくさんの選択の波をくぐって出てきたと考えてよかろう，だから「優れた」形質なのだ……と思うわけです。

しかし違いますよね。1回の変異は1回かぎり。そこで変異した形質がもう1回変異したからといって，1度変異した時点で変異のカウンターはリセットされているので，トータルで2回変異したわけではないでしょう。でもなんとなく随伴性の判断でそのように見えてしまいます……。

しかも進化による説明は，私たちが「根絶しなければ」と思っている邪悪な行動の「合理性」も説明してしまう可能性があります。たとえば，多くの哺乳類で「子殺し」が起こることがわかっていますが，これはたいていの場合，ある群れのオスが別の群れのオスに乗っ取られたとき，負けた群れのオスとメスの間に生まれた子が，勝ったほうのオスに襲撃されるのです。なぜかというと，子育て中のメスは発情しないので，幼な子が生きていては，勝ったオスは自分の遺伝子を拡散することができないからです。

それはわかるのですが，この構造はまことに心が痛む「児童虐待」によく似ているのです。つまり，統計的な数字はわかりませんが，報道を見ていると，お母さんの連れ子が新しいお父さんにいじめられるというケースが多いように感じますね。それはハヌマンラングールやライオンの子殺しと似たパターンです。

だからといって，児童虐待が決して容認されるはずはありません。事態の解決のために進化心理学的な説明が何を洞察させてくれるのか，注目しているところです。

もっというと，進化の考えがいわゆる優生思想に結びつく場合もあります。「優れた子孫を残す」という思想。それは19世紀の先

進国ではごく当たり前の思想だったようです。しかし，多様性の担保という有性生殖の根本意義から逸脱し，政策に応用されてさまざまな悲劇を生んだ優生思想は今日ではすっかり過去のもの……だったはずなのですが，分子遺伝学の権威，進化のメカニズムとして今のところ最も妥当な「中立説」を出した木村資生（1924～1994）でさえ，

　「突然変異蓄積の害」などを考えると「人類の遠い未来」（万年単位）

　を考える上で，これ（人類にとって好ましいと考えられる形質の増加を

　目指す優生学の考え）は避けて通れない問題である。

と書いています（木村，1988）。

・・

　➡ こういう議論にどう取り組んだらよいのでしょうか？　アタマから「間違っている」と決めつけることは，アタマから「正しい」と決めつけるのと同じくらい乱暴ではないか……私は，こういうところこそ心理学の出番だと思います。なぜ，何万年単位で人類が劣化していく可能性が「イヤ」なのだろう，「よくない」と思い，「耐えられない」のだろう？　まずそれを考える。そこは心理学の仕事だと思います。

・・

▷　**人間としてのルーツを探る手段としての進化**

　難しく，面倒なことばかり強調したかも知れませんが，ともかく人間以外の動物にも感情や知性が，すくなくともそう呼べるものの芽生えはあるだろうと考えて始まった心理学の動物行動研究……それは「進化心理学」の旗揚げを受けて「私たちの心はどういう歴史的な経過があって，こんなはたらきをするようになったのだろう？」という疑問に形を変えて育ち，発展の機運が高まってきました。

　私たちは自分の「来歴」に関心があります。

　しばらく前にユヴァル・ノア・ハラリという人の『サピエンス全史』という本（ハラリ，2016）がたいへんよく売れたでしょう。こ

れも「来歴が知りたい」願望の現れではないでしょうか。来歴を知ることは，今私たちが抱えている多様な問題にどんなふうに取り組めばよいか，そのヒントを与えてくれます。

ハラリは，私たちの祖先は7万年前から3万年前にかけて，一種の「認知革命」を起こしたといっています。その革命の最も大事な特徴は「虚構を共有する」ことでした。私たちは「二重の現実の中に暮らしてきた。一方には，川や水やライオンといった客観的現実が存在し，もう一方には，神や国民や法人といった想像上の現実が存在する。時が流れるうちに，想像上の現実は果てしなく力を増し」た，という話です（ハラリ，2016）。

このことは新しい発見ではなく，すでにエルンスト・カッシーラーが1944年に「動物は実際的想像および知性をもっているのに対し，人間のみが新しい形式のもの——シンボル的想像およびシンボル的知性——を発展させた」といっていることと似ています（カッシーラー，1997）。

「革命」といってしまうと，とんでもない変革が突如として起こったような感じがするのですが，実際はそのずっと前から，身の回りの資源を使うこと，道具を作って使うことなどが始まり，そういった「技」と「認識」の相互作用のなかで「虚構の共有」が可能になってきたのでしょう。そうしておそらくその時期から，生きるために必要なもの「以外の」もの，たとえばお化粧，装身具，石器の模様（図14-11），楽器，武器などの創造が始まります（海部，2005）。

こういうことを「進化」という軸足で見るならば，たとえば，歌を歌う人々は，歌を歌わない人々よりも生存の可能性が高かった，言い換えると，歌ったほうがよいような「淘汰圧」が私たちの祖先にはかかっていた，こんなふうな想像ができます。私たちはなにか，「神や国民や法人」を必要とするような淘汰圧のもとで暮らしていたはずです。

図 14-11 ブロンボス遺跡から見つかった「ロック・アート」

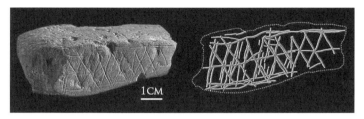

（出所）　Wikimedia Commons（work by Chris S. Henshilwood from https://ndla.no/nn/
　　　　subject:1:ff69c291-6374-4766-80c2-47d5840d8bbf/topic:1:79f432e3-b872-4085-9815-
　　　　b123ae84269d/topic:1:e159212a-6e1f-4018-b105-413740e4d7be/resource:1:158884; CC
　　　　BY-SA 4.0）

　進化心理学的な考察は，どこまでが実証できてどこからが想像な
のか，とても弁別しにくいのですが，臨床的な問題にも光を投げか
けることができると私は思います。さまざまな精神疾患が本当に非
適応的であるのか，それともなにか別の適応的な側面をもっている
のかが，進化医学的観点から検討されるべきでしょう。

▷ 収斂ではない「適者生存」

　進化というと，自然選択，適者生存，強いものが生き残る，その
正当性を訴えている学説だ，と思われることがあるかも知れません。
この考えが全体主義的な政治体制に利用されて，とんでもない厄災
をもたらした，それはつい最近のことです。

　けれども，「適者生存」という概念の生みの親であるハーバー
ト・スペンサー（1820～1903）の思想をたんねんに復習してみると，
実はスペンサーが強調したのは今日の言葉でいえば「多様性」で，
進化を「単純から複雑への変化」だと考えていたことがわかります。
スペンサーは進化を「同質なものから異質なものへの変化」と考え
ていました（挾本，1997）。それは単線的な「進歩」ではありません。

第 4 節　心の進化について考えよう　**269**

スペンサーは「社会も進化する」と唱えましたが，進化した社会とは，それを形づくる多様な要素（学生だったり会社員だったり，農業に従事していたり商業に従事していたりする人々）の異質性を許容する社会だったように思えます。

　もちろん，この思想には 19 世紀という制約はあるでしょう。私の考えもまだまとまってはいません。けれども「適者生存」というときのその「適者」とは，「ある環境のもとで生存確率を高める方向に作用する形質をもった存在」であり，環境が変われば「適者」も変わります。「現在の環境に適応している」という形質をもって「優れている」ということは適切ではない，と思います。

　こういう多様性の重視と呼応するかのように，進化とは勝ち負けではなく共生である，という考えも起こってきました。共生にはいろいろな意味がありますが，生物体の構造が複雑になってきたのも共生の一種で，「ミトコンドリアをもつ細胞はかならず，昔のスピロヘータの名残である微小管をもっている。これはスピロヘータと古細菌の共生が最初に確立したという考えと合致する」のです（マーギュリス，2000）。

　私たちは多様な人とともに生きることができます。また，多様な動物とも，多様な植物とも。そしてその多様性を担保するための地球環境も私たちの共生的考察の対象です。進化心理学はこうした大きな可能性を視野に入れて発展しています。

科学とヒューマニズム

心を見つめる 2 つの目

Quiz クイズ

Q 動物実験を実施するにあたり，次の操作のうち倫理的に問題とな
りうるのはどれだろうか？
a. 罰として電気ショックを与える
b. 麻酔無しで手術を行う
c. 事前に動物を空腹にしておく
d. 上記すべて

Chapter structure 本章の構成

- 最後になるが最も重要な課題として「研究の倫理」について述べる。研究の倫理は単なる「心構え」ではなく研究者が実践しなくてはならない指針である。
- ティンバーゲンの4つの問い——動物行動学が答えを探すべき課題として提唱されたが，心理学一般に拡張できる。行動の因果関係（なぜ，ある種の行動をするかというメカニズム），行動の生存価（その行動をすることによって何がもたらされるか？），行動の個体発生（どういう経過でその行動をするようになったか？），行動の進化（その行動にはどのような生存価があるか？）
- ダーウィンの6つの路線——どういう研究をすればこうした問いかけに答えることができるか？　発達心理，臨床心理，実験心理，芸術心理，民族心理，動物心理の6つ。クラシックだが重要。
- 観察がすべての基本である。
- 専門家とは「考えすぎ」をしない人たちである。
- 心理学の左手は科学の精神，右手は他者への愛。

1 心理学の実践と研究の倫理

　私の知る限りのいろいろなお話をしてきましたが，いちばん重要なことをまだお話ししていません。

　それは，心理学を学んだからといって，人の心に土足で踏み込む権能を得たわけではない，ということです。

　心理学者が研究の対象としている人，心理臨床家が「この人の役に立とう」と思っている人は，私たちと同じ人間です。

図 15-1　ヒポクラテス

Fig. 54. — Hippocrate.

（出所）　flickr（'Hippocrate' by Biblioteca Rector Machado y Nuñez; public domain）

医学の「誓い」

　まず，臨床的な実践について考え，医学に範を取ります。

　医療の実践倫理が臨床家に意識されたのはずいぶん古いことで，ヒポクラテス（B.C. 460 頃〜B.C. 375 頃；図 15-1）にまでさかのぼります。ヒポクラテスが生まれた「コス」という島にはギリシャ神話の医術の神，アスクレビオスの神殿があり，医術が盛んなところでした。ヒポクラテスはまず父から医術の手ほどきを受けたようですが，広く国内を巡歴したばかりでなくエジプトにも足を運び，至るところでいろいろな流儀の医術を学んだようです。そのヒポクラテスの最大の功績は医術を魔法から引き離したことでした。

　　病人は決して神の罰を受けた罪人ではない。罪人こそ一種の病人である。てんかんは（引用注：当時思われていたような）神聖な病ではなく，

図 15-2 ヒポクラテスの誓い（抜粋）

- 私は能力と判断の限り患者に利益するとおもう養生法をとり，悪くて有害と知る方法
を決してとらない。
- 頼まれても死に導くような薬を与えない。それを覚らせることもしない。
- 純粋と神聖をもってわが生涯貫き，わが術を行う。
- いかなる患家を訪れるときもそれはただ病者を利益するためであり，あらゆる勝手な
戯れや堕落の行いを避ける。
- 女と男，自由人と奴隷のちがいを考慮しない。
- 医に関すると否とにかかわらず他人の生活について秘密を守る。

（出所）小川，1964 より作成。

普通の病と同じく自然現象である。我々の体には健康に復そうとする自
然の力（フィシス）があり，医者はそれを助けるのが任務である。

このように（小川，1964）考えたヒポクラテスは「良い医者はど
んなものであるか」を「ヒポクラテスの誓い」と称される宣言（図
15-2）にまとめました。

この「誓い」の基本精神は，およそ 2500 年を経た今でも生きて
います。医行為の倫理に関しては，第二次世界大戦にその基本精神
が遵守されなかった苦い経験に鑑み，1948 年にジュネーヴで開か
れた「世界医師会第 2 回総会」で「ジュネーヴ宣言」というもの
が採択されました。ジュネーヴ宣言はインターネットの普及などの
社会変化を加味して 2017 年のシカゴ大会で改正・採択され，今日
に至っています。日本でも日本医師会が 2004 年に「医師の職業倫
理指針」を作成し，現在では「医の倫理の基礎知識」として公開さ
れています。

▷ 心理職としての倫理

もちろん，臨床心理士にも公益財団法人日本臨床心理士資格認定
協会が作成した「臨床心理士倫理綱領」があり，公認心理師にも一
般社団法人日本公認心理師協会による「日本公認心理師協会倫理綱
領」があります。

心理学と医学を比べると，心理学のほうは一般的な「心構え」のように感じられます。「医の倫理の基礎知識」には基本精神に加えてたとえば「患者の遺族への説明義務」「小児の場合のインフォームド・コンセント」「伝統医療・補完代替医療とその問題点」「認知症患者の自動車運転」「人工栄養，水分補給の維持と中止」「親子の関係をめぐる DNA 検査」といったようなリアルで具体的な課題への取り組みが記されています。「倫理綱領」は，ひと通りアタマに入れたら終わり，というものではありません。お仕事をされる限り，額に掲げていつも思い出してほしいものです。民間企業で働く身としては，こういう倫理に関する講習が必ず，ほぼシーズンごとに1回あります。このごろはオンラインで「e ラーニング」です。講習の最後はオンライン試験で，80点で合格のものもありますが，人権講習はセキュリティ講習と並んで100点を取らないと修了できません。受講していないと警告が来て，それでも放置しておくと名前が公表されてしまいます。職業の倫理というものは，こうやって身に染み込ませないといけないものなのです。

▷ 研究でも超えてはいけないライン

　次に研究の倫理を考えます。ここでもまず医学に範をとります。
　医療の進歩のためには医学の進歩が必要であり，その進歩のためにはある種の「冒険」が必要でした。たとえばエドワード・ジェンナー（1749〜1823）が種痘を開発したことはよく知られていますが，ジェンナーの着想は，ヒトにできる天然痘（人痘）とウシにできる牛痘との間に「交叉性」があり，牛痘に免疫ができた人は天然痘にも免疫ができるのではないかということでした。1796年にジェンナーは牛飼いの少年に牛痘を接種しますが，交叉性の仮説を検証するために，その後この子に人工的に人痘を播種しています。ただしこの論文は受理されず，結局ジェンナーはその2年後に成果を自

費出版したのでした（酒井，1996）。

19世紀には，医学に関わる諸科学の著しい進歩を受けて，この冒険主義はこのように宣言されます（ベルナール，1970）。

> 我々は人の生命を救うとか病気をなおすとか，その他その人の利益となる場合には，何時でも人間について実験を行う義務があり，したがってまたその権利もある。

ところがこの「その他その人の利益となる場合」は，20世紀の差別と戦乱の時代にはもろくも崩れ，「吾が邦の利益となる場合」には「敵方の不利益となる場合」も正当化されてしまいました。こうなると数々の非人道的実験が行われてしまいます。これは今でも起こりうることで，私たちは誰の利益のために行動するのかを常に考えないといけません。

この反省に立って，世界医師会は1964年の第18回総会で「人間を対象とする医学研究の倫理的原則」いわゆる「ヘルシンキ宣言」を採択します。これは幾度かの修正を経て，現在でも遵守すべき綱領として公開されています。序，一般原則，リスク・負担・利益，社会的弱者および個人，科学的要件と研究計画書，研究倫理委員会，プライバシーと秘密保持，インフォームド・コンセント，プラセボの使用，研究終了後条項，研究登録と結果の刊行および普及，臨床における未実証の治療の12項全37条からなる宣言です。

これを受けて日本の厚生労働省は「臨床研究に関する倫理指針」を出しており，それを補足する形で「人を対象とする医学系研究に関する倫理指針ガイダンス」を明らかにしています。

今のところ，心理臨床研究を対象とした指針は出ていませんが，公認心理師や臨床心理士が所属する医療機関が臨床研究を行う場合，心理面での作業はこれらの指針やガイダンスのカバーする領域に入るので，やはりしっかり勉強しておかなければなりません。

▷ 動物愛護と倫理問題の始まり

事情は動物実験でも同じです。ここでも 19 世紀には,

> 一方においては各種の日常生活の用のために, 或いは家畜用として或いは食料品として動物を用いる権利があるのに, 他方においては人類のために最も有益な科学の一つにおいてこれを研究に供することを禁じているとしたら, これは実際極めて不合理のことと言わなければならない。

という冒険容認的な考え (ベルナール, 1970) が主流でした。

ところが, イギリスでこのような考えに対抗する「動物愛護運動」が起こりました。その理由はいくつか考えられていますが, まず, イギリスでは大陸諸国よりも早くオオカミが絶滅しました。したがって「怖い」動物がいなくなりました。また, 産業革命によって, それまでウシやウマの役割だった「労働」を機械と人間が果たすようになりました (福田, 1998)。つまり, 動物をかわいいと思う余裕ができたわけです。イギリスには 1870 年前後から実験生理学が普及しはじめますが, その教科書の 1 つに「残酷な実験処置図がある」ということで動物愛護派の人々から批判を受けます。その代表がフランセス・パワー・コブ (1822〜1904) という宗教家, 哲学者, 女権活動家として知られた女性で, 動物実験規制法の制定を目指して署名活動を展開します。

こういう社会情勢のもとで, 動物実験の規制という方向についてダーウィンは当初好意的とみられていたようで, 事実コブがダーウィンを訪問したりします。しかし, このままでは科学研究がダメージを受けると考えたダーウィンはやんわりと動物実験擁護にまわり,「動物実験濫用防止法案」を議会に提出します。

すったもんだのあげくに, 1881 年 8 月にロンドンで開かれた第 7 回国際医学大会ではこういう声明文が採択されることになります (小川, 2017)。

> 本大会は, 生きた動物を用いる実験が過去において医学に最大の貢献

を果たし，将来の医学の進歩に不可欠であることを明記する。したがって動物に不要な痛みを負わせることを強く非難する一方，有能な研究者によるそのような実験遂行を制限するのは望ましくないことを，人間と動物の双方の利益に鑑みて表明するものである。

▷ ラッセルの「3つのR」

その後もイギリスでの活動は続き，1959年に動物学者のウィリアム・ラッセル（1925~2006）と微生物学者のレックス・レオナルド・バーチ（1926~）が『人道的な実験技術の原理』という本を出版します。これはその後の動物実験の指針となった本で，刊行物としても手に入りますが，ジョンズ・ホプキンズ大学から全文公開されていますので，私らは必要なときはそちらを使っています（Russell & Burch, n.d.）。

この『原理』で述べられているのが「3つのR」，すなわち「代替」（replacement），「縮小」（reduction），「洗練」（refinement）です。まず「代替」とは，「その研究は本当に生きた動物を使わなければならないのか」を問い，細胞やシミュレーションなど，「代替法」がある場合にはそちらに切り替える，という考えです。「縮小」は，なるべく使用動物の数を減らすこと，「洗練」は動物に苦痛を与えないように，「良い」実験方法を使うことです。

最初私たちは，正直にいって，「これでは仕事がやりにくくなるなあ」と思いました。しかし，結局この「3つのR」の原則に従うのは良いことでした。

たとえば代替法です。新しい医薬品の効果をテストするのに，これまでは動物の「疾患モデル」を使ってきましたが，そこにはどうしてもヒトと動物の種差という問題がありました。このごろでは患者さんから細胞を提供していただいてiPS細胞を作ります。その細胞に表現されているのは，いかに細胞とはいえ患者さんです。そ

の細胞を増殖させれば，新しい化合物をテストするシステムを作ることができます。

　あるいは数の削減，「人格」の章（第8章）で書いたように，このごろでは個人差はノイズではありません。たくさんの動物を使って統計的な分布をみるのが良いことではない，というか時代遅れのアプローチになってきました。行動の詳細な制御を考えたら，スキナーがやったように，たった1匹か2匹の動物でもしっかりした研究ができます。

　また「洗練」ということでは，たとえば動物をちょっとした不快な目に遭わせる実験はなくなりはしませんが，昔のように安直に「電気ショック」を使うことはしません。ちょっとしたエアーパフとか，短い騒音とかでも十分です。こうした「軽い」操作で起こる変化は軽微ですから，おのずと精密な測定システムが必要になり，それが実験技術の進歩を促します。

　このように今では動物実験を行う研究者は「3つのR」をポジティブな意義のあることと捉えています。

　　　⬅　さてそこで，心理学で有名な動物実験のなかには，今日の目でみたら「アウト」なものがたくさんあります。たとえば餌を強化子に使うオペラント条件づけでは，「確立操作」といって，動物をあらかじめある程度空腹にしておく必要がありました。私の所属する企業の倫理委員会は原則としてこれを認めません。どうすればよいでしょうか？　また他にも「アウト」な実験があるはずです。パヴロフの手術はどうでしょう？　これまでの実験をひとつ今日の目で点検してみてください。

2 　心理学の目標と方法

⟹ 　**ティンバーゲンの4つの問い**

　動物行動学のニコ・ティンバーゲンは，行動の生物学が答えを探すべき課題は4つあると唱えました（Tinbergen, 1963；長谷川ほか, 2020）。

　第1は「因果関係」。ある行動がどうして起こるのか？　そのメカニズムの解明です。これについてティンバーゲンは，行動学者は複雑な現象を単純な要素に分解する「下行路線」で進歩しており，神経生理学者は単純な現象から複雑な現象を組み立てる「上行路線」で進歩しているといいます。

　第2は「生存にとっての価値」（サバイバル・バリュー）。ティンバーゲンは「私はナチュラリストでもあって，その心は実験科学者でもある」といい，実験が可能ならば，動物の行動がいかにして生存に貢献しているのかを解明したいといいます。

　第3は「個体発生」すなわち発達です。ここで（当時の）心理学は学習重視，動物行動学は生得的行動重視でなかなか話が噛み合いませんが，おそらく全員が同意するのは，行動の完全な理解には発達の理解が必要ということだろうといいます。

　第4は「進化」。この研究は難しい。なぜなら「化石的」といえるような行動が見つからないから。けれども，種に特異的な行動がいかに遺伝的にコントロールされているかを探り，また，行動の進化に自然選択がどのような影響を及ぼしているかを探ることによって，第2の問い，すなわち「生存価」に対する答えも出るだろう，という話です。

　この「4つの問い」は動物の行動研究に向けられたものではあり

表 15-1 ティンバーゲンの4つの問い

行動などを含む生物学的特性に影響を及ぼす要因	その特性が反映しているもの	ティンバーゲンの問い
遺伝的な構築	ある特性の進化の歴史	系統進化
発達による変化	遺伝と環境の相互作用	個体発生
さまざまな調節のメカニズム	形態学的／生理学的な要因	因果関係（メカニズム）
環境への適応に与える効果	ある特性がその後の進化に与えるフィードバック効果	生存価（機能）

(出所) Taborsky, 2014 より作成。

ますが，私は心理学一般に拡張できるような気がしています。その後の展開も含めてこれらをまとめるとこんな具合です（表 15-1；Taborsky, 2014）。

> ➡️ たとえば「恋愛」をこの4つの角度から眺めたとき，どんなことが考えられるでしょうか？ または，臨床家としてはいつか取り組まなくてはならない「いじめ」はどうですか？ 私は決して「いじめ」に積極的な意義があると思っているわけではありませんが，なんらかの価値のない行動が現出するはずはありません。1つの試みとして考えてみてください。

▷ 4つの問いに6つの路線で答える

さてその4つの問い，あるいは，これだけではないかも知れませんが，心の秘密を探りたいと思ったときに，私たちはどんな方法を取ったらよいのでしょうか？

これについては皆さん観察だの質問紙だの実験だのと，いろいろなことを習うでしょうが，私の考えでは，ダーウィンが表情研究のために敷いた6つの路線を考えることが役に立ちます。この6つ

の路線はいまだに生きているし，未開拓の分野さえあると思います。

第1は，幼児を観察すること。なぜならば幼児の表情は「純粋単純な源泉」をもつが，成長するとそれが失われてしまうから。この「なぜならば」以下は当時のダーウィンの考えなので時代の制約がありますが，これは発達心理学の重要性を説いているでしょう。

第2は，心の病気の人々を観察すること。これは臨床心理ですね。

第3は，「顔面の或筋肉に電気を通じて，種々の表情を生ぜしめ，之を大きく写真に撮った」とあるように，実験心理学です。

第4は，「非常に綿密な観察者である一流の画家及び彫刻家から援助を得る」。ダーウィン自身は，これはあまり実りがなかったといっていますが，芸術心理学です。今日ではいろいろな分析の手段があるでしょう。

第5は，「果して凡ゆる人種，ことに欧州人とあまり接触しない人種間に普く行はるゝかどうかを確かめる」。これは民族心理学あるいは社会心理学。ダーウィンは異民族に接することの多い伝道師や社会活動家に16項目からなる質問紙を送って回答を依頼しています。

第6は，「できるだけ綿密に，二三ありふれた動物における数種の激情の表出に注意する」。すなわち動物心理学あるいは比較心理学です。ダーウィンがここであえて「感情」といわずに「激情」といったのは，対象を動物で間違いなく観察できる変化に限ろうとしたからだと思います。

今日これに追加するとしたら，数理モデル，あるいはコンピュータシミュレーションやロボットなど工学的な手法の導入があるでしょう。

⏩ 表情すなわち感情の研究以外に，たとえば学習とか記憶にこの6

つを応用するとしたら，どんな方法が考えられますか？

3 行動の観察

すべての要は観察と記録

　何をどんなふうに研究するとしても，私たちがまず身につけなければいけないのは，行動を観察し，記録するスキルです。「まず」と書きましたが，これが最も初歩的で簡単という意味ではありません。実は一番難しいともいえます。私らの業界でも動物の症状を観察して記録するのが最も大変な作業で，多くの企業や研究機関が共同研究をし，観察項目やスコアリングシステムのすり合わせをしています。

　どうして観察と記録が大事かというと，そのデータを他の人が使うからです。

　たとえば，心理検査のデータは医療チームの多くの人によって共有され，ときには疫学的な実態を集計する基礎にもなり，治療効果を検証するエビデンスの基にもなります。何度も使い回され，数年あるいは10年以上経っても役に立つ頑健なデータが取れないといけないのです。

データは将来の誰かのために

　頑健なデータを取るためにどんな工夫が必要なのか？　もちろん，標準化されたテスト法がある場合は厳密にそれに従います。私も動物の症状観察のときはそうします。

　標準化されていない観察の場合も，「他人が読むデータ」と考えて，具体的な記述に心がけましょう。推測を入れないようにしまし

ょう。

　老年心理の研究と臨床で名高い私の友人の先生は，施設のスタッフを指導するときに，たとえば「この方は食欲がありませんでした」というような言い方に厳しくダメ出しをされていました。「嫌いなものだったかも知れないじゃないか」「食べにくかったかも知れないじゃないか」というわけです。ですから，何をどれだけ召し上がったか，それを具体的に，可能なかぎり詳細に記録し，レポートすることを求めておられました。

　具体的に行動を記録することは，介入の成果を検討するときにも重要です。たとえば高齢者の施設に入所している方がトイレで転倒する。これは私の母親もそうでして，なんとかしなければいけないと思っているところです。そこで，ある施設ではオペラント条件づけを利用してひと月あたりの転倒回数を減らそうとしたわけですが，ころんだ回数を数えていても行動介入の役には立ちません。そこでこの施設ではこんなふうな「行動チェックリスト」を作りました（図 15-3）。

　あらためて強調する必要もありませんが，「心理職として現場で働く」とは，こういうことができるようになることです。

4　専門家の立ち位置

▷　「専門家」は事実から何を見出すか

　テレビやネットの世界にはたくさんの「専門家」が登場して解説をします。その「専門家」に対するジャーナリストやタレントさんたちの応対を見ていると，「専門家ってどういう人なのか，わかってないなあ」と思うことがたくさんあるのではないでしょうか。

　あえて「普通の人」という言い方をしますが，「普通の人」の専

図15-3　高齢者の転倒防止のための行動チェックリストの例

適切な行動の課題分析

⑴下記の行動がなんのヒントも与えずに出来たら○，ヒントを与えて出来たら①〜④，ヒントを与えても出来なかったら×
⑵ヒントは①言葉掛け②指差し③動作の真似をする④体に手を添え動かす

できた行為には「ありがとう」「助かります」など，感謝を忘れずに！　お忙しいところすみませんが，記録よろしくお願いします⇒体調が悪いようでしたら無理しないで下さい。

a 車椅子→便座　　　　　　　　　　　　　　　　　　　　　　　　　　　○年○月○日

時間	9〜11	11〜13	13〜15	15〜17	17〜19	19〜21	7〜9
⑴車椅子を適切な位置につける							
⑵左右のブレーキをかける							
⑶左右のフットレストを跳ね上げる							
⑷手すりをつかむ							

⋮

b 便座→車椅子

時間	9〜11	11〜13	13〜15	15〜17	17〜19	19〜21	7〜9
⑾緑の呼び出しボタンを押す							
⑿縦手すりを把持する							
⒀立ち上がる							
⒁立ち続ける							

⋮

（出所）橋本ほか，2011

門家に対するイメージは昔の SF 映画に出てきた「博士」ではないかと思うのですね。白髪白髯でいつも白衣を着て（だいたい応接間で白衣を来ている「専門家」はいないのですが），卓上の不思議な岩石をひと目見たとたん，「これは地球のものではない」と断定する博士。「どうやって調べたんだよ？」と子供心にもツッコミを入れたくなった「博士」です。

　「普通の人」は，少ない事実からたくさんのことを考えられる人

のことを「専門家」だと思っているようです。

しかしそれは真逆です。本当の「専門家」は，たくさんの事実から少しのことしか考えません。

そうして，なにかをいうためには，「たくさんの事実をどうやって集めるか？」「集めた事実から何を，どうやって調べたらよいだろうか？」を常に考えています。

▷ 心理学の専門家と素人を分かつもの

心理臨床でも同じでしょう。私の目の前にすわったあなたのことを，二言三言ことばを交わし，数分間のしぐさを見ただけで，あなたの抱えている心の問題を正しくピタリと言い当てる「専門家」がいるはずもなく，そういうことをいう人は「専門家」ではないでしょう。

それでは，心理臨床の初心者とベテランはどう違うのか？

この興味深いテーマに取り組んで，見事な修士論文を書いた学生がいました。私が大学の教員を本職にしていた頃の優秀作の思い出です。まず，こういう調査研究にたくさんのベテランたちが協力してくれたことが，当人の熱意，指導に当たられた先生の尽力を示していたと思います。

それはそれとして，臨床経験5年以内の「新人」と5年以上，場合によってはもっと長い「エキスパート」の最も大きな違いは何だったと思いますか？

実は「エキスパート」ほど，相談にやって来られた方々に対して「このケースは自分の手には負えないかも知れない」と考える度合いが高かったのです。

この知見は「実るほど　頭を垂れる　稲穂かな」というエキスパートの謙虚な気持ちを表しているようにもみえますが，実はそれだけではないと思います。

エキスパートになればなるほど，人脈が豊富になります。このケースは「あの人に相談しよう」「あの先生に聞いてみよう」という引き出しが増えるわけです。だからこの結果は当然といえば当然です。と同時に，エキスパートがたくさんの人間関係のなかで仕事をしていけることも想像させてくれます。「知のネットワーク」が充実してくるわけです。

つまり「1人だけ」の専門家はありえません。

人は間違うものです。ベテランの専門家でも間違えます。そこを修正してくれるネットワークをもっている人が専門家です。

5　科学性と人間性を両手にとって

▷　何を携えて心理学の道を歩むか

さて，心理学を学ぼうとされる皆さんは，片手に「科学」を，もう片手に「人間愛」を掲げて進まれることでしょう。

たとえ専門職を目指さなくても，教養として心理学について知っておきたいな，という方でも，片手に厳密な方法論と「オッカムの剃刀」に代表される科学的な思考をもちます。だが，それだけで心理学を考えることはできません。私もあなたも同じ人間としてこの地球に生きています。どうすればあなたの楽しさや苦しさを私のものとすることができ，また，逆に，どうすれば私の思いをあなたにわかってもらえるか，このことにも日々悩んでいます。

▷　心理学スタディメイト

心理学は決して「ラクして世渡りをする」ノウハウを教えるものではないし，「あの人の気持ちを操縦できる」マインド・コントロールの指南法でもありません。それはただ，知らずに過ごすよりも

少しだけ，私たちが日常生活を見つめ直す目を鍛えてくれます。

　ああ，こんな勉強は大変だなあ……と思われたかも知れませんが，そうでもないです。

　『徒然草』のなかに私の好きな話がありますのでご紹介して筆をおきましょう。それは『徒然草』の第八十五段，その結論部分はこんなふうになっています……。

　　狂人の真似とて大路を走らば，即ち狂人なり。

　　悪人の真似とて人を殺さば，悪人なり

　これはまるで「行動主義宣言」みたいですね。でも，この段はこう続くのです。

　　驥（引用注：すぐれた才能をもつ人）を学ぶは驥の類ひ，舜（引用注：中国古代の聖帝）を学ぶは舜の徒（引用注：友達）なり。偽りても賢を学ばんを，賢といふべし。

　「偽りても」でよいのです。「真似」で構いません。「勉強するフリをしました」といって心理学の本を読み，身近な現象について考え，「わたし」と「あなた」がどうやったらわかりあえるかという課題に思いをめぐらせたら，それがすなわち心理学を勉強したことになるのです。

あ と が き

　およそ40年間の私の職業生活のなかで，心理学が本職だった時期は4年間だけです。

　それ以外は何をやっていたかというと，「薬理試験」といって，これから医薬品になる可能性のある化学物質の安全性や有効性をテストする仕事や，売れ筋商品の秘密を探るマーケティングの仕事をやっていました。学術的な研究機関に身を置いていたときにも，こうした業界との関係は続きました。

　大学で勉強したのは心理学だったので，最初はこういう仕事から心理学的なテーマをつかんで，それを心理学の研究に生かすつもりでした。しかし，10年くらい経った頃からでしょうか，「そんな目標は小さい」と思うようになったのです。「この薬が成功したら世界中で何千万人もの人が助かる」「この商品がヒットしたら日本経済は再び上昇する」……こういうストーリーのほうが「学習理論のA仮説のほうがB仮説よりも正しいことがわかった！」というストーリーよりも面白い……。これが当時の正直な気持ちでした。

　けれどもそれからまた10年ぐらい経つと，実社会で「こうすれば，こうなるはずだ」と思うことがなかなかその通りにはいかないので，その秘密を解くためには「人間の心のはたらきはどんなものか？」を知らなければいけないと，あらためて考えるようになりました。「やっぱり心理学はなにかを考えるときの基軸になりうる」と思ったわけです。

　こうして私は心理学とは「つかず離れず」のつきあいを続けてき

ました。そのおかげといっては口はばったいのですが，ひと通り心理学を勉強したときには「あまり関係ない」と思っていた事柄どうしが意外に近い関係にあることに気づいたり，専門的な事柄を学問的に逸脱しない範囲で「わかりやすく」説明するにはどうしたらよいかを工夫したり，心理学の知識をいろいろな形に組み替えることには慣れました。上手にできるとはいえませんが，それが主な仕事だったといってもよいくらいです。私は，本書をお読みになった皆さんにもこういった「知の組み替え」に取り組んでほしいと思います。「習ったことがそのままの姿ですぐに現場の役に立つ」，そんなトコロテンを突き出すような「知」の活用法はありません。なんらかの組み替えは必ず必要です。

*

　それでは，縦横に組み替えられる頑健な知識はどうすれば身につくのでしょうか？

　ここで皆さんにお勧めしたいのは，古典を読むことです。

　大学の授業を聴き，教科書を読むと，私たちはパヴロフを条件反射で「しか」知らない，ウィリアム・ジェームズを機能主義という断片で「しか」知らない，スキナーをネズミがスイッチを押す箱で「しか」知らない……こんな状況になります。それは実にもったいないことです。

　偉大な先人たちは，入り口はイヌの消化管だったり光点や純音だったりしても，そこから「心とは何か？」「人間とは何か？」「人間の文明とは何か？」といった深くて広い世界に思索の幅を広げています。

　幸いなことに，世界的な古典は比較的簡単に手に入ります。本書でも何度か引用しましたが，クロード・ベルナールの『実験医学序説』，パヴロフの『大脳半球の働きについて』，ダーウィンの『種の

起源』『人間の由来』，フロイトの『精神分析入門』，ジェームズの『心理学』などはいずれも文庫で手に入ります。英語で挑戦したい方には「プロジェクト・グーテンベルク」（Project Gutenberg；gutenberg.org）というオンライン図書館みたいなサイトを使うとダーウィンの（ほぼ）全著作が無料で読めます。ヴィゴツキーの著作が読めるサイトがあることは本書でも紹介しました。本書のサポートページもご覧ください。

そのほか，歴史的に重要なものに絞っても，ワトソンの『行動主義の心理学』，ケーラーの『心理学における力学説』，ピアジェの『知能の誕生』，ヘッブの『心について』，ユングの『人間と象徴』，スキナーの『人間と社会の省察』あたりは必ず読んでほしい著作です。

大事なのは，これらを誰かが解説した「手引書」ではなく，ほんものを読むことです。実験心理でも臨床心理でも，現場に足を運んで生身の触れ合いをしなければダメだと思っている心理学に関わる皆さんが，著作を読むときだけは「観光ガイド」みたいなものでよいと考えておられるとしたら，それはおかしいでしょう。手に入りにくかったり高価だったりするときには図書館を使いましょう。大学にはそのために図書館があります。

*

大変な山登りも登山口はアクセスしやすいもの，平地から少しだけ高いところに足を踏み入れ，そこから始まります。学問の敷居はうんと低くて構いません。周到な準備が必要なら，それを用意するのは先人の仕事です。しかし，登り始めたらその後は必ず，先人がたどり着いた地点を越えなければなりません。それが後から登る人の務めです。焦る必要はありません。私はここまでお読みいただいた皆さんが本書の地平を越えてくださる日を楽しみにしています。

　私のこれまでの仕事は，心理学，薬理学，神経科学，精神医学，工学，経営学，商学など，さまざまな領域の専門家や企業の方々に導いていただきました。全員のお名前を挙げるとたいへんなことになりますので割愛しますが，この場を借りて厚く御礼申し上げます。本書は有斐閣編集部の渡辺晃さんと中村さやかさんの力で本の形になりました。深謝します。

　　　2022 年 11 月

　　　　　　　　　　　　　　　　　　廣 中 直 行

引用・参考文献

URL を記載した古典文献へのリンク集を本書のサポートページで提供しています。

Agel, J.（Ed.）.（1970）. *The making of Kubrick's 2001*. New American Library.

Allport, F. H.（1919）. Behavior and experiment in social psychology. *Journal of Abnormal Psychology*, 14, 297-306.

Allport, F. H.（1920）. The influence of the group upon association and thought. *Journal of Experimental Psychology*, 3, 159-182.

天野知恵子（2012）. 19世紀フランス民衆世界の子どもたち　愛知県立大学外国語学部紀要 地域研究・国際学編，44，167-186.

アンデルセン，H. C.（楠山正雄訳）　雪の女王　青空文庫 No.42387

アンドリアセン，N. C.（長野敬・太田英彦訳）（2007）. 天才の脳科学——創造性はいかに創られるか　青土社（Andreasen, N. C. 2006. *The creating brain: The neuroscience of genius*. Plume.）

青木孝悦（1971）. 性格表現用語の心理辞典的研究——455語の選択，分類および望ましさの評定　心理学研究，42，1-13.

アリストテレス（神崎繁訳／内山勝利・神崎繁・中畑正志編）（2014）. ニコマコス倫理学　岩波書店

浅井智久・丹野義彦（2010）. 声の中の自己と他者——幻聴の自己モニタリング仮説　心理学研究，81，247-261.

アウグスティヌス，A.（服部英次郎訳）（1976）. 聖アウグスティヌス 告白（上下巻）　岩波書店

Bartlett, F. C.（1932）. *Remembering: A study in experimental and soial psychology*. Cambridge University Press.

Berger, H.（1929）. Über das Elektrenkephalogramm des Menschen. *Archiv für Psychiatrie und Nervenkrankheiten*, 87, 527-570.

ベルナール，C.（三浦岱栄訳）（1970）. 実験医学序説　岩波書店

Bernardi, N. F., Bellemare-Pepin, A., & Peretz, I.（2017）. Enhancement of pleasure during spontaneous dance. *Frontiers in Human Neuroscience*, 11, 572.

Bert, F., Gualano, M. R., Camussi, E., Pieve, G., Voglino, G., & Siliquini,

R. (2016). Animal assisted intervention: A systematic review of benefits and risks. *European Journal of Integrative Medicine*, 8, 695-706.

Bickel, W. K., & Marsch, L. A. (2001). Toward a behavioral economic understanding of drug dependence: Delay discounting processes. *Addiction*, 96, 73-86.

Blanchard, D. C., & Blanchard, R. J. (1972). Innate and conditioned reactions to threat in rats with amygdaloid lesions. *Journal of Comparative and Physiological Psychology*, 81, 281-290.

Bolles, R. C. (1970). Specied-specific defense reactions and avoidance learning. *Psychological Review*, 77, 32-48.

Burnes, B., & Bargal, D. (2017). Kurt Lewin: 70 years on. *Journal of Change Management*, 17, 91-100.

Bushnell, M. C., Ceko, M., & Low, L. A. (2013). Cognitive and emotional control of pain and its disruption in chronic pain. *Nature Reviews Neurosciences*, 14, 502-511.

Bylsma, L. M., Gračanin, A., & Vingerhoets, Ad J. J. M. (2019). The neurobiology of human crying. *Clinical Autonomic Research*, 29, 63-73.

Carter, M. H. (1899). Romanes' idea of mental development. *American Journal of Psychology*, 11, 101-118.

カッシーラー, E. (宮城音弥訳) (1997). 人間――シンボルを操るもの 岩波書店

Chance, P. (1999). Thorndike's puzzle boxes and the origins of the experimental analysis of behavior. *Journal of the Experimental Analysis of Behavior*, 72, 433-440.

近森高明 (2002). 乾いた神経, 濡れた神経――大正期における二つの身体 京都社会学年報, 10, 17-34.

Cloninger, C. R., Svrakic, D. M., & Przybeck, T. R. (1993). A psychobiological model of temperament and character. *Archives of General Psychiatry*, 50, 975-990.

コクトー, J. (秋山和夫訳) (1996). ぼく自身あるいは困難な存在 筑摩書房

Cooper, T. E., Heathcote, L. C., Clinch, J., Gold, J. I., Howard, R., Lord, S. M., Schechter, N., Wood, C., & Wiffen, P. J. (2017). Antidepressants for chronic non-cancer pain in children and adolescents. *Cochrane Database of Systematic Reviews*, 8, CD012535.

Cotton, J. L. (1981). A review of research on Schachter's theory of emotion and the misattribution of arousal. *European Journal of Social Psychology*, 11, 365-397.

Cottrell, N. B., Wack, D. L., Sekerak, G. J., & Rittle, R. H. (1968). Social facilitation of dominant responses by the presence of an audience and the mere presence of others. *Journal of Personality and Social Psychology*, 9, 245-250.

Darwin, C. (1877). A Biographical sketch of an infant. *MIND: A Quarterly Review of Psychology and Philosophy*, 2, 285-294. (Darwin Online で閲覧可能 http://darwin-online.org.uk/content/frameset?pageseq=1&itemID=F1779&viewtype=text)

ダーウィン，C.（浜中浜太郎訳）（1931）．人及び動物の表情について 岩波書店（Darwin, C. 1872. *The expression of the emotions in man and animals*. John Murray.; Project Gutenberg で閲覧可能 https://www.gutenberg.org/ebooks/1227 ）

デカタンザロ，D. A.（浜村良久監訳／廣中直行・岡田隆・筒井雄二訳）（2005）．動機づけと情動 協同出版（deCatanzaro, D. A. 1999. *Motivation and emotion: Evolutionary, physiological, developmental, and social perspectives*. Prentice-Hall.）

Demirdöğen, Ü. D. (2010). The roots of research in (political) persuasion: Ethos, pathos, logos and the Yale studies of persuasive communications. *International Journal of Social Inquiry*, 3, 189-201.

デカルト，R.（野田又夫訳）（1974）．方法序説・情念論 中央公論新社

土井隆義（2001）．心理学化される現実と犯罪社会学 犯罪社会学研究，26, 182-198.

Domino, E. F. (2010). Taming the ketamine tiger. 1965. *Anesthesiology*, 113, 678-684.

銅谷賢治（2002）．強化学習とメタ学習の脳内機構——大脳基底核と神経修飾物質系 日本神経回路学会誌，9, 36-40.

アイブル - アイベスフェルト，I.（日高敏隆・久保和彦訳）（1974）．愛と憎しみ——人間の基本的行動様式とその自然誌（1） みすず書房

Eichenbaum, H., Dudchenko, P., Wood, E., Shapiro, M., & Tanila, H. (1999). The hippocampus, memory, and place cells: Is it spatial memory or a memory space? *Neuron*, 23, 209-226.

Enck, P., Aziz, Q., Barbara, G., ... Spiller, R. C. (2016). Irritable bowel syndrome. *Nature Reviews Disease Primers*, 2, 16014.

フロイト，S.（懸田克躬訳）（1973）．精神分析学入門 中央公論社（Freud, S. 1917. Vorlesungen zur Einführung in die Psychoanalyse.

H. Heller.）

Freud, S.（2006）. Letter to Romain Rolland: A disturbance of memory on the Acropolis. In A. Phillips（Ed.）. *The Penguin Freud Reader*. Penguin Books.

Fry, B. R., Russell, N., Gifford, R., Robles, C. F., Manning, C. E., Sawa, A., Niwa, M., & Johnson, A. W.（2020）. Assessing reality testing in mice through dopamine-dependent associatively evoked processing of absent gustatory stimuli. *Schizophrenia Bulletin*, 46, 54-67.

藤野友紀（2007）.「支援」研究のはじまりにあたって──生きづらさと障害の起源　子ども発達臨床研究, 1, 45-51.

藤田統（1991）. 行動研究における生態学的アプローチ──行動の適応と進化　筑波大学心理学研究, 13, 51-66.

藤田哲也（1997）. 心を生んだ脳の 38 億年　岩波書店

福田かおる（1998）. イギリスに於ける動物愛護思想──大衆文化としての歴史的・社会的背景　社会文化研究, 2, 40-56.

Gabriel, E., Albanna, W., Pasquini, G., ... Gopalakrishnan, J.（2021）. Human brain organoids assemble functionally integrated bilateral optic vesicles. *Cell Stem Cell*, 28, 1740-1757.

Gazzaniga, M. S.（1998）. The split brain revisited. *Scientific American*, 279, 50-55.

Golden, S. A., Covington, H. E. III, Berton, O., & Russo, S. J.（2011）. A standardized protocol for repeated social defeat stress in mice. *Nature Protocols*, 6, 1183-1191.

郷古学・小林祐一（2010）. 能動的な動きにもとづく知覚の恒常性の実現と行動学習　第 24 回人工知能学会全国大会論文集, 2E31.

Grospietsch, F., & Mayer, J.（2019）. Pre-service science teachers' neuroscience literacy: Neuromyths and a professional understanding of learning and memory. *Frontiers in Human Neuroscience*, 13, 20.

原田勝二（2001）. 飲酒様態に関与する遺伝子情報　日本醸造協会誌, 96, 210-220.

ハラリ, Y. N.（柴田裕之訳）（2016）. サピエンス全史──文明の構造と人類の幸福（上巻）　河出書房新社

挾本佳代（1997）. スペンサーにおける社会有機体説の社会学的重要性──群相としての社会と人口　社会学評論, 48, 192-206.

長谷川寿一・長谷川眞理子・大槻久（2022）. 進化と人間行動［第 2 版］東京大学出版会

長谷川寿一・東條正城・大島尚・丹野義彦・廣中直行（2020）. はじめて

出会う心理学［第3版］　有斐閣

橋本和久・加藤宗規・山崎裕司（2011）．トイレでの転倒頻度の減少を目的とした応用行動分析学的介入による効果の検討　理学療法科学, 26, 185-189.

服部政治（2006）．日本における慢性疼痛保有率　日本薬理学雑誌, 127, 176-180.

林智子（2012）．"否認"という無意識の患者心理理解における看護師の思考過程の分析——患者心理推測から看護援助へ　日本看護研究学会雑誌, 35, 67-78.

ヘッセ, H.（高橋健二訳）（1971）．荒野のおおかみ　新潮社

廣中直行（2013）．依存症のすべて——「やめられない気持ち」はどこから来る？　講談社

廣中直行（2014）．アルコール依存症の心理生物学　*Frontiers in Alcoholism*, 2, 118-122.

本間元康（2010）．ラバーハンドイリュージョン——その現象と広がり　認知科学, 17, 761-770.

Hubbard, T. L.（2005）. Representational momentum and related displacements in spatial memory: A review of the findings. *Psychonomic Bulletin & Review*, 12, 822-851.

ハックスリー, A.（松村達雄訳）（1974）．すばらしい新世界　講談社（Huxley, A. 1932. *Brave new world*. Chatto & Windus.）

IAHAIO（2018）．動物介在介入の定義とAAIに係る動物の福祉のガイドライン

出隆（1972）．アリストテレス哲学入門　岩波書店

井口弘将・阿部孝司・参沢匡将・木村春彦・大洞喜正（2007）．ゲシュタルト心理学に基づく抽象図形の群化領域認識　電気学会論文誌C（電子・情報・システム部門誌）, 127, 844-853.

池上知子（2014）．差別・偏見研究の変遷と新たな展開——悲観論から楽観論へ　教育心理学年報, 53, 133-146.

生駒忍（2005）．潜在記憶現象としての単純接触効果　認知心理学研究, 3, 113-131.

今田寛・宮田洋・賀集寛（編）（2003）．心理学の基礎［三訂版］培風館.

今田恵（1962）．心理学史　岩波書店

稲垣真澄・加我牧子（1998）．ヒトの聴覚の発達と発達障害　*BME*, 12, 30-39.

井上眞理子（1982）．E. H. エリクソンにおけるアイデンティティ概念の形成過程　ソシオロジ, 27, 1-19.

井上信次（2015）．項目反応理論に基づく順序尺度の等間隔性——質問紙調査の回答選択肢（3〜5件法）の等間隔性と回答のしやすさ　川崎医療福祉学雑誌，25, 23-35.

乾敏郎・天野成昭・近藤公久・片桐滋（2003）．縦断的観察による語彙と文の獲得の定量的分析　認知科学，10, 304-317.

入谷敏男（1971）．ピアジェ　依田新・本明寛（監修）　現代心理学のエッセンス——意識の心理学から行動の科学へ　ぺりかん社

ITmedia エンタープライズ（2005）．情報マネジメント用語辞典「ディジョンツリー」https://www.itmedia.co.jp/im/articles/0504/26/news115.html

岩渕輝（2007）．グスタフ・フェヒナーの生命思想——精神物理学との関わりにおいて　明治大学教養論集，416, 1-27.

出馬圭世（n.d.）．利他的行動　脳科学辞典 https://bsd.neuroinf.jp/wiki/利他的行動

ジェイムズ，W.（桝田啓三郎訳）（1957）．プラグマティズム　岩波書店

ジェームズ，W.（今田寛訳）（1992［下巻 1993]）．心理学（上下巻）　岩波書店

実森正子・中島定彦（2000）．学習の心理——行動のメカニズムを探る　サイエンス社

Johansson, P., Hall, L., Sikström, S., & Olsson, A. (2005). Failure to detect mismatches between intention and outcome in a simple decision task. *Science*, 310, 116-119.

香川県立高松養護学校（n.d.）．肢体不自由児の支援のヒント「支援教育だより Part2」https://www.kagawa-edu.jp/takayo02/file/2684

海部陽介（2005）．人類がたどってきた道——"文化の多様化"の起源を探る　NHK出版

カンデル，E. R.（塚原仲晃訳）（1981）．学習の分子生物学を目指して 1　科学，51, 10-15.

カント，I.（篠田英雄訳）（1961）．純粋理性批判（上巻）　岩波書店

柏野牧夫（2010）．音のイリュージョン——知覚を生み出す脳の戦略　岩波書店

川口潤（1983）．プライミング効果と意識的処理・無意識的処理　心理学評論，26, 109-128.

川合貞一（1953）．ウィルヘルム・ヴント　日本応用心理学会（編）　心理学講座（第1巻 人物評伝）　中山書店　青空文庫 No. 48851

川根伸夫・兼安正恵・白坂真紀・桑田弘美・澤井俊宏・太田茂・藤野みつ子・竹内義博（2012）．小児病棟の年間行事の現状分析と今後の課題

（実践報告）　滋賀医科大学看護学ジャーナル，10，46-51.

Kim, H. -J., & Koh, H. -Y.（2016）. Impaired reality testing in mice lacking phospholipase Cβ1：Observed by persistent representation-mediated taste aversion. *PLOS ONE*, 11, e0146376.

木村資生（1988）．生物進化を考える　岩波書店

金水敏（2011）．役割語と日本語教育　日本語教育，150，34-41.

小林司（1985）．心にはたらく薬たち――精神治療薬と精神世界を拡げる薬　筑摩書房

小松康弘（2019）．患者参加型医療が医療の在り方を変える――21世紀医療のパラダイムシフト　国民生活研究，59，56-80.

Korik, A., Sosnik, R., Siddique, N., & Coyle, D.（2019）. Decoding imagined 3D arm movement trajectories from EEG to control two virtual arms: A pilot study. *Frontiers in Neurorobotics*, 13, 94.

高坂康雅（2016）．日本における心理学的恋愛研究の動向と展望　和光大学現代人間学部紀要，9，5-17.

厚生労働省（2018）．平成30年版厚生労働白書

小谷津孝明・伊東昌子・松田真幸（1984）．4枚カード問題における課題素材効果と視点教示の効果　基礎心理学研究，3，21-29.

Kretschmer, E.（1937）. Structure of the personality in psychotherapy. *British Medical Journal*, 2, 518-522.

クレッチュマー，E.（内村祐之訳）（1982）．天才の心理学　岩波書店

国里愛彦・山口陽弘・鈴木伸一（2008）．Cloningerの気質・性格モデルとBig Fiveモデルとの関連性　パーソナリティ研究，16，324-334.

呉秀三・樫田五郎（1918）．精神病者私宅監置ノ実況及ビ其統計的観察　東京医学会雑誌，32（10〜13号）．（国立国会図書館デジタルコレクション https://dl.ndl.go.jp/info:ndljp/pid/985160 ）

栗田季佳・楠見孝（2014）．障害者に対する潜在的態度の研究動向と展望　教育心理学研究，62，64-80.

Laney, C., & Loftus, E. F.（2005）. Traumatic memories are not necessarily accurate memories. *Canadian Journal of Psychiatry*, 50, 823-828.

Laney, C., Morris, E. K., Bernstein, D. M., Wakefield, B. M., & Loftus, E. F.（2008）. Asparagus, a love story：Healthier eating could be just a false memory away. *Experimental Psychology*, 55, 291-300.

Lazarus, A. A., & Rachman, S.（1957）. The use of systematic desensitization in psychotherapy. *South African Medical Journal*, 31, 934-937.

LeDoux, J. E. (1996). *The emotional brain: The mysterious under-pinnings of emotional life*. Touchstone Book.

LeDoux, J. E., Moscarello, J., Sears, R., & Campese, V. (2017). The birth, death and resurrection of avoidance: A reconceptualization of a troubled paradigm. *Molecular Psychiatry*, 22, 24-36.

Loftus, E. F., & Palmer, J. C. (1974). Reconstruction of automobile destruction: An example of the interaction between language and memory. *Journal of Verbal Learning and Verbal Behavior*, 13, 585-589.

眞嶋良全 (2012). 疑似科学問題を通して見る科学リテラシーと批判的思考の関係 認知科学, 19, 22-38.

Marcussen, E. (2017). Explaining the 1934 Bihar-Nepal earthquake: The role of science, astrology, and "rumours". In G. J. Schenk (Ed.). *Historical disaster experience: Towards a comparative and transcultural history of disasters across Asia and Europe*. Springer International.

マーギュリス, L. (中村桂子訳) (2000). 共生生命体の30億年 草思社

Marshall, G. D., & Zimbardo, P. G. (1979). Affective consequences of inadequately explained physiological arousal. *Journal of Personality and Social Psychology*, 37, 970-988.

Marxists Internet Archive Library. Lev Vygotsky Archive. https://www.marxists.org/archive/vygotsky/

松田隆夫 (2000). 知覚心理学の基礎 培風館

松本直司・石川翔一・杉本隆典 (2013). 高所からの都市眺望景観における魅力とプレグナンツ 日本建築学会計画系論文集, 78, 1543-1549.

馬塚れい子 (2009). 言語リズムの獲得と韻律によるブートストラッピング仮説 音声研究, 13, 19-32.

McClelland, J. L., & Elman, J. L. (1986). The TRACE model of speech perception. *Cognitive Psychology*, 18, 1-86.

Merbs, S. L., & Nathans, J. (1993). Role of hydroxyl-bearing amino acids in differentially tuning the absorption spectra of the human red and green cone pigments. *Photochemistry and Photobiology*, 58, 706-710.

Metrik, J., Aston, E. R., Kahler, C. W., Rohsenow, D. J., McGeary, J. E., Knopik, V. S., & MacKillop, J. (2016). Cue-elicited increases in incentive salience for marijuana: Craving, demand, and attentional bias. *Drug and Alcohol Dependence*, 167, 82-88.

道又爾・北崎充晃・大久保街亜・今井久登・山川恵子・黒沢学（2011）．
認知心理学——知のアーキテクチャを探る［新版］　有斐閣

Miller, G. A., Galanter, E., & Pribram, K. H.（1960）．*Plans and the structure of behavior*. Henry Holt & Company.

宮城音弥（1960）．性格　岩波書店

宮田隆（1996）．眼が語る生物の進化　岩波書店

宮内哲（2016）．Hans Berger の夢——How did EEG become the EEG? その3　臨床神経生理学，44，106-114.

Morgan, C. L.（1882）. Animal intelligence. *Nature*, 26, 523-524.

森数馬・岩永誠（2014）．音楽による強烈な情動として生じる鳥肌感の研究動向と展望　心理学研究，85，495-509.

森永康子・大渕憲一・池上知子・高史明・吉田寿夫・伊住継行（2020）．
今，差別を考える——社会心理学からの提言　教育心理学年報，59，304-314.

森岡正芳・須田治・岩壁茂・茂呂雄二・遠藤利彦（2011）．情動とその表象化　教育心理学年報，50，35-38.

森山哲美（2019）．刻印反応の獲得と維持にかかわる強化随伴性　行動分析学研究，34，103-125.

森山徹（2011）．ダンゴムシに心はあるのか——新しい心の科学　PHP研究所

Murube, J., Murube, L., & Murube, A.（1999）. Origin and types of emotional tearing. *European Journal of Ophthalmology*, 9, 77-84.

中垣俊之（2009）．「薬学」から「粘菌の迷路解き」へ（話題）　ファルマシア，45，547-552.

中川義信（2021）．扉を開ければ見えてくる新しい病院のかたち——ホスピタルアートを中心に　保健医療社会学論集，31，1-8.

中村雄二郎（1992）．臨床の知とは何か　岩波書店

中野重行・菅原英世・坂本真佐哉・小関哲郎・上村尚人・丹生聖治・角南由紀子・松本俊二・梅月恵美（1999）．心身症患者におけるプラセボ効果に関与する要因——医師患者関係，治療意欲および薬物治療に対する期待度　臨床薬理，30，1-7.

Nakashima, S. F., Ukezono, M., Nishida, H., Sudo, R., & Takano, Y.（2015）. Receiving of emotional signal of pain from conspecifics in laboratory rats. *Royal Society Open Science*, 2, 140381.

Neisser, U.（1967）. *Cognitive psychology*. Prentice-Hall.

二木宏明（1984）．脳と心理学——適応行動の生理心理学　朝倉書店

日本精神神経学会　精神科病名検討連絡会（2014）．DSM-5 病名・用語翻

訳ガイドライン　精神神経学雑誌, 116, 429-457.

Nisbett, R. E., & Schachter, S.（1966）. Cognitive manipulation of pain. *Journal of Experimental Social Psychology*, 2, 227-236.

西丸四方（1974）. 精神医学入門［第 18 版］　南山堂

小川捷之（編）（1981）. 臨床心理用語事典 1（用語・人名篇）　至文堂

小川眞里子（2017）. 動物虐待防止法とイギリスの生理学　科学史研究, 56, 37-43.

小川鼎三（1964）. 医学の歴史　中央公論社

Ojio, Y., Yamaguchi, S., Ohta, K., Ando, S., & Koike, S.（2020）. Effects of biomedical messages and expert-recommended messages on reducing mental health-related stigma: A randomised controlled trial. *Epidemiology and Psychiatric Sciences*, 29, e74.

丘浅次郎（1976）. 進化論講話（上下巻）　講談社（国立国会図書館デジタルコレクション https://dl.ndl.go.jp/info:ndljp/pid/832195 ; 1904 年開成館版）

岡田隆・廣中直行・宮森孝史（2015）. 生理心理学――脳のはたらきから見た心の世界［第 2 版］　サイエンス社

岡上武・水野雅之（2015）. 肝機能検査, 肝障害について――健診における問題点　総合健診, 42, 307-312.

O'Keefe, J., & Nadel, L.（1978）. *The hippocampus as a cognitive map*. Oxford University Press.

大井正・寺沢恒信（1962）. 哲学思想史と世界十五大哲学　富士書店

大森理絵・長谷川寿一（2009）. 人と生きるイヌ――イヌの起源から現代人に与える恩恵まで　動物心理学研究　59, 3-14.

大山正（2002）. ゲシュタルト諸要因の量的測定と知覚情報処理　基礎心理学研究, 20, 147-157.

オーウェル, G.（新庄哲夫訳）（1972）. 1984 年　早川書房（Orwell, G. 1949. *Nineteen eighty-four*. Secker & Warburg.）

長田尚夫・井上武夫・平野昭彦・田中一成（1976）. 神経性頻尿の心身医学的研究（第 2 報）――臨床的観察　京都大学泌尿器科紀要, 22, 407-413.

Passingham, R.（2016）. *Cognitive neuroscience: A very short introduction*. Oxford University Press.

Pavlov, I. P.（1932）. The reply of a physiologist to psychologists. *Psychological Review*, 39, 91-127.

パヴロフ, I. P.（川村浩訳）（1975）. 大脳半球の働きについて――条件反射学（上巻）　岩波書店

Petty, R. E., & Cacioppo, J. T. (1986). The elaboration likelihood model of persuasion. *Advances in Experimental Social Psychology*, 19, 123-205.

ピアジェ，J.（滝沢武久・佐々木明訳）(1970). 構造主義（文庫クセジュ）　白水社

ピアジェ，J.（田辺振太郎・島雄元訳）(1984). 発生的認識論序説（第 1 巻　数学思想）　三省堂（Piaget, J. 1950. *Introduction à l'épisté-mologie génétique*, Tome 1, *La pensée mathématique*, Presses universitaires de France.）

ピショー，P.（帚木蓬生・大西守訳）(1999). 精神医学の二十世紀　新潮社

Plutchik, R., & Ax, A. F. (1967). A critique of "Deteminants of emotional state" by Schachter and Singer (1962). *Psychophysiology*, 4, 79-82.

ルソー，J.-J.（今野一雄訳）(1962). エミール（上巻）　岩波書店

Russell, W. M. S., & Burch, R. L. (n.d.). The principles of humane experimental technique. Johns Hopkins Bloomberg School of Public Health https://caat.jhsph.edu/principles/the-principles-of-humane-experimental-technique

Saddoris, M. P., Holland, P. C., & Gallagher, M. (2009). Associatively learned representations of taste outcomes activate taste-encoding neural ensembles in gustatory cortex. *Journal of Neuroscience*, 29, 15386-15396.

佐伯胖・松原望（編）(2000). 実践としての統計学　東京大学出版会

齋藤百枝美 (2021). 精神科医療における服薬アドヒアランス向上とメンタルヘルスリテラシー教育　*YAKUGAKU ZASSHI*, 141, 541-555.

酒井由紀子 (1996). ジェンナーと種痘の歴史──種痘発明から 200 年　医学図書館, 43, 380-383.

佐久間鼎 (1968). 日本語の体言の構文機能による系列化　日本学士院紀要, 26, 13-31.

実吉綾子・仲亀秀実 (2008). 抑圧──精神分析と実験心理学の邂逅　帝京大学心理学紀要, 12, 77-90.

佐藤方哉 (1976). 行動理論への招待　大修館書店

佐藤眞一（編著）(2022). 心理老年学と臨床死生学──心理学の視点から考える老いと死　ミネルヴァ書房

サトウタツヤ・高砂美樹 (2022). 流れを読む心理学史──世界と日本の心理学［補訂版］　有斐閣

Schachter, S., & Singer, J. E. (1962). Cognitive, social, and physiological determinations of emotional state. *Psychological Review*, 69, 379-399.

Schaller, M. (2011). The behavioural immune system and the psychology of human sociality. *Philosophical Transactions of the Royal Society B: Biological Sciences*, 366, 3418-3426.

Shepard, R. N., & Metzler, J. (1971). Mental rotation of three-dimensional objects. *Science*, 171, 701-703.

柴田博 (2002). サクセスフル・エイジングの条件　日本老年医学会雑誌, 39, 152-154.

渋谷亮 (2008). 幼児のセクシュアリティと自体愛——フロイトの幼児期セクシュアリティ論に関する歴史的一考察　大阪大学教育学年報, 13, 3-16.

島田謹二（編）(1951). 佐藤春夫詩集　新潮社

島崎敏樹 (1960). 心で見る世界　岩波書店

清水孝洋・清水翔吾・東洋一郎・吉村直樹・齊藤源顕 (2020). ストレス誘発性頻尿の脳内機序解明を目指して　日本薬理学雑誌, 155, 20-24.

白木照夫・小谷良江・岡村典子…平田久美 (2016). 一般病院緩和ケア病棟における動物介在活動　*Palliative Care Research*, 11, 916-920.

獅々見照・獅々見元太郎・松尾義和 (2013). 実話映画への6つの心理学的アプローチ (1) ——「レナードの朝」への生物学的アプローチを中心に　広島修大論集, 54, 221-233.

Shou, Y., Liang, F., Xu, S., & Li, X. (2020). The application of brain organoids: From neuronal development to neurological diseases. *Frontiers in Cell and Developmental Biology*, 8, 579659.

Silva, A. J., Paylor, R., Wehner, J. M., & Tonegawa, S. (1992). Impaired spatial learning in α-calcium-calmodulin kinase II mutant mice. *Science*, 257, 206-211.

Skinner, B. F. (1948). 'Superstition' in the pigeon. *Journal of Experimental Psychology*, 38, 168-172.

スキナー, B. F.（宇津木保・うつきただし訳）(1969). 心理学的ユートピア　誠信書房（Skinner, B. F. 1948. *Walden two*. Macmillan.）

Skinner, B. F. (1981). Selection by consequences. *Science*, 213, 501-504.

Small, W. S. (1900). An experimental study of the mental processes of the rat. *American Journal of Psychology*, 11, 133-165.

Small, W. S. (1901). Experimental study of the mental processes of the rat. II. *American Journal of Psychology*, 12, 206-239.

総務省統計局 (2018). 統計からみた我が国の高齢者——「敬老の日」にちなんで https://www.stat.go.jp/data/topics/topi1130.html

菅野文彦 (1989). G. S. ホールの教育論における多義性——彼の思想課題からする整合的解釈の試み　教育学研究, 56, 156-165.

杉森絵里子・浅井智久・丹野義彦 (2009). 健常者用幻聴様体験尺度 (AHES) の作成および信頼性・妥当性の検討　心理学研究, 80, 389-396.

杉村泰 (2017). 日本語のオノマトペ「ヒリヒリ, ヒリッ, ヒリリ」,「ピリピリ, ピリッ, ピリリ」,「ビリビリ, ビリッ, ビリリ」の記述的研究　ことばの科学, 31, 111-130.

杉澤あつ子・杉澤秀博・中谷陽明・前田大作・柴田博 (1997). 地域高齢者における身体疾患と抑うつ症状　厚生の指標, 44, 44-48.

杉山尚子・島宗理・佐藤方哉・マロット, R. W.・マロット, M. E. (1998). 行動分析学入門　産業図書

田畑勝好 (1995). 検査技師の歴史　京都大学医療技術短期大学部紀要別冊 健康人間学, 7, 26-30.

Taborsky, M. (2014). Tribute to Tinbergen: The four problems of biology. A critical appraisal. *Ethology*, 120, 224-227.

高木修・田中優・小城英子・太田仁・阿部晋吾・牛田好美 (2011). 学部学生の興味・関心から見た対人社会心理学研究の変遷——卒業研究のテーマ分析　関西大学社会学部紀要, 42, 131-153.

Takahashi, M. (2007). Does collaborative remembering reduce false memories? *British Journal of Psychology*, 98, 1-13.

高村光太郎 (1984). 智恵子抄　新潮社

Takano, Y., Takahashi, N., Tanaka, D., & Hironaka, N. (2010). Big losses lead to irrational decision-making in gambling situations: Relationship between deliberation and impulsivity. *PLOS ONE*, 5, e9368.

高取憲一郎 (1991). ヴィゴツキー理論の来し方行く末　教育心理学年報, 30, 128-138.

田村直俊・中里良彦 (2019). 唾液腺の自律神経支配——歴史的展望　自律神経, 56, 155-161.

田中謙二 (2018). オプトジェネティクスは何故そんなに注目されるのでしょうか？　生物物理, 58, 185-190.

田中美穂・小松明 (2011). 臨床における看護師のプラシーボ与薬の実態

に関する全国調査　日本看護倫理学会誌, 3, 36-46.

田中良久 (1961). 心理学測定法　東京大学出版会

Tanaka, Y., & England, G. W. (1972). Psychology in Japan. *Annual Review of Psychology*, 23, 695-732.

テオプラストス (森進一訳) (1982). 人さまざま　岩波書店

Thorndike, E. (1898). Some experiments on animal intelligence. *Science*, 7, 818-824.

Thorndike, E. L. (1898). *Animal intelligence: An experimental study of the associative processes in animals*, Macmillan. (Open Library で閲覧可能 https://openlibrary.org/books/OL7159348 M/Animal_intelligence)

Thorndike, E. L. (1921). The teacher's word book. Columbia University (Open Library で閲覧可能 https://openlibrary.org/works/ OL1193055W/)

Tibboel, H., & Liefooghe, B. (2020). Attention for future reward. *Psychological Research*, 84, 706-712.

Tinbergen, N. (1952). The curious behavior of the stickleback. *Scientific American*, 187, 22-27.

Tinbergen, N. (1963). On aims and methods of Ethology. *Zeitschrift für Tierpsychologie*, 20, 410-433.

戸田正直 (1992). 感情——人を動かしている適応プログラム　東京大学出版会

都甲潔 (2004). 感性の起源——ヒトはなぜ苦いものが好きになったか　中央公論新社

東北農政局 (2021). 令和2年産りんごの結果樹面積, 収穫量及び出荷量 (東北) https://www.maff.go.jp/tohoku/press/toukei/seiryu/ 210520.html

富山大学附属病院 顎口腔外科・特殊歯科 (n.d.). http://www.med. u-toyama.ac.jp/tomfs/CLPHP2.html

塚原政次 (1913). 精神発達論　心理研究, 4, 28-39.

Tsze, D. S., Hirschfeld, G., Dayan, P. S., Bulloch, B., & von Baeyer, C. L. (2018). Defining no pain, mild, moderate, and severe pain based on the Faces Pain Scale-Revised and Color Analog Scale in children with acute pain. *Pediatric Emergency Care*, 34, 537-544.

梅岡義貴・大山正 (編著) (1966). 学習心理学　誠信書房

ヴィゴツキー, L. S. (柴田義松) (2001). 思考と言語 [新訳版]　新読書社

フォン・ベルタランフィ，L.（長野敬・太田邦昌訳）（1973）．一般システ
　　ム理論――その基礎・発展・応用　みすず書房（von Bertalanffy, L.
　　1968. *General system theory: Foundations, development, appli-*
　　cations. George Braziller.）

渡邊克巳・三枝千尋（2015）．顔の魅力の知覚　映像情報メディア学会誌，
　　69，848-852.

ワトソン，J. B.（安田一郎訳）（1968）．行動主義の心理学　河出書房
　　（Watson, J. B. 1930. *Behaviorism*. W. W. Norton & Company.）

Wei, Y., McGrath, P. J., Hayden, J., & Kutcher, S.（2015）. Mental health
　　literacy measures evaluating knowledge, attitudes and help-
　　seeking: A scoping review. *BMC Psychiatry*, 15, 291.

Woodworth, R. S.（1921）. *Psychology: A study of mental life*. Henry
　　Holt & Company.

山中康裕（2006）．心理臨床学のコア　京都大学学術出版会

柳澤如樹・味澤篤（2008）．現代の梅毒　モダンメディア，54，42-49.

Yerkes, R. M., & Morgulis, S.（1909）. The method of Pawlow in animal
　　psychology. *Psychological Bulletin*, 6, 257-273.

依田新・本明寛（監修）（1971）．現代心理学のエッセンス――意識の心
　　理学から行動の科学へ　ぺりかん社

横谷靖・相馬仁（2019）．横断歩行者によって獲得される車両運動の視覚
　　情報における幾何光学的関係　情報処理学会論文誌，60，706-715.

Yoshida, K., Nishizawa, D., Ide, S., Ichinohe, T., Fukuda, K., & Ikeda, K.
　　（2018）. A pharmacogenetics approach to pain management. *Neu-*
　　ropsychopharmacology Reports, 38, 2-8.

吉田兼好（西尾実・安良岡康作校注）（1985）．徒然草［新訂］　岩波書店

吉田政幸（1993）．分類学からの出発――プラトンからコンピュータへ
　　中央公論社

吉田洋一（1979）．零の発見――数学の生い立ち　岩波書店

吉川左紀子・佐藤弥（2000）．社会的メッセージ検出機構としての顔知覚
　　――表情と視線方向による促進　心理学評論，43，259-272.

Zajonc, R. B.（1965）. Social facilitation. *Science*, 149, 269-274.

Zajonc R. B.（1968）. Attitudinal effects of mere exposure. *Journal of*
　　Personality and Social Psychology, 9, 1-27.

Zatorre, R. J., & Salimpoor, V. N.（2013）. From perception to pleasure:
　　Music and its neural substrates. *Proceedings of the National*
　　Academy of Sciences of the United States of America, 110, 10430-
　　10437.

Zeidan, F., Emerson, N. M., Farris, S. R., Ray, J. N., Jung, Y., McHaffie, J. G., & Coghill, R. C. (2015). Mindfulness meditation-based pain relief employs different neural mechanisms than placebo and sham mindfulness meditation-induced analgesia. *Journal of Neuroscience*, 35, 15307–15325.

索　引

事　項　索　引

人 名 索 引

【y-knot】

心理学スタディメイト──「心」との新しい出会いのために

Psychology: Your Best Friend

2023 年 1 月 20 日　初版第 1 刷発行

著　者	廣中 直行
発行者	江草貞治
発行所	株式会社有斐閣
	〒101-0051 東京都千代田区神田神保町 2-17
	http://www.yuhikaku.co.jp/
装　丁	高野美緒子
印　刷	大日本法令印刷株式会社
製　本	牧製本印刷株式会社
装丁印刷	株式会社亨有堂印刷所